계급횡단자들 혹은 비-재생산

계급횡단자들 혹은 비-재생산

샹탈 자케 지음

류희철 옮김

프리즘총서 041

그린비

"내가 떠나게 될, 그러나 나를 떠나지 않을 이 세계"

마리-엘렌 라퐁 Marie-Hélène Lafon

르네 토마, 최초로 봉리유강을 넘어간 나의 이모에게

모든 계급횡단자에게

일러두기

1 이 책은 Chantal Jaquet, *Les transclasses ou la non-reproduction*, Paris: Humensis, 2014를 완역한 것이다.

2 단행본이나 정기간행물 등은 겹낫표(『 』)로, 단편이나 논문 등은 홑낫표(「 」)로 표기하였다.

3 외국어 인명, 지명 등 고유명사는 2002년 국립국어원에서 펴낸 외래어표기법에 따라 표기하되, 국내에서 통용되는 관례를 고려하여 예외를 두기도 하였다.

역자 서문

이 책은 '계급횡단자'라는 개념을 통해 사회적 비-재생산 현상에 관해 고찰하는 사회철학 저서다. 계급횡단자란 부모의 계급을 재생산하지 않고 출신 계급과는 다른 사회적 계급으로 이행한 사람을 가리키는 신조어다. 이 용어가 만들어지기 전에는 이렇게 출신 계급을 재생산하지 않은 사람들은 흔히 '전향자'(transfuge)라는 이름으로 불렸다. 이러한 명칭은 원래 계급에 대한 '배신'이나 '탈주' 아니면 거기에서 '낙오'하거나 '탈락'했다는 가치 평가를 함축하고 있으며, 여기에는 자신의 계급을 바꾼 사람을 원래 있어야 할 자리에 있지 않은, 규범에서 일탈한 존재로 간주하는 시선이 전제되어 있다. 계급횡단자는 이러한 일상적 언어 속에 담긴 편견을 걷어 내고 비-재생산 현상을 학문적 대상으로서 중립적으로 분석하고 그 본성을 정확하게 파악하기 위해 샹탈 자케가 새롭게 고안해 낸 개념이다.

2010년 소르본대학의 세미나에서 처음 제안된 계급횡단자 개념은 비-재생산 현상을 학술적 대상으로서 고려하는 데 유용한 도구로서 점차 조명받아 큰 성공을 거두었다. 자케는 프랑스 라디오 공영방

송인 프랑스 퀼튀르(France Culture)를 비롯하여 여러 대중매체를 통해 이 개념을 지속적으로 소개하고 있으며, 2023년 4월에는 프랑스의 철학 잡지 『필로조피 마가쟁』*Philosophie Magazine*(168호)에서 이 개념을 특집 주제로 다루면서 자케와 사회학자 제라르 브로네르의 대담을 기획하기도 했다. 이처럼 계급횡단자 개념은 이제는 더 이상 자케 혼자만의 것이 아니라 널리 받아들여져 많은 사람들이 인용하고 그에 대해 논의를 이어 가고 있는 공동의 지적 자산이다. 예를 들어 자케는 2018년에 역사가, 사회학자, 정신분석가, 예술가, 작가 등 여러 직군 사람들과 협업하여 이 개념을 주제로 한 『계급횡단자들의 직조』 *La Fabrique des Transclasses*를 출판하였고, 그의 제자 가운데 한 명은 이 개념으로 박사 학위 논문을 준비하고 있을 정도로 계급횡단자라는 용어는 프랑스 학술장 내에서도 점차 확고한 자리를 잡아 가고 있다. 또한 2019년에는 영화감독 장-루이 사포리토가 「계급횡단자들의 도전」*Le défi des transclasses*이라는 제목의 다큐멘터리 영화를 제작하였고 이로써 계급횡단자는 대중에게도 더욱 익숙한 개념이 되었다. 더 나아가 이 책이 독일어, 이탈리아어 그리고 영어로 번역되어 여러 나라에서 출판되었다는 점은 국제적으로도 이 개념을 점차 크게 주목하고 있는 것으로 볼 수 있다.

이와 같은 커다란 확장성에 비추어 볼 때 자케가 제시하고 있는 계급횡단자 개념은 어쩌면 이 책 한 권만으로 완전하게 이해하기 어려울 수도 있다. 무엇보다 이 개념은 자케가 걸어온 지적 여정의 결과물이다. 다시 말해서 계급횡단자 개념은 이 책에서 주제적으로 제시되고 있지 않으나 자케가 지금까지 수행한 학술적 성과에 바탕하고 있다. 그러므로 옮긴이로서 이 책과 계급횡단자라는 개념에 대한 독자들의 이해를 돕고자 이 책의 지적 배경에 관한 짤막한 설명을 덧붙이고자 한다.

***

대중의 이해력에 맞춰

먼저 이 책은 본격적인 학술서라기보다는 대중의 이해력에 맞춰(Ad captum vulgi) 집필된 교양 서적에 가깝다는 얘기를 하고 싶다. 이 ad captum vulgi라는 표현은 스피노자가 『지성교정론』에서 최고선을 추구하는 세 가지 삶의 규칙을 제시할 때 직접 사용한 적이 있는 표현이다. 이러한 규칙에 따르면 우리는 일상 속에서 행동할 때 대중의 이해력 수준에 맞게 말해야 한다. 미국의 정치철학자 레오 스트라우스는 바로 이러한 이유에서 스피노자를 비의적(祕儀的, esoteric) 사상가로 해석했다. 스피노자는 자신의 진정한 사유를 소수의 철학자들에게만 비밀스럽게 공유했고 일반 대중에게는 상식에 부합하는 그럴듯한 말로 자신의 철학의 진의를 감추고 공개하지 않았다는 것이다. 그러나 자케는 스트라우스의 이러한 해석에 반대한다. 이 규칙은 대중의 수준을 진리를 이해할 수 없는 존재로 낮추어 보고 그들과 적당히 떨어져서 혹은 적당히 타협하고 살아가라는 의미가 아니라는 것이다. 이 규칙은 공적인 사안에 관해 의견을 피력할 때 모두가 진리를 공유할 수 있도록 협소한 집단 내에서만 통용되는 언어가 아닌 광범위하게 통용될 만한 가장 알맞은 언어를 고르도록 노력할 것을 촉구하고 있다는 것이다.

　이 책이 대중서로 집필되었다고 하는 것 역시 같은 의미다. 자케는 사유의 정확성을 해치지 않으면서 동시에 독자들에게 자신의 생각을 전달할 수 있는 가장 알맞은 언어로 이 책을 집필했다. 계급 횡단자의 적응력과 관련한 논의는 이에 관한 좋은 사례를 보여 준다. 사실 스피노자는 라틴어 동사 '적응하다'(accomodare)와 '맞추다'(adaptare)를 구별하면서 사용하고 있다. 전자는 적응의 대상이 적응하는 주체보다 더욱 클 때 사용하고, 후자는 그 반대다. 예를 들어 우리는 자연의 전체 질서를 우리가 원하는 대로 조종할 수 없기 때문에 우리의 생존을 위해서 우리는 자연에 적응해야 한다. 반대로 인간의 역량이 소나 말의 역량보다 크다는 점에서 우리는 이 동물들을 우리의 목적에 맞게 우리의 편의에 맞추어 이용할 수 있다. 이러한 적응과 맞춤의 논리는 계급횡단자에 관한 사유에서도 나타나고 있는데 예컨대 새로운 환경으로 진입한 계급횡단자의 적응(adaptation)과 도태(inadaptation)에 관해서 말할 때 그러하다. 그런데 사실 여기서 계급횡단자가 환경에 스스로를 맞춰야 하는, 혹은 적응해야 하는 까닭은 그 환경이 계급횡단자 개인보다 더 광대한 것이기 때문이다. 따라서 스피노자적 논리에 입각하여 이 현상을 기술할 수 있는 적확한 용어는 accomodare이고, 어원을 고려한다면 이 현상을 기술할 때 adaptation보다는 accommodation을 선택해야 할 것이다. 하지만 현대 프랑스어에서 accomodation과 adaptation의 의미상의 구별은 성립하지 않으며 양자를 날카롭게 구별하는 것이 이 책의 흐름상에서는 그다지 필수적이지 않다. 더욱이 계급횡단자의 적응과 도태에 관해 논의하면서 자연스럽게 한 개인을 둘러싼 환경의 위력이 설명되기 때문에 adaptation이라는 용어를 선택한다고 해서 혼동이 생길 우려도 없다. 따라서 자케는 두 어휘 사이의 구별을 고집하기보다는 일상적으로 더 친숙한 어휘인 적응(adaptation)을 선택한다. 이는 스피노자의 사상을 적당히 구부려 전달하기 위한 것이 아니라 일상적으로 가장 쉽고 편하게 이해될 수 있는 용어를 통해 자신의 주장을 설득력 있게 전달하기 위해서다.

이러한 글쓰기 방식과 관련하여 한 가지 더 주목할 점은 바로 이 책에서 수사적 설득력을 높이기 위한 전략이 자주 사용된다는 것이다. 학술 서적에서 보여 주는 글쓰기와 달리 이 책에서 자케의 글쓰기는 동음이의어 혹은 유음어를 이용한 말장난, 어원에 대한 참조가 상대적으로 돋보인다. 이러한 글쓰기는 오래전부터 사랑받은 수사법의 일종으로, 언어의 효과를 통해 실제적으로 관련이 없는 것들을 마치 실제적인 관계가 있는 것처럼 믿게 만듦으로써 독자가 논의에 더욱 몰두하도록 만든다. 예를 들어 어원의 참조는 단어의 발생적 의미에 근거하여 해당 개념을 반드시 그렇게 이해해야 한다는 식의 논증적 설득력을 부과하기 위한 것이 아니라, 단지 수사적 설득력을 높이는 것을 목표로 한다. 그러나 여기서 문제는 자케가 상정하는 독자가 프랑스 대중이고 결정적으로는 프랑스어가 가진 맵시를 충실하게 살릴 수 없었던 번역자의 능력의 한계 때문에 한국 대중에게는 그러한 수사적 전략이 무척 낯설게 느껴질 뿐만 아니라 자칫 지루하거나 심지어 무근거한 궤변으로 여겨질 수 있다는 점이다. 글쓰기 전략 외에도 저자가 참조하는 문학작품 혹은 사회적 정책의 사례가 주로 프랑스 대중을 겨냥하고 있기 때문에 한국 독자들에게는 크게 와닿지 않을 수도 있다.

하지만 이러한 부분은 어디까지나 수사적 차원과 관련하는 만큼, 프랑스와 한국의 상황은 무척이나 다르다는 점을 명심하고, 이 책에서 제시한 분석을 어느 환경에나 정확하게 들어맞는 보편적 해법으로 간주하기보다는 단지 우리의 경우를 사유하는 데 참조할 수 있는 모델로 고려한다면, 옮긴이의 미흡한 번역에도 불구하고 책의 요점은 충분히 전달될 수 있을 것이라고 생각한다. 결국 중요한 것은 이 책의 수사적 가치가 아니고, 그러한 수사법이 독자와의 원활한 소통을 위해 쓰였다는 사실이다. 이러한 집필 원칙은 곧 번역 원칙이 되었는데 원래 문장의 구조를 그대로 보존하기보다는 최대한 자연스러운 한국어 문장으로 옮길 수 있도록 노력했으며 철학 용어도 특별한 맥락에서 쓰인 경우가 아니라면 일상적인 말로 옮겨 두었다. 예를 들어 철학에서 existence는 être와 구별되는 용어로서, 전자는 '실존' 혹은 '현존'으로 옮기고 후자는 '존재'로 옮기는 것이 관례지만 맥락상 '존재'가 더 자연스러운 경우에는 존재라고 옮겼다. 같은 이유에서 역주도 가급적이면 최소화하였다. 원래는 저자가 잠시 제시하고 지나가는 철학적 주제와 그를 둘러싼 프랑스 학계의 동향에 관한 상세한 해설을 덧붙이고자 했으나, 논의의 흐름에서 필수적이지 않다고 판단하여 저자가 생략한 부분에 대해 주해를 다는 것은 저자의 글쓰기 방식과 의도를 존중하지 않는 것이라고 생각되어 당초의 계획은 포기하였다. 역주는 몇 가지 예외를 제외한다면 프랑스에서는 이미 친숙하여 별도의 설명이 필요하지 않으나 한국 독자에게는 생소할 수 있는 문학작품의 배경에 대해 부연하는 정도에 그쳤다. 다만 이 책이 배경으로 하는 철학적 논의에도 관심이 있을 독자를 위해 이에 관한 간단한 설명과 더 읽을거리를 부록으로 첨부하였다.

정리하자면 이 책은 가장 널리 그리고 쉽게 읽힐 수 있는 대중서로서 쓰였다. 하지만 그렇다고 해서 이 책이 학술적 내용을 담고 있지 않다고 생각해서는 안 된다. 대중의 이해력에 맞춘다는 글쓰기 원칙은 수사적 전략과 관계하지 그 내용의 진리성을 깎아내리는 것을 의미하지 않기 때문이다. 오히려 이 책이야말로 자케의 지적 여정이 고스란히 담겨 있는 학술적 결실이라고 할 수 있는데, 이 책 안에서 구체적인 논의와 전문적인 논증을 전개하고 있는 것은 아니지만 과거에 발표한 논문들의 결론을 전제로 삼아 자신의 사유를 펼쳐 가고 있기 때문이다.

철학사의 네 가지 논리

자케의 지적 이력에서 가장 두드러지는 지점은 철학사가로서의 면모다. 계급횡단자에 관한 자케의 논문 「스피노자와 함께 사회적 유동성을 사유하기」Thinking Social Mobility with Spinoza의 제목에서 잘 드러나고 있는 것처럼 이 책은 사회적 비-재생산 현상을 스피노자적 관점에서 고찰한 결과라고 해도 과언이 아닐 것이다. 그렇다면 자케는 과연 어떻게 스피노자와 함께 사유하고 있을까? 먼저 그는, 주로 20세기 후반부터 만개하기 시작한 스피노자 연구의 경향에 입각하여, 철학사 연구가 전개될 수 있는 네 가지 논리를 구별한다.

첫째로 우리는 해석의 논리에 따라 철학사를 연구할 수 있다. 이러한 논리에 관한 연구에서는 철학사가 마르시알 게루가 모범을 보여 주었는데, 한 철학자가 전개하는 논증적 연쇄를 재구성하는 그의 건축술은 사상의 체계 속에서 그 철학자가 사유한 내용이 정확히 무엇이었는지 알아내는 것을 지향하는 해석의 논리를 잘 보여 준다. 두 번째 논리는 대면의 논리다. 피에르 마슈레의 『헤겔 또는 스피노자』에서 가장 이상적으로 실현되고 구체화된 이 논리는 둘 이상의 철학자를 대질시켜 그들의 공통 주제 혹은 때로는 자신들조차 의식하고 있지 못했던 공통의 문제의식을 파악함으로써 철학자들을 그들이 위치하고 있는 공통의 배치(constellation) 속에서 사유하는 것이다. 셋째로 우리는 수용의 논리에 따라 철학의 역사를 돌아볼 수 있다. 이는 한 철학자가 후대에 촉발한 영향을 추적하고 탐구하는 작업이다. 프랑스 기독교 전통에서 스피노자가 어떻게 상이한 두 진영의 아이콘으로 사용되었는지 제시하는 올리비에 블로흐^{Olivier Bloch}의 작업은 이러한 논리에 따른 철학사 연구의 방법을 잘 보여 준다. 넷째로 우리는 사용의 논리에 입각하여 철학사 연구를 통해 한 철학자의 개념을 도구로서 사용할 수 있다. 이 논리에 따르면 비록 철학자들이 오늘날 우리의 현실을 사유한 것은 아니지만 그들이 남긴 개념을 단지 분석의 대상으로 고려하는 것을 넘어 우리의 현실을 더욱 잘 분석하기 위한 연장으로서 사용할 수 있다. 루이 알튀세르가 스피노자의 내재적 신 개념으로부터 구조적 인과성 개념을 발전시킨 것은 사용의 논리에 따른 독해의 좋은 실례이다.

　물론 자케는 이러한 네 가지 논리의 구별이 절대적인 것은 아니며 어디까지나 편의에 따른 것임을 강조하는 것을 잊지 않는다. 우리의 필요에 따라 더 많은 가짓수의 논리를 구별해 낼 수도 있을 것이다. 더욱이 앞서 제시된 네 가지의 논리는 상호 배타적이기보다는 오히려 상호 보완적이다. 한 철학자에 대한 정확한 해석 없이 창의적인 사용이 있을 수 없으며 또한 한 철학자의 사유의 체계가 다른 철학자와 어떻게 같거나 다른지 비교·대조하는 작업 없이 한 철학자의 독특성을 해석하는 것도 불가능하다. 하지만 만약 이 책에서 가장 두드러지게 나타나는 철학사의 논리 하나를 꼽는다면 우리는 바로 사용의 논리가 이 책의 담론 전체를 이끌어 가고 있다고 말할 수 있을 것이다.

우리는 이 책에서 심신 연합, 인간의 가소성 등 스피노자 철학, 더 넓게는, 자아의 해체에 관한 파스칼과 몽테뉴의 성찰 등 고전 시대 철학의 주제들을 쉽게 찾아볼 수 있다. 하지만 자케는 이 주제에 대해 주석을 다는 것이 아니라 오히려 그러한 주제들에 대한 스피노자주의적인 철학적 입장에 주로 준거하여 오늘날의 사회적 현상에 관해 고찰하고 있다. 예컨대 우리는 한 계급에서 다른 계급으로 넘어간 사람이 도착한 환경에 적응하기 위해 출신 환경의 익숙한 태도를 바꾸게 되는 어려운 과정을 그의 정신과 신체의 가소성의 한계에 이를 때까지 변형되는 과정으로 이해해 볼 수 있으며 그 과정에서 계급횡단자가 필연적으로 겪을 수밖에 없는 자아의 혼란을 '마음의 동요'로 해석할 수 있을 것이다. 이처럼 자케는 사회적 비-재생산이라는, 스피노자가 사유하지 않은 대상을 스피노자와 함께 그리고 스피노자를 통해 사유하고 있다.

이러한 사용의 논리에 따른 독해를 시대착오적이라고 비난할 수는 없을 것이다. 왜냐하면 무엇보다 스피노자 자신이 참된 관념 자체가 우리의 탐구를 이끌어 가는 도구라고 주장하면서 그러한 사용을 허용하고 정당화하기 때문이다.

스피노자 철학에 따르면 물리적인 것이든 정신적인 것이든 모두 제 나름의 역량을 지니고 있다. 따라서 스피노자에게 관념은 도판 위의 그림같이 수동적인 것이 아니다. 관념은 그 자체로 이미 무엇인가를 긍정하거나 부정하는 내용을 담고 있으며 그러한 긍정과 부정의 역량에 따라 여러 계열의 결과를 산출할 것이다. 이러한 의미에서 관념은 그 자신의 삶을 지니고 있으며 그것이 특정한 결과들을 만들어 내는 만큼 지속하며 살아간다고 할 수 있을 것이다. 그러므로 스피노자적 논리에 근거했을 때 철학사에 대한 작업을 한다는 것은 철학자들의 개념을 순수한 상태 그대로 박제하여 박물관에 전시하는 것을 의미하지 않는다. 철학적 개념은 어떤 천재의 발명품이 아니며 한 사람의 전유물도 아니다. 철학적 개념들은 다른 개념들과의 연관 속에서 사유되고 오직 그러한 연관 속에서만 산출된다. 따라서 철학사 작업은 철학적 개념이 더 많은 결과를 산출할 수 있도록 그것을 가공하고 또한 도구로서 사용하여 다른 개념들과 관계 지으면서 연구를 진행하는 것이다.

실제로 스피노자만큼 오늘날의 문제를 사유하기 위해 사용된 철학자를 찾기도 어려울 것이다. 스피노자는 오늘날 다양한 학문 분과에서 새롭게 해석되고 있으며 많은 연구에 영감을 주는 원천으로서 기능하고 있다. 생물학과 신경과학 같은 경성(硬性)과학의 영역(장-피에르 샹죄, 앙리 아틀랑, 안토니오 다마지오)뿐만 아니라 경제학과 같은 사회과학의 영역(프레데리크 로르동 등) 및 정치·사회철학(루이 알튀세르, 안토니오 네그리, 에티엔 발리바르 등)과 같이 다방면에서 우리는 스피노자의 영향력을 확인할 수 있다.

하지만 이러한 스피노자 철학의 현대적 사용이 모두 동일한 원리에 입각하고 있는 것은 아니다. 각각의 사용에는 스피노자에 대한 특정한 해석이 전제되어 있다. 각자에게는 각자의 스피노자가 있는 셈이다. 그렇다면 이 책에서 자케가 보여 주는 스피노자는 과연 어떤 얼굴의 스피노자인가? 이 규정을 둘러싼 많은 오해에도 불구하고 자케의 스피노자를 우선 '합리주의 철학자'로 고려하는 것이 적절해 보인다. 가령 스피노자는 감정을 영혼의 질병으로 간주하며 합리적으로 파악할 수 없는 악덕으로 바라보는 관점으로부터 단절하여, 감정역시 합리적 인식의 대상이 될 수 있다고 선언한다. 이와 마찬가지로 자케는 오랫동안 그늘 밑에 가려져 있었던 '계급횡단자'들에 대한 이해를 추구하고 있다. 따라서 우리는 이 책의 연구가 **"비웃지도 탄식하지도 또한 미워하지도 말고 다만 이해하라"**(non ridere, non lugere, neque detestari, sed intelligere)라는 스피노자의 명제로 집약될 수 있는 인식의 원칙에 따라 전개되고 있다고 말할 수 있다.

비웃지도 탄식하지도 또한 미워하지도 말고 다만 이해하라

계급횡단자의 기질에 대한 사유가 인정의 언어보다는 인식의 언어로 전개된다는 본문의 말 그대로 이 책의 탐구는 인식의 원칙에 따르고 있다. 다시 말해서 이 책은 계급횡단자라는 새로운 범주의 정체성을 제시하여 그에 대한 긍정적인 사회적 인정을 이끌어 내거나 계급횡단자의 궤적을 우리가 따라야 할 규범적 모델로서 제시하는 것을 목표로 하지 않는다. 그보다는 계급횡단자라는 개념으로 포괄될 수 있는 개인들의 독특한 이력의 본질을 이해하고자 시도한다.

이 지점에서 계급횡단자라는 대상의 독특성과 철학적 개념을 통한 인식의 시도가 지니는 독특성에 관해 조금 더 명확하게 밝혀 두는 편이 적절할 것이다. 먼저 우리는 계급횡단의 경험을 여타의 사회적 유동성을 보여 주는 현상과 구별할 필요가 있다. 사실 사회과학이 사회적 유동성 현상 전반에 대해 소홀했던 적은 없다. 예를 들면 '1세대 대학생'(first generation college student) 같은 개념은 사회 이동에 관한 분석이 언제나 사회과학이 다루는 주요 주제 가운데 하나였다는 사실을 잘 보여 준다. 하지만 여기서 저자가 다루고 있는 계급 이동의 현상은 조금 더 특수한 사례에 해당한다. 왜냐하면 계급횡단자라는 개념을 통해, 몇 세대에 걸친 한 계급 혹은 사회 전체의 점진적 변화가 아니라, 사회적 구조의 변동이 없는 상황에서 이례적으로 사회적 신분 상승을 달성한 한 개인의 궤적을 파악하고자 하기 때문이다. 예컨대 중간 계급과 민중 계급에서 대학 진학이 일반화되었다고 해도 이러한 변화를 계급 격차의 해소로 해석할 수는 없다. 피에르 부르디외가 잘 지적하듯이 만약 기존에 부르주아 계급이 향유하던 사회적 자본에 다른 계급이 접근할 수 있게 된다면 그 순간부터 부르주아 계급은 다른 지표를 통해 스스로를 구별 짓기 때문이다. 따라서 계급들 사이의 거리는 여전히 유지된다. 그런데 계급횡단자는 각각의 계급을 가르는 코드들이 변화하지 않은 상황에서 계급들 사이에 놓인 거리를 횡단하였으나 자신 안에 길항하는 아비투스들의 격차로 인해 계급들 사이의 거리를 내면화하게 된 경우에 해당한다. 결국 계급횡단자는 두 개 이상의 계급적 코드를 동시에 지니고 있다는 점에서 이와 관련된 사회적 비-재생산의 현상을 단순히 일반적인 사회 이동으로 간주하거나 그의 독특한 기질을 중간 계급이 특징적으로 보여 주는 상승 지향적 태도와 혼동하지 않도록 주의해야 한다.

계급횡단자를 이렇게 규정한다면 확실히 이들의 존재는 개념적 인식의 대상으로서 크게 주목받지 못하는 것이 사실이다. 왜냐하면 계급횡단자라는 존재가 너무 이례적이기에 보편적 법칙을 통해 현상을 규명하는 것을 추구하는 학문적 연구의 대상으로는 여겨지지 않았을 뿐만 아니라 이들의 존재가 당사자들의 의사와 무관하게 체제수호를 위한 이데올로기적 도구로 활용된다는 점에서 계급횡단자에 관해 다루는 것은 정치적으로 위험한 일로 간주되었기 때문이다. 물론 계급횡단자의 존재 자체가 완전히 어둠 속에 가려져 있던 것은 아니다. 그들의 모습은 문학의 영역에서 끊임없이 등장해 왔다. 문학이 몰락하는 자들의 이야기라면 신분과 계급 혹은 인종 등의 차이로 충돌하고 방황하는 사람들을 조명하지 않을 수 없기 때문이다. 그러나 문학과 철학의 작업 방식은 다르다. 철학은 개념을 통해 사유한다. 개념적 인식을 통해 다양한 경험을 종합하여 그 모든 사례를 포괄적으로 설명할 수 있는 하나의 통일된 법칙을 제시하는 것이 철학의 과제다. 하지만 여기서 문제는 계급횡단자라는 대상이 일반적 법칙으로부터 이탈한 예외처럼 보인다는 것이다. 다른 일반적 경우와 그다지 공통점이 없어 보이는 이 대상을 어떻게 법칙적으로 설명할 수 있을까? 저자는 분석 현미경의 배율을 높이는 것으로 이 문제를 해결한다. 즉 문학이 보존하고 있는 경험의 영역으로부터 계급횡단자들의 사례를 가져와 그들의 이행을 가능하게 했던 복잡하게 얽혀 있는 인과적 계열들을 낱낱이 살펴보는 것이다. 이로써 저자는 계급횡단자를 합리적 설명이 불가능한 예외로 방치하지 않고 그러한 예외를 발생시킨 원인들의 목록을 하나씩 채워 나감으로써 구조적 인과성의 다발이 교차하는 매듭으로서 한 명의 개별자를 사유하는 데까지 나아간다.

이 점에서 비-재생산에 관한 사유는 재생산 이론과 대립하지 않는다. 저자는 계급횡단자를 사회적 법칙에 맞서 온갖 장애물들을 분연히 떨치고 일어난 영웅으로 제시하고 있는 것이 아니다. 만약 계급횡단자에게 어떤 특권적인 면이 있다면 그것은 계급횡단자의 궤적에 대한 분석이 서로 대립하고 있는 사회적 역관계(力關係)들의 얽힘을 사유하고 인식하도록 이끈다는 점에서 그럴 뿐 계급횡단자에게 어떤 내밀한 성질이 있기 때문이 아니다. 따라서 자케 본인이 라디오 강연 등에서 여러 차례 직접 밝힌 것처럼 그의 이론은 부르디외의 재생산 이론을 반대하는 것이 아니라 오히려 철학적 기여를 통해 부르디외를 보충하고 완성하는 작업에 더 가까울 것이다. 왜냐하면 법칙에서 빠져나간 것처럼 보이는 현상의 경우에도 그것을 가능하게 만든 조건들을 분석해 보면 예외적인 것이 아니라 결국 법칙적이라는 사실을 개별 사례에 대한 주목을 통해 이해할 수 있게 해 주기 때문이다. 스피노자 인식론의 용어를 빌린다면, 2종 인식이 보편적 법칙과 관계하는 것이라면 3종 인식은 점차 구체적인 대상으로 나아가는 것처럼, 자케는 2종 인식의 지평에 있던 부르디외의 작업을 3종 인식의 지평에서 수행한다고 말할 수 있을 것이다. 요컨대 자케는 계급을 구별하는 표지인 아비투스에 대한 분석을 넘어 각각의 개인들을 구별시켜 주는 기질에 대한 분석으로까지 나아가며 바로 이것이 이 책의 서론이 '구별 짓기 속 구별 짓기'인 까닭이다

이러한 인식 원칙에 따르는 이 책의 분석은 두 부분으로 나뉜다. 먼저, 1부는 비-재생산의 원인들을 추적한다. 만약 계급횡단자가 존재한다면 그는 과연 어떻게 존재할 수 있었는가? 저자는 계급횡단의 사례를 발생시킬 수 있는 원인으로 야심, 가족 혹은 학교 내의 대안적

모델의 현전, 제도적 지원, 우정이나 사랑 같은 감정의 힘 등을 제시한다. 그런데 이러한 원인 가운데 어떤 원인도 단독으로는 비-재생산을 발생시키기에 충분하지 않다. 오히려 개인적 열망과 뛰어난 학업적 능력에도 불구하고 경제적 지원의 부족으로 결국 계급의 장벽을 뛰어넘지 못한 사례는 허다하다. 혹은 거의 유사한 환경이 갖춰져 있음에도 불구하고 가족 내의 위치 등 여러 변수에 따라 동일한 원인이 누군가에게는 비-재생산을 촉진하기보다는 저해하는 쪽으로 작용할 수도 있다. 이처럼 비-재생산은 다양한 요인들이 복합적으로 작용한 결과다. 이러한 분석은 자수성가의 신화가 허구에 불과하다는 사실을 밝힌다. 계급 이동은 한 사람의 능력에 달린 것이 아니며 계급횡단자는 언제나 그를 둘러싼 환경 속에서 사유되어야 한다.

다음으로 이 책의 2부는 계급횡단자의 기질을 분석하는 데 할애된다. 만약 계급횡단자가 존재한다면 그는 과연 어떤 존재인가? 계급횡단자는 서로 이질적일 뿐만 아니라 배타적이기까지 한 두 환경의 특성을 동시에 지니고 있다. 따라서 그의 존재를 하나의 범주에 귀속시키는 것은 어려워 보인다. 이 지점에서 자케는 스피노자의 기질 개념을 빌려 온다. 이 개념은 "공통의 역사와 그 역사 속의 한 개인의 고유한 습관 그리고 세계와의 마주침의 산물로서 그 개인이 갖게 된 독특한 성격적 특성의 총체"를 가리킨다. 자케는 이러한 기질 분석을 통해서 개체성의 핵에 도달할 수 있다고 주장한다. 왜냐하면 복잡다단하게 중첩된 인과적 규정의 얽힘을 따라가다 보면 각자에게 오직 각자만의 기질이 형성되는 과정을 파악함으로써 그의 개체성에 대한 이해에 도달할 수 있기 때문이다. 그런데 계급횡단자들의 역사를 고려하면 각각의 횡단자 사이에 존재하는 차이에도 불구하고 우리는 그들이 공통적으로 이곳에도 저곳에도 완전히 동화될 수 없다는 점에서 '틈새'에 위치하는 존재라는 사실을 알게 된다. 그로 인해 계급횡단자들의 기질은 언제나 긴장되어 있으며 그는 마음의 동요가 두드러지게 나타나는 기질을 지니게 된다. 계급횡단자가 보여 주는 동요는 계급 간의 격차가 단순히 물질적 자산이나 문화적 교양의 획득만으로는 해소될 수 없음을 드러내는데 왜냐하면 이 격차는 단순히 자본의 빈부로부터 발생하는 것이 아니라 서로 갈등하는 사회적 힘들 사이의 충돌을 나타내기 때문이다. 바로 이러한 측면에서 계급횡단자의 기질에 대한 분석은 우리가 사회를 개혁하고자 할 때 어떠한 요인들을 고려해야 하는지를 알려 준다.

***

사회적 비-재생산 현상은 한국 사회에서도 낯설지 않으며 오히려 그리 드문 사례가 아니라고 해야 할 것이다. 왜냐하면 광복 이후의 한국은 프랑스와 비교했을 때 유동성이 훨씬 큰 사회였고 학업적 성공을 통해 사회적 신분 상승을 이룰 수 있다는 희망이 그것이 참되든 헛되든 사회 전반에 깔려 있었기 때문이다. 따라서 한국 독자들에게는 프랑스 민중 계급이 보여 주는 깊은 체념과 서로에게 가하는 동조 압력, 계급횡단자에게 가하는 배신자라는 비난이 오히려 비-재생산 현상 자체보다 더 낯설고 이해하기 어려운 것일 수 있다. 하지만 오늘날 한국 사회에서는 계급 이동에 대한 주관적 희망을 갖기 힘든 것은 물론이고 객관적으로도 사회적 유동성은 점차 줄어들고 있으며 계급 간 장벽은 더욱 공고해지고 있다. 작금의 현실과 맞물려 계급 간 구별을 능력주의 이데올로기를 통해 정당화하려는 움직임 역시 보이고 있다. 이러한 맥락에서 이 책을 소개하는 일은 한국의 정세에 대한 적절한 이론적 개입이 될 수 있을 것이다. 설령 이 책이 참조하는 주요 사례가 프랑스 혹은 미국 등 한국과 전혀 다른 역사적 배경을 가진 곳에 대한 것이라 할지라도 이 책 속에서 나타나고 있는 독특한 것을 사유하려는 노력은 보편적 가치를 지니고 있기 때문이다. 우리가 이 책으로부터 배울 수 있는 것이 있다면 그것은 분석의 내용보다는 그러한 분석을 전개하기 위한 사유의 모델일 것이다. 이 책은 하나의 현상을 다수의 인과적 규정의 계열이 교차하여 발생한 결과로 고려하면서 그 독특성을 사유하는 스피노자주의적 사회철학의 한 형태를 보여 준다. 우리는 이러한 모델에 입각하여 한국 사회의 독특성을 스피노자와 함께 그리고 자케와 함께 사유해 볼 수 있을 것이다. 이 책이 우리의 현실을 사유하기 위한 도구로서 사용될 수 있기를 바란다.

이 책을 번역, 출판하는 데 많은 분들이 도움을 주셨다. 그분들의 조력이 없었다면 이 책을 한국의 독자들에게 선보일 수 없었을 것이다. 이 자리를 빌려 그분들께 감사의 인사를 전한다. 먼저 이 책의 저자 샹탈 자케 선생님은 번역 문제뿐 아니라 학업과 유학 생활 전반에 대해 애정 어린 조언과 격려를 아끼지 않으셨다. 이 책을 번역한다는 소식을 듣고 응원과 지지, 비판적 피드백을 해 준 프랑스어권 스피노자 연구자 모임인 '아미키 콜렌데'(AMICI COLENDE)'의 동료들, 출판사를 찾는 데 어려움을 겪던 나에게 그린비출판사를 소개해 주신 진태원 선생님께도 감사의 말씀을 드린다. 아울러 번역 경력이 없는 나를 믿고 출판의 기회를 주신 그린비출판사와 거친 원고를 다듬어 가독성을 높여 주신 편집자께도 감사드린다. 지면 문제로 여기에 이름을 밝히지 못한 다른 많은 분들께도 마음속 깊이 감사드린다. 만약 이 책에 의미가 불분명하거나 논지가 모호한 지점이 있다면 그것은 전적으로 번역자인 나의 책임이라는 점을 분명히 밝혀 둔다.

차례

계급횡단자들 혹은 비-재생산

서론 구별 짓기 속 구별 짓기(La distinction dans la distinction)[1]

피에르 부르디외와 장 클로드 파세롱은 『상속자들』과 『재생산』에서 위계질서와 사회적 지배 관계가 어떻게 교육 제도들을 통해서 영속화되는지를 분석한다. 교육 시스템이 기성 질서를 재생산한다는 그들의 주장은 공립학교의 해방적 가치를 믿는 이상주의자들의 연못에 파문을 일으킨 바 있으며 오늘날 그 주장은 널리 알려지고 또한 인정받고 있다. 교육 시스템은 한편으로는 지배계급의 자녀들이 최상위의 학력을 획득하게 해 줌으로써 그 문화 자본에 힘입어 사회에서 가장 좋은 자리를 차지할 수 있도록 이끌어 준다. 다른 한편으로 그것은 학벌 그리고 개인의 성공이나 실패가 개인의 내적 자질과 재능에 달려 있다는 이데올로기를 통해 그 결과를 정당화하는데, 이로써 사회적 선별의 효과를 개인의 부족함에 대한 처벌인 것처럼 뒤바꿔 둔다.

그러나 학교는 가족적·사회적 세습 자산(patrimoine)을 아주 일

---

1 이 책은 소르본대학에서 2010~2011년 그리고 2012~2013년에 열린 세미나를 바탕으로 하고 있다. 이 자리를 빌려 나에게 이 책을 쓸 수 있는 힘을 준 학생들에게 감사의 말을 전한다.

반적인 방식으로 세대에서 세대로 전승하는 데 기초하는 재생산의 톱니바퀴 가운데 하나에 지나지 않는다. 더욱이 세대에서 세대로 전승되는 이 상속물이란 재산(avoir), 지식(savoir), 권력(pouvoir)의 트릴로지로 요약되지 않는다. 실제로 부르디외는 경제 자본, 문화 자본, 사회 자본, 상징 자본이라는 네 가지 유형의 자본의 전승에 재생산 이론의 토대를 두었다. 한 개인에게 부(富)와 이론적 혹은 실천적 지식 그리고 사회적 특혜의 획득에 필요한 관계망을 수여해 주는 경제적이고 문화적인 그리고 사회적인 자원에는 재산, 지식, 권력 외에 다른 모든 형태의 (경제적·문화적·사회적 등등) 자본이 포함되어야 한다. 이러한 자본들은 역관계(rapports de force)를 의미 관계(rapports de sens)로 변형시키며 지배적 위치의 정당성에 대한 타인의 인정 및 피지배적 위치의 내면화를 일으키는 상징적 효과를 산출한다.

재생산은 그것을 유리하게 하고 영속화시키는 제도와 절차들에만 의존하는 것이 아니라 아비투스(habitus)에도 역시 의존하는데, 아비투스는 사회적 계급 및 개인의 실존적 조건들과 관련한 주입과 조건화 작업을 통해 도야된다. 아비투스는 습득된 후로 한 개인이 계속해서 지니게 되는 것이자 특정한 표상과 실천을 생산하는 성향(disposition) 체계가 한 개인에게 체화된 것으로서 나타난다. 이 점에서 아비투스는 재생산의 힘줄이라고 할 수 있다. 이 개념은 부르디외의 1972년 논문「실천의 이론 초고」L'Esquisse d'une théorie de la pratique에서 처음으로 정의되고 난 뒤로 끊임없이 다듬어지고 보완된다.

1980년,『실천감각』에서 부르디외는 개인들이 자신의 실존의 조건들에 적응하기 위한 행동과 생각의 규칙들, 다시 말해서 그들이 의식하고 있거나 의도된 방식으로 따르는 것은 아닐지라도 그들의 미

래의 품행을 지배하게 될 규칙들을 체화하도록 개인들을 이끄는 사
회화 과정에 관해서 말하고 있다.

> 특정 계급의 실존적 조건들과 연관되어 있는 조건화 작업은 아비투
> 스, 지속적이고 다른 영역에도 적용되는 것이 가능한(transposable) 성
> 향들의 체계, 구조화하는 구조로서, 다시 말해서 실천과 표상들의 목
> 적에 대한 명확한 의식과 그 목적을 달성하기 위해 필요한 작용들에
> 대한 신속한 통제를 전제하지 않고도 객관적으로 적용되며 또한 규
> 칙에 대한 절대적 복종을 산출하는 것은 아닐지라도 객관적으로 '규
> 제'(réglées)되는 규칙적이며 또한 지휘자의 지시 없이도 집단적으로
> 조직되어 있는 실천과 표상들을 발생시키는 원리로서 기능하도록 설
> 정된 구조화된 구조들을 산출한다.[2]

사회적 세계와 체험한 경험들의 반영물이자 행동의 모체인 아비
투스는 개인의 행동 전략을 지배하고 또한 주로 계급의 구별에 입각
한 삶의 양식을 규정하게 될 것이다. 즉 우리는 노동자나 사장으로 태
어나지 않는다. 다만 아버지에서 아들로 그렇게 되어가는 것이다…
대개는.

그러나 부르디외와 파세롱이 그 메커니즘을 엄밀하게 분석한 이
준엄한 재생산의 논리는 예외 사례를 그늘 속에 모호한 채로 내버려
두고 있다. 하지만 정작 위대한 재생산 이론가 본인은 재생산의 논리

---

2 Pierre Bourdieu, *Le Sens Pratique*, Paris: Minuit, 1980, pp. 88~89.

를 실지로 벗어나 있는 예외라는 점은 결코 작지 않은 역설이다. 부르디외 본인이 원래의 사회적 계급에서부터 빠져나온 혹은 빠져나왔던 사람이지 않은가! 우편배달부 아버지와 농민 가정 출신의 어머니에게서 태어난 부르디외는 그의 출신 환경과는 거의 무관하다고 여겨지는 사회적 궤적을 밟았다. 그렇다면 부르디외처럼 자신의 사회적 계급의 행동들을 응당 재생산하지 않고 오히려 한 계급에서 다른 계급으로 이행한 개인들에 관해서는 어떻게 설명할 수 있을 것인가? 이러한 변칙 상황은 재생산 이론의 맹점으로 남게 되며 이를 어떻게 해명할 수 있는지가 문제가 된다.

『자기-분석을 위한 초고』에서 부르디외가 자신은 자기의 가족 모델(modèle familial)을 재생산하지 않은 이유들에 관해서 의문을 제기하지 않고 있다는 사실은 꽤나 인상적이다. 이 논문에서 그는 자신의 지적 이력과 그가 철학보다는 사회학 쪽으로 진로를 선택한 이유를 이해할 수 있는 열쇠만을 제공하고 있을 뿐이다. 부르디외는 고등사범학교에 합격했을 때 그리고 교수 자격시험에 붙었을 때를 서술하고 있지만 그러한 자신의 학업적 성공과 사회적 신분 상승(ascension sociale)을 설명할 수 있는 선행 원인들에 관해서는 탐구하고 있지 않다. 그의 성찰은 1950년대 파리의 지적 배경에 대한 분석에서 시작해서 대학 세계에서의 그의 이력을 설명하는 데 필요한 자전적 요소들만을 동원하고 있다.[3] 부르디외 자신이 태어난 사회적 환경은 그의 지적 실천의 결정에 작용한 출신 위치와 관련된 성향들이

---

3 Bourdieu, *Esquisse pour une auto-analyse*, Paris: Raisons d'agir, 2004, p. 15.

어떻게 형성되었는지 서술하기 위해 저작의 막바지에서 단 한 차례 언급되고 있을 뿐이다. 물론 부르디외는 그의 유년 시절과 탈주의 경험을 암시적으로 연상시키면서 초보적인 설명을 개진하고 있기는 하다.[4] 부르디외 자신의 말에 따른다면 그는 초등학교 시절 자신이 사귀었던 농부의 아들, 기술공 혹은 상인의 아들과는 공통점이 거의 없었으며 그들과는 달리 학업적으로 성공했고 또한 자신의 동창들과는 다른 사회적 궤적을 밟았다. 하지만 부르디외는 어째서 자신만은 그럴 수 있었는지를 결코 중점적으로 다루지는 않는다. 그럼에도 부르디외 그 자신의 경우가 **구별 짓기 속 구별 짓기를 사유할** 필요성의 선명한 근거를 제공해 준다. 자, 이제 그렇다면 문제는 혁명 혹은 근본적인 개혁적 집단 운동이 부재하는 상황에서 일어난 사회적 비-재생산을 어떻게 설명할 것인지 그리고 똑같은 일의 반복처럼 보이는 역사 속에서 예외들의 독특성을 어떻게 사유할 수 있는지를 알아내는 것이다.

그저 반대를 일삼기 좋아하는 사람들은 어쩌면 부르디외가 의도적으로 이 문제를 은폐했다고 믿고 싶어 할지도 모르겠다. 왜냐하면 이 문제가 그의 이론에 의혹을 제기하는 사례이기 때문이다. 그러나 이는 전혀 사실이 아니다. 왜냐하면 부르디외 역시 이 예외 사례의 존재에 관해 고려한 적이 있기 때문이다. 만약 부르디외가 자유의지라는 관념과 이에 뒤따르는 주의주의적(voluntarism) 가상들을 비난한다면 그것은 그가 재생산을 마치 운명이나 혹은 철칙 같은 것으로 생

---

4 *Ibid.*, p. 109.

각하고 있기 때문이 아니다. 그의 목표는, 비록 본인도 항상 이해하고 있는 것은 아니었지만, 사회적 결정론으로부터 우리를 더 잘 해방시켜 줄 수 있는 도구들을 제공하기 위해 사회적 결정론을 이해하는 것이었지 정적주의(靜寂主義, quiétisme)나 체념을 부추기는 것이 아니었다. 『상속자들』의 두 저자는 계급들을 차별화하는 사회적 요소들의 영향이 기계적 결정론의 형식을 갖지 않는다는 점을 정확하게 보여 주기 위해 주의를 기울이고 있으며 더 나아가서는 두 가지 예외 유형을 고려하고 있다. 그러나 그들이 보기에 이 유형들은 오히려 사회적 재생산의 규칙을 입증해 주는 것이었다.

첫째로, 문화적 세습 자산이 그 혜택을 보는 이들에게 자동적이고 누구에게든 늘 똑같은 방식으로 유리하게 작동한다고 믿는 것은 환상에 불과하다.[5] 상속물은 결실과 탕진이라는 두 가지의 용법으로 사용할 수 있을 것이다.[6] 한편으로 결실의 방식으로서 상속자들은 문화적 세습 자산을 단순한 고된 재생산 노동으로 습득하는 것이 아니라 진정한 창조성을 표현하는 여유로움과 축복으로 쌓아 올리는 데 더해 그것을 즐기면서 합리적으로 사용할 수 있다. 그러나 다른 한편으로 탕진의 방식은, 학교의 딜레탕트들과 사회의 도박꾼들의 태도가 보여 주는 것처럼, 상속자들의 파멸로 이어진다.

둘째로, 부르디외와 파세롱은 불우한 배경의 몇몇 아이들은 수월성 교육의 선별 과정에서 도태되지 않는다는 사실을 강조하고 이 현상을 그 아이들이 지닌 교육 환경과 더 유리한 가족 환경의 요구 사

---

5 Bourdieu and Jean-Claude Passeron, *Les Héritiers*, Paris: Minuit, 1964, p. 41.
6 *Ibid.*, p. 27, 41.

항에 스스로를 맞출 수 있는 적응력 때문에 가능한 것으로 설명한다. 그들은 이 점에 관한 연구를 더욱 심화시키지는 않았지만 그럼에도 "이 예외적 인생들을 결정하는 원인 혹은 이유를 더욱 정확하게 연구할" 필요성을 강조함으로써 이러한 아이들에 관한 연구를 진행하는 방향으로 우리를 이끌고 있다.

이것이 재생산 이론의 논리에서도 마찬가지로 예외들의 지위와 그 범위를 더욱 정확하게 이해하기 위해서 반례에 대한 탐구가 필요한 까닭이다. 비-재생산이라는 관념은 실제로 신중하게 다뤄지고 더욱 상세히 검토될 만한 자격이 있는데 왜냐하면 이때 비-재생산에서 '비'(non)의 가치와 범위가 선험적으로 결정될 수 없기 때문이다. 논리적으로 부정(négation)은 상반성(contrariété)을 표현할 수도 있고 모순(contradiction)을 표현할 수도 있다. 만약 비-재생산이 모순 유형의 대립(opposition) 사례라면 재생산과 비-재생산은 공존할 수 없다. 그 경우에는 둘 중 하나가 참이라면 결과적으로 다른 하나는 필연적으로 거짓이다. 반대로 상반 유형의 대립이라면 두 가지 테제가 양립 가능하며 동시에 참일 수 있다. 요컨대 관건은 비-재생산이라는 예외가 재생산의 규칙을 파기하는지 혹은 확증하는지 알아내는 것이다. 동시에 이를 알아내기 위한 탐구의 이면에는 인간 역량의 본성과 자유의 영역 확장이라는 논점이 떠오른다. 왜냐하면 비-재생산은 사회적 전복 혹은 혁명이 일어나지 않은 경우에도 기성 질서의 내부에서 새로운 존재가 발명될 가능성을 제시하기 때문이다.

---

7 *Ibid.*, p. 22. 우리는 1장에서 이에 관해 다시 다룰 것이다.

이러한 관점에서 개인적 수준에서 일어난 이 현상이 적어도 예외적으로나마 재생산의 법칙들에서 벗어난 것인지, 그러니까 사회 시스템에 이질적인 것인지는 현재 단계에서는 확실하지 않다. 어쩌면 이 현상은 그저 체계의 또 다른 산물들 가운데 하나이자 오히려 사회변혁의 가능성을 차단하는 안전밸브를 구성함으로써 체계를 더욱 강화하는 데 기여하는 현상일 수도 있다. 혹은 반대로 운명을 넘어서서 일어나는 자유의 표현일 수도 있다. 심층적 탐구가 부재하는 상태에서 이러한 예외들이 재생산 법칙이 거짓이라는 점을 보여 주는 명시적인 증명이라고 성급하게 단정해서는 안 된다. 공장노동자인 아버지의 아들로 태어난 사회학자이자 철학자 디디에 에리봉은 자신의 이력이 사회적 결정론이 없다는 증거로 해석될 수는 없다고 평가했다. 일반 규칙과 부합하지 않는 몇 가지의 독특한 경우의 존재만으로는 그 규칙을 폐기하거나 규칙의 실재성을 부정하는 데 충분하지 않다.[8] 법칙을 위반하는 것이 법칙과 모순되는 것은 아니다. 바로 이러한 이유에서 디디에 에리봉은 그 누구도 자신의 과거로부터 완전하게 벗어날 수 없지만 그럼에도 바로 그 한도 내에서 예외적인 위반이 가능한 지점에 이르기까지 이어지는 '왜'와 '어떻게'를 묻는 탐구로 우리를 초청한다.[9]

실제로 집단적 변화가 부재하는 경우에 일어나는 개인적 비-재생산의 원인들과 방법들 그리고 그 한계들에 대해 묻는 것은 진실로 중요한 질문이다. 여기에 답하는 것은 결코 쉽지 않은 일일 텐데 왜냐

---

8 Didier Éribon, *Retours sur Retour à Reims*, Pairs: Cartouche, 2011, p. 20.
9 *Ibid.*, p. 19.

하면 현재까지 어떤 총체적 연구도 전개된 적이 없기 때문이다. 물론 여기에는 사유의 시도를 저지하는 상당히 많은 장애물이 도사리고 있다는 그럴 만한 이유가 있다. 연구자들은 분쟁을 일으키기보다는 특정한 학파에 소속되기를 선호하며 이미 널리 인정되고 제도적으로 평가가 완료된 대상만을 다루려는 경향이 있다. 이러한 그들의 지적 소심함과 순응주의는 오늘날 점차 증가하고 있는 이 주변 사례와 관련하여 —— 만약 이에 관한 연구가 필수 사업으로 주어진다면 —— 비-재생산의 이론을 발전시키기보다는 차라리 재생산의 형식들을 탐구하는 쪽으로 연구자들을 이끈다.

그렇기 때문에 베르나르 라이르가 보여 준 혁신적 행보에 더욱 경의를 표할 필요가 있다. 그가 민중 계급의 가족 배타주의에 천착함으로써 사회적 사실들을 관찰하는 층위의 전환을 이룩했다는 점에서 그렇다. 라이르는 그의 저작 『가족의 초상, 민중 계층에서 학업의 행불행』[10]에서 문화적 자본이 열악한 출신 계급의 아이들 가운데 모두의 예상을 깨고 단지 유급을 피하는 데 그치지 않고 오히려 최상위권의 성적을 거두는, 도저히 있을 법하지 않은 아이들의 독특한 사례들을 탐구한다. 그는 같은 계급 출신의 다른 학생들과 균질한 환경 속에 있음에도 두각을 드러내는 학생들의 개인적 차이를 설명하기 위해서 가족 배경에 주목하는데 그 가운데서도 특히 학업 영역에서 특히 중요한 역할을 하는 가정에서의 글쓰기 문화 형식(큰 소리로 이야기 읽어 주기, 신문, 논문, 책, 연습 목록, 일기, 가계부에 대한 읽기 등등)과

---

10 Bernard Lahire, *Tableaux de famille, Heurs et malheurs scolaire en milieux populaires*, Paris: Seuil, 1995.

교육과 문화 자본의 전승에서 결정적 역할을 수행하게 될 요소들, 예를 들면 도덕적 질서와 부모의 교육 투자의 양상, 형제 관계 내에서의 위치와 그 안에서의 열등감 및 자신감을 연구했다. 물론 여기서 문제로 다루어지고 있는 것은 사회적 비-재생산 일반에 대한 이론은 아니다. 실제로 그의 분석은 초등교육에서 교육적 비-재생산이라고 부를 수 있는 것으로 범위가 제한되어 있으며 이러한 교육적 비-재생산에 대한 분석만으로는 성인이 될 나이까지의 사회적 이력을 포괄하는 비-재생산을 설명할 수 없다. 학급에서 1등을 차지했던 민중 계급 출신의 아이들이라도 생계를 꾸리기 위한 시간이 도래하면 모차르트가 그랬듯 곧장 생활고에 시달리는 신세가 된다는 것이 세상의 진실이기 때문이다. 물론 그럼에도 불구하고 베르나르 라이르는 맥락의 다양성과 경험의 비균질성을 고려하는 기존과는 다른 사회학의 길을 개시하고 있다.[11]

　　그와 반대로 대부분의 연구자들은 사회적 비-재생산의 영역에 한 발짝도 들여놓지 않는다. 그들을 변론해 주자면 이 주제가 정치적으로 오염되어 있다는 점을 참작할 필요가 있을 것이다. 사실 우리의 사유를 가로막는 첫 번째 장애물은 이데올로기적 질서의 장애물이다. 실제로 간혹 드물게 나타나는 사회적 유동성의 사례들은 사회적 부동성을 감추고 그 유동성을 보증하기 위해 이용되고는 한다. 예컨대 사회적 신분 상승을 이룬 민중 계급 출신의 개인들은 사회적 질서를 강화하고 **자수성가**(self made man)의 이데올로기를 살찌우는 마스

---

11 다음 책 Lahire, *Portraits sociologiques, dispositions et variations individuelles*, Paris: Nathan, 2002와 이 책 역시 참조하라. *L'Homme pluriel*, Paris: Nathan, 1998.

코트 혹은 상징으로 쓰인다. 그러한 개인들의 존재는 정치적 전시물이자 사회적 불평등에 대한 집합적 요구들을 거부하고 사회를 전복할 위험이 있는 부정의(不正義)의 감정을 진압하는 구실로써 쓰인다. 이러한 맥락에서 비-재생산의 사례가 거론되는 목적은 문제를 심도 있게 다루기 위해서가 아니다. 왜냐하면 답은 이미 정해져 있기 때문이다. 즉 "우리가 원한다면 우리는 언제든 신분 상승을 할 수 있다".

불공정한 사회 질서를 바꾸려고 하는 혁명가들 역시 이 주변부 현상에 관해 결코 길게 논의하지 않는다. 그 이유는 매우 정당한데 왜냐하면 그들은 집합적이고 일반화된 비-재생산의 방식에 이르는 방법에 관해 관심을 가지기 때문이다. 오히려 그들은 개인주의를 부각시키는 일을 초래하지 않고서 대중을 효과적으로 결집시키려면 이 예외들의 존재는 그냥 하수도 밑에 내버려두는 것이 더 낫다고 판단하기 때문에 이러한 예외 사례들에 관해 성찰하는 데는 신경을 쏟지 않는다. 더욱이 그들의 눈에서는 비-재생산의 문제 그 자체가 이미 부유한 이들이 펼치는 연막작전의 일환이자 사소하고 소모적인 주제로 전도될 위험을 품고 있다.

그러나 개인적이고 제한적인 변화지만 가장 불리한 조건에서 은밀하게 작동하는 그러한 변화의 원인들을 탐구함으로써 이끌어 낼 수 있는 교훈들이 있을 것이다. 부산스럽게 북을 울리며 일어난 혁명 이후에 수반이 교체되었음에도 동일한 체계가 재생산되는 것을 목격한 정치적으로 가장 맹렬하고 진보적인 사상가가 이 미시 현상들을 애써 무시한다면 그것은 중대한 잘못일 것이다. 왜냐하면 혁명이 새로움이라는 포장지만 뒤집어쓴 채 구체제로 돌아가는 것을 피하기 위해서는 개인들이 스스로를 변형하고 자신들 출신 계급의 행동을 반복하지 않도록 해 주는 원인들의 다발을 그가 이해해야 할 필요가 있기 때문이다. 이러한 관점에서 보았을 때 예외 사례들은 실제적 변화의 결정적 요인들을 탐지하기 위한 특권적인 관측소다. 그러므로 오늘과 다른 다음날을 꿈꾸는 사람이라면 누구든 이 탈주술화된 세계에서 일어난 마법 같은 변신의 실제 사례들을 성찰하는 데 관심을 갖게 될 것이다.

첫 번째 장애물을 제거하기 위해서는 무엇보다 우선 문제를 중립화할 필요가 있다. 우리의 목표는 정치적 목적에 따라 예외 사례들을 치켜세우거나 깎아내리는 것이 아니라 그것들을 이해하는 것이기 때문이다. 이러한 관점에서 이 예외 사례들을 포괄해 주면서도 가치론적인 함의는 모두 제거된 개념을 통해 이 사례들을 객관적으로 지시하는 편이 적절할 것이다. 왜냐하면 현재 우리가 가지고 있는 어휘 체계에서는 완곡어법의 경우를 제외한다면 자신의 사회적 계급 모델을 재생산하지 않는 이들을 정확하게 명명하는 어떠한 엄밀한 용어도 존재하지 않기 때문이다. 사회적 유동성은 상층과 하층이라는 도덕적 함의를 갖는 공간적 메타포의 도움을 받아 기술되고는 한다. 유동성은 그 방향에 따라 상승(ascension)으로 기술되거나 혹은 반대 경우에는 탈락(déclassement)으로 기술된다.

그러나 상승과 추락 중 어느 방향으로 향하든 사회적 유동성은 비판과 조롱의 방식으로 그려진다. 우리는 열등하다고 판단되는 사회 계급을 벗어나 '부르주아지가 된' 사람들을 '벼락부자'(parvenus)라고 부른다. 혹은 프롤레타리아트가 된 사람들과 우월하다고 판단되는 사회적 상황에서 전락한 사람들을 '탈락자'(déclassés)라고 부르곤 한다. 우리는 그들을 비웃거나 칭송할 뿐 하나의 엄밀한 개념하에 그들을 파악하지는 않는다. '계급 전향자'(transfuge de classe)라는 표현은 이것이 전이의 운동을 상기시킨다는 점에서 아마도 그나마 가장 덜 부적합한 표현이겠지만 이것이 여전히 도주와 탈영, 심지어는 배신의 관념과 연관되어 있는 한에서 마찬가지로 가치 판단으로부터 자유롭지 않다. 일반적으로 전향자는 자신의 조국 혹은 정당을 배반하고 다른 편에 붙었다는 혐의를 지고 있는 사람을 의미하며 그는 언제나 변절자로 의심받는다.

자신을 부르는 명칭이 가치 평가적인 용어 외에는 없다는 이 현상은 계급을 바꾼 이들에게 국한되어 일어나지 않는다. 이 현상은 지배적 모델을 재생산하지 않는 모든 사람 그리고 모욕 아니면 야유의 딱지 아래서 자신의 정체성을 발견하게 되는 모든 사람과 관련한다. 명명될 수 없기에 이름이 없는 자들이 있다. 예컨대 온갖 불명예스러운 말들에 낙인찍힌(stigmatisés) 동성애자들의 경우가 그렇다. 입에 담기조차 수치스러운 동성애는 대개 모욕의 형식하에서 거론된다. '호모'(pédé), '바텀'(tante), '마짜'(tantouze), '갈보'(gouine) 등등. 혹은 그 명칭을 하나의 장소나 한 명의 인물로 대치하는 일종의 부인과 은폐의 형식하에서 거론되기도 한다. 레즈비언이라는 표현은 레스보스섬의 지명에서 유래했으며 여성 동성애(saphisme)라는 표현은 여성 시인 사포로부터 탄생했다. 물론 **게이**(gay)라는 용어는 '행복하다'(hereux), '평안하다'(insouciant), '빛이 난다'(lumineux)라는 표현과 동일한 어원에서 왔으며 오늘날 긍정적이고 정치적으로 올바른 표현으로 제시되고 있다. 이 용어는, 특히 1990년대 미국에서 일어난 게이 프라이드(Gay Pride) 집회에서 20세기의 동성애 자긍심(fierté homosexuelle)의 표어가 되었으며, 전통적인 성 관습에 대해 개의치 않는 태도를 나타낸다. 그럼에도 **게이**라는 용어가 경멸적인 함의는 전혀 갖고 있지 않은 것은 아닌데 17세기에 이 용어는 부도덕성이나 방탕과 연관되어 있었다. 이 용어는 그 시대에는 특별히 동성애만을 가리키던 것은 아니었지만 약간의 도덕적 관습과 관련한 뉘앙스를 지녔는데 **게이** 남성은 여성을 상대하는 남창을, **게이** 여성은 창녀를, **게이** 하우스는 갈보집을 의미했다.[12]

그러므로 출신 계급의 운명을 재생산하지 않는 이들에게 객관적이고 정당한 실존을 부여하기 위해서는 경멸적이고 은유적이거나 규범적인 용어들과 거리를 둔 채 언어를 바꾸고 하나의 엄밀한 개념을 생산하는 편이 알맞을 것이다. 이러한 맥락에서 하나의 계급에서 다른 계급으로의 이행을 수행한 개인을 가리키기 위해 그들을 **계급횡단자**(transclasse)라고 말하는 것은 매우 적절해 보인다. 이 신조어는 성전환자(transsexuel)의 사례를 모델로 하여 형성한 것이다. 여기서 접두사 'trans'는 초월이나 상승을 의미하지 않는다. 이것은 한쪽에서 다른 쪽으로 이행하는 전환(transition)의 운동을 의미한다. 이 접두사는 '반대편'을 의미했던 라틴어 **trans**에서 유래한 것이며 우리의 신조어에서는 두 계급 사이의 이행을 묘사하기 위해 사용된다.[13] 자, 이제 용

---

12 오늘날에 이러한 의미가 퇴색되고 긍정적인 성적 함의를 가진 용어로 재발견되었다면 그 것은 미국 동성애자 공동체에서 게이라는 용어를 강력하게 지지했기 때문이다. 그러나 뒤이어 전 세계에서 받아들여지게 된 순간부터 미국과 영국에서 이 용어에 새로운 경멸적 뉘앙스가 부여되기 시작했다는 점을 지적할 필요가 있다. 오늘날 영미권에서 "그건 게이 같잖아"(That's so gay)라는 말은 "멍청하다"(c'est stupide)는 것을 의미할 수 있으며 마찬가지로 누군가를 게이로 간주한다는 것은 그를 쓰레기 취급한다는 것을 의미한다.

13 우리는 패싱(passing)으로서 기질에 관해 다루면서 이 용어의 정당화 문제로 다시 돌아올 것이다.

어에 관련된 문제가 해결되었으니 우리 탐구의 남은 문제는 비-재생산의 한복판에 서 있는 계급횡단자의 이러한 **이행**(transitio)의 본성과 기원을 사유하는 것이다.

바로 이 지점에서 인식론적 질서와 관련한 두 번째 장애물이 나타난다. 이 장애물은 지금 우리가 연구하려는 대상의 본성과 관련하는데 왜냐하면 이 대상이 예외에 관한 사유를 요구하기 때문이다. 그런데 개념을 통한 사유를 시도하는 철학이 과연 어떻게 독특한 경우들을 포착할 수 있으며 또한 어떻게 그 독특성을 해명할 수 있겠는가? 왜냐하면 개념은 경험의 잡다를 모으고 그 잡다가 동종의 다른 것들과 공유하는 것들을 종합함으로써 그것들을 하나로 통합해야 하기 때문이다. 그렇지 않다면 경험의 잡다는 그 다양성 속으로 산산이 흩어져 버리고 말 것이다. 추상의 구름 혹은 경험의 늪 속에서 길을 잃지 않으면서 비-재생산에 관해 사색하는 것이 정말로 가능한 일인가? 독특한 것의 개념 혹은 개별적인 것이 보편자로 환원 불가능한 무엇인가를 가지고 있다면 그에 관한 개념을 발전시키고, 그 내밀한 본질을 대상으로 삼고, 또한 그 본질의 개별적 체현 속에서 자유를 포착하는 일이 가능한 것인가?

우리는 스피노자의 철학에서 이러한 문제들을 만날 수 있다. 수많은 주석가들이 스피노자 인식론 속 이 문제를 다루기 위해 상당한 잉크를 소모했다. 스피노자는 부적합한 상상적 인식을 넘어서 다른 두 종류의 적합한 인식, '2종 인식 혹은 이성적 인식'과 '3종 인식 혹은 직관적 인식'을 제시한다. 전자는 공통 통념과 사물들의 성질에 관한 관념에 기초하지만 우리에게 그것의 본질을 제시해 주지는 않는다. 반면에 후자는 사물들을 그것의 독특성 속에서 포착하고 사물들의 본질을 신의 속성의 본질에서부터 연역한다고 여긴다.[14] 그런데 이 런저런 인간 신체의 관념을 가리키고 또한 독특한 사물들의 본질과 관련하는 이 직관적 인식이 도대체 무엇인지 이해하기는 무척이나 까다롭다. 그렇기 때문에 수많은 주석가들이 그러한 것은 있을 수 없다고 평가할 정도였으며 단지 스피노자 본인부터 『윤리학』의 마지막 구절에서 3종 인식 속에서 이루어지는 구원의 길이 "어려울 뿐만 아니라 드물다"라고 선언했다는 사실을 강조하는 데 만족할 정도였다.

어쩌면 직관적 인식에 대한 시도는 시도하자마자 곧바로 실패할 운명에 처해 있는 게 아닐까? 독특한 것의 개념이라는 생각은 순전한 모순어법에 불과할지도 모른다. 이 문제와 관련한 모든 어려움은 예외를 사유하고 그것을 철학적으로 이해하기 위한 분석 도구를 형성하는 것이 어렵다는 데 있다. 여태까지 그러한 도구가 부재했기 때문에 철학이 이러한 일을 하는 데 전혀 준비되지 않았다고 두려워하게 될지도 모른다. 심지어 철학은 사회학적 방법론과 달리 개별적인 사례를 수집하는 설문과 통계에 기초하지 않는다. 결과적으로 분석의 도구조차 주어져 있지 않은 이런 상황에서는 문제의 대상이 과연 정말로 철학의 대상이기는 한 것인지, 심지어는 비-재생산에 대한 연구는 차라리 역사학이나 사회학에 속하는 게 아닌지 의문을 가지게 될 수도 있을 것이다.

이러한 의문과 관련하여 다른 모든 대상과 마찬가지로 본질적으로 이미 철학적인 대상은 없다는 사실을 다시금 확인해 두어야 할 필

---

14 Baruch Spinoza, *Éhique*, Ⅱ, 40, scolie Ⅱ, trans. Bernard Pautrat, Paris: Seuil, 1988.

요가 있다. 철학적 대상은 개념의 개입을 통해서 철학적인 것으로 구성되는 것이며 그러한 개입 이전에는 완전히 방치된 채로 남겨진 영역들에 대한 성찰을 대담하게 확장시켰을 때에 생겨나는 역사적 생산물이다. 사유는 성질의 본성이 구획하는 경계 외의 다른 경계를 가지지 않는다. 이 점에서 사유는 제도적인 분할선을 비웃는다. 사유는 자신이 몰두하는 새로운 대상들을 이해하는 방법을 스스로 형성함으로써 그 대상들과 관계하기 때문이다. 그렇게 사유는 제도적 분과 학문에서뿐만 아니라 문학과 철학, 역사 혹은 사회학으로부터 자양분을 얻는다. 그러므로 사유에는 접근 금지 구역도 없으며 자신의 것이라고 선험적으로 보장된 영역도 없다. 가령 신체는 역사, 철학 혹은 사회학의 대상이기도 한 동시에 물리학의 대상이기도 하고 생물학, 의학의 대상이기도 하다.

비록 재생산 혹은 상속물에 관한 성찰이 주로 부르디외 혹은 파세롱의 손에 이끌려 전개되기는 했지만 그 사실이 이에 대한 성찰이 사회학의 독점물이라는 것을 의미하지는 않는다. 이 주제에 관한 알튀세르의 철학적 작업들이 그 증거다.[15] 더 나아가, 부르디외는 어떤 철학적 전통과의 단절을 주장하기도 하지만 마찬가지로 어떤 철학적 전통의 개념들을 빌려 와 다른 영역(사회학)에서 부활시키기도 한다. 예를 들어 그는 **아비투스** 개념에 중심적 위치를 부여하고 플라톤의 『테아이테토스』와 아리스토텔레스의 『니코마코스 윤리학』[16]에서의 헥시스(hexis) 개념을 연구의 도마 위에 올리며, 이 개념들에 새로

---

15 이 주제에 관해서는 Louis Althusser, *Sur la reproduction*, Paris: PUF, 2011 참조.

16 Aristote, *Éthique à Nicomaque*, II, 3, 1105 a 30.

운 의미를 부여한다.

사실 사회학은 자신의 전문 영역과 고유의 방법론을 가지고 있으나 철학만큼 헤게모니적 학문으로서 확립된 지위를 가지고 있지는 않은 데다 간학제적 연구에 철학만큼 폐쇄적이지도 않다. 요컨대 사회학은 철학보다 새로운 연구 대상을 받아들이는 데 훨씬 유연하다. 그럼에도 비-재생산과 관련해서는 사회학 역시 철학이 마주치는 어려움과 유사한 어려움을 맞닥뜨리게 된다. 이때는 통계조사에 의존하는 것조차 전혀 도움이 되지 못하는데 왜냐하면 관찰의 대상이 되는 비-재생산들의 사례가 서로 유사하지 않기 때문이다. 비-재생산을 연구할 때 우리는 예외 사례와 관계하게 된다. 만약 사례들의 분류와 유형화 작업을 실시하기 위해 이 사례들이 서로 유사하다고 가정하면서 그것들을 서로 비교하게 된다면 이 과정에서 우리는 유사성을 특권화하고 특수성들을 말소시키는 쪽으로 작업하게 되는데, 이로 인해 이렇게 이끌어 낸 가르침들은 허망한 것이 될 위험성을 안고 있다. 이러한 이유에서 전통적 방법론과는 상이한 접근 도구를 가공할 필요가 생긴다.

노르베르트 엘리아스가 『모차르트, 천재의 사회학』에서 수행한 것이 바로 이러한 작업이며 이 점에서 그의 작업은 철학적 사유를 위한 모델로 사용될 수 있을 것이다. 그의 작업은 모차르트의 환원 불가능한 독특성을 파악하는 데 있다. 모차르트의 천재성은 모차르트가 자기 아버지의 운명, 다시 말해서 궁정 음악 교사로서의 삶을 재생산하지 않는 쪽으로 그의 삶을 끌고 갔으며, 출신 계급인 소(小)부르주아지의 삶으로부터 벗어난 귀족적 서클 속 창조적이고 혁신적인 예술가로서의 모차르트를 탄생시켰다. 엘리아스가 선택한 방법론은 사회적 제약들을 검토하고 또한 모차르트를 깨어나게 해 줄 수 있었던 그 시대의 예술적·역사적 맥락의 요소들을 포착함으로써 모차르트라는 독특한 사례를 탐구하는 것이다. 즉 그의 탐구는 궁정의 환경, 귀족보다 더 낮은 사회 출신 예술가들의 지위, 귀족적 규범과 부르주아적 규범 사이의 대립, 취향과 음악적 창조성의 규준들에 대한 탐구에서 시작한다.

그런데 이때 엘리아스의 목적은 모차르트에 대한 역사적 전기를 작성하거나 그의 운명의 독특성에 주목하는 것이 아니라 모차르트 시대에 예술가의 조건이 무엇인지 명확하게 해 줄 수 있는 하나의 모델을 구성하는 것이다. 실제로 엘리아스는 "이 경우 문제는 역사적 이야기가 아니라 한 개인 ─ 여기서는 18세기의 예술가 ─ 이 그의 시대의 다른 사회적 인물들과의 상호 의존적 관계 속에서 구성한 성좌(constellation) 구조가 무엇인지 식별하게 해 줄 수 있는 이론적 모델을 발전시키는 것이다"[17]라고 정확히 밝히고 있다. 비록 엘리아스가 비-재생산 문제를 염두에 두고 있는 것은 아니지만 모차르트의 사례에 대한 분석을 통해 비-재생산을 사유하는 것이 가능하다는 것을 보여 주었고, 이를 통해 독특한 것에 대한 사유가 불가능하다는 선입견을 제거했다.

그러므로 철학적 개념들에만 의존하는 것이 아니라 독특한 것에 보편적 범위를 부여함으로써 그것을 포착할 수 있는 능력을 지니고 있는, 다른 영역들에서 빌려 온 사유의 도구들에도 의존하면서 계급

---

17 Norbert Elias, Mozart, *Sociologie d'un génie*, Paris: Seuil, 1991, p. 25.

횡단자의 모델을 발전시키고 비-재생산의 이론을 소묘해야 할 것이다. 이 경우 우리의 성찰은 무엇보다 먼저 문학적 픽션들에서 영감을 얻을 수 있다. 스탕달의 『적과 흑』의 주인공 쥘리앵 소렐의 경우처럼 픽션은 비-재생산의 사례를 제공해 준다. 사실 철학은 늘 기대한 것 이상으로 풍부하고 적절한 경험과 가설의 장을 펼쳐 보여 주는 문학을 그냥 지나칠 수 없다. 디디에 에리봉은 문학작품이 사회학이나 문학작품보다 더 이론적인 저작들만큼이나 사회적 세계 속에서 펼쳐지는 개별적이고 집합적인 경험들의 다양성을 파악하는 데 유용한 자원을 제공한다고 평가하며, 무엇보다 그 자신부터 스스로의 이력을 이해하기 위해서 상당 부분을 문학에 준거한다.[18] 우리의 사색도 이와 마찬가지로 리처드 라이트의 『흑인 소년』이나 존 에드거 와이드먼의 『형제와 보호자』 같은 문학적 접근과 이론적 성찰이 뒤섞여 있는 계급횡단자의 자전적 소설(romans autobiographiques) 위에 기초하게 될 것이다.

하지만 이때 개인적인 모험을 이야기하는 픽션 혹은 자서전 (autobiographies)보다는 아니 에르노,[19] 디디에 에리봉,[20] 리처드 호가트[21]의 작품과 같은 사회적 전기형 자서전(auto-socio-biographie)의 이야기들을 우선적으로 살펴보는 편이 더 적절할 것이다. 이들의 작품

---

18 *Ibid.*, p. 42.

19 특히 다음을 참조하라. Annie Ernaux, *La Place*, Paris: Gallimar, 1983 또는 *La Honte*, Paris: Gallimard, 1987.

20 Éribon, *Retour à Reims*, Paris: Fayard, 2010.

21 Richard Hoggart, *33 Newport Street: Autobiographie d'un intellectuel issu des classe populaires anglaises*, Paris: Seuil, 1991.

은 개인의 삶 혹은 운명을 외부의 인과 결정(déterminisme)과는 유리되어 있는 한 자아의 성취가 아니라 그 개인이 관계하는 환경 속에서의 하나의 사회적 생산물로서 사유하고자 한다. 바로 이러한 점에서 아니 에르노는 자신의 세 저작 『남자의 자리』, 『한 여자』, 『부끄러움』이 "자서전이라기보다는 사회적 전기형 자서전에 가깝다"[22]라고 여기고 있는 것이다. 자서전과 사회적 전기형 자서전 사이의 차이는, 자서전은 그것을 말하는 저자의 이미지로 환원되는 경향이 있는 반면에 사회적 전기형 자서전에서 문제가 되는 것은 자아의 재발견이 아니라 더 넓은 현실과 공통의 조건 혹은 우리 모두가 공유하는 사회적 고통 속에 자아를 해소하는 형식을 취한다는 데 있다.[23] 이러한 관점에서 예외의 독특성과 개념의 보편성 사이의 외견상의 단절은 점차 희미해지는데 왜냐하면 한 개인을 통해서 모든 인간 조건이 표현되며 상황 속의 인간학이 그 모습을 드러내기 때문이다. 아니 에르노는 하나의 텍스트가 개인적인 동시에 보편적일 수 있다는 가설을 내세우면서 자기 자신이라는 한 개인을 대상으로 한 하나의 해명을 감행하는데 이는 틀림없이 텍스트가 개별적 이야기들의 다양성과 특수성을 넘어 자신을 인정하는 것이 가능한 어떤 내밀한 경험을 표현하기 때문이다.[24]

　　마찬가지로, 피에르 부르디외의 자기-분석과 아니 에르노의 사회적 전기(sociobiographie) 사이에 위치하는 디디에 에리봉의 행보

22 Ernaux, *L'Écriture comme un couteau*, Paris: Stock, 2003, p. 20.

23 *Ibid.*, p. 21.

24 *Ibid.*, p. 153.

또한 시사해 주는 바가 무척이나 많다. 디디에 에리봉은 자신의 개인적 경험에 관한 이야기를 통해서 자신의 출신 계급과 점차 동떨어지게 되는 학업과 사회적 이력을 밟는 노동 계급 출신의 한 아이에 관한 범례적 이야기를 재정립한다.[25] 비록 그가 『랭스로 되돌아가다』에서 자신의 경험(trajectoire)에 주로 근거하고 있기는 하지만 그렇다고 해서 그의 저서가 자서전이 되는 것은 아니며 오히려 그의 책은 독특한 경험 속에 뿌리내린 사회적 세계에 대한 이론적 분석으로 제시된다.[26] 그의 분석은 개인적 경험으로부터 탄생하기는 했지만 오히려 그 경험이 분석의 길을 밝혀 줄뿐더러 이론과 개인적 이야기 사이의 상호성을 증언해 준다.

우리의 목표는 이러한 다양한 자원으로부터 출발하여, 사회학적 방식이나 사회적 전기형 자서전의 이야기 방식이 아니라, 철학적 방식으로 계급횡단자를 파악할 수 있도록 해 주는 개념들을 발전시킴으로써 계급횡단의 기원과 조건을 사유하는 것이다. 이 책에서 우리의 분석은 주로 피지배자의 세계에서 지배자의 세계로 이행하는 사회적 비-재생산의 경우를 다룰 것이다. 이 방향의 비-재생산이 반대 방향의 경우보다 더 신비한 것으로 나타나기 때문이다. 사회적 계급 탈락(déclassement social)의 원인들은 대체로는 자연재해, 사회적 전복, 가정 파탄, 단절 혹은 갈등, 개인의 정치적 선택 등 반대 방향의 재생산에 비해 상대적으로 훨씬 더 쉽게 생각해 볼 수 있는 것이다. 그러나 이러한 사실이 이동 가능한 이중적 방향의 고려를 금지하지는

---

25 Éribon, *Retours sur retour à Reims*, p. 40.

26 *Ibid.*, p. 40.

않으며 또한 사회적 비-재생산이 비-재생산의 다른 형식들, 예컨대 생물학적 비-재생산이나 성적 비-재생산, 인종적 비-재생산 혹은 젠더적 형식의 비-재생산에 대해 우위를 갖는다는 것을 함축하지도 않는다. 비-재생산은 출신 계급을 재생산하지 않는 계급횡단자들의 사회적 유동성에만 국한되어 있지 않다. 비-재생산은 지배 규범에 대한 자발적 부정 혹은 종족 보존이나 이성애 혹은 인종 및 섹스에 부과된 조건들과 관련한 지배적 규범에 관한 부정(non)을 통해서 나타날 수 있다. 그러므로 계급횡단자 출현의 신비를 밝히기 위해서는 인종, 성, 계급의 불운에도 불구하고 모든 것을 향해서 그리고 모든 것에 반대해서 일어나는 비-재생산의 모든 형식 사이의 착종을 사유하는 것이 필수적일 것이다.

1부   비-재생산의 원인들

갈라진 대나무 대처럼 분열된 사회,
한 명의 인간으로서 이룰 수 있는 대업이란 자신의 계급보다
더 상위 계급으로 올라가는 것이며
그 상위 계급은 다른 사람이 올라오는 것을 온 힘을 다해 방해한다.
── 스탕달, 「에고티슴 회상기」

화려한 사회적 신분 상승에 성공한 계급횡단자들은 흔히 사람들의 찬탄을 불러일으킨다. 그 찬탄 뒤에는 깊은 몰이해가 감춰져 있지만 말이다…. 그들은 매혹하고 꿈꾸게 만드는 존재다. 그들이 모든 예정 조화와 섭리를 깨뜨리고 나타난, 무한 경쟁에서 살아남은 자 혹은 운명도 꺾지 못한 천재로 보이기 때문에 그렇다. 믿기 어려운 기적과도 같은 그들의 운명은 몽상에 빠져 볼 기회를 제공한다. 이처럼 그들의 예외적인 이력은 합리적인 설명의 틀을 벗어나는 것처럼 보인다. 그들의 존재가 재능과 기회의 신화, 요컨대 능력주의(mérite) 신화의 살아 있는 증거 자체이다. 즉 그들은 개인적 성공이라는 이데올로기의 밑거름으로 쓰인다. 이 이데올로기가 바로 **아메리칸드림**의 핵심이다. 미 대륙의 모든 사람이, 그곳에서 태어난 사람이든 혹은 그곳으로 이주한 사람이든, 그들이 누구든지 간에 자신의 용기와 의지만 있으면 근면한 노동을 통해 무일푼에서 부자가 되어 영화를 누릴 수 있다고 믿게 만드는 그 꿈 말이다.

하지만 그들을 천재라고 하든, 성공할 운을 갖고 태어났다고 상상하든, 그도 아니면 맨땅에서 맨손으로 집안을 일으킨 사람이라고 하든지 간에 만약 그러한 설명이 개념이 아니라 단지 관습적인 표현이나 은유의 형식하에서 이루어진다면 우리는 결코 그들의 궤적의 본성을 이해할 수 없을 것이다. 계급횡단자들은 천재라서 혹은 팔자가 좋아서, 아니면 뼈 빠지게 노력해서 성공할 수 있었다는 그 모든 사이비 설명은 계급횡단자들을 손쉽게 낙인의 대상 또는 정치적 회유책의 노리개로 전락시킨다는 점에서, 무척이나 불성실한 분석에 불과한 무지의 피난처에 지나지 않는다. 만약 계급횡단이 단지 개인의 능력에 따른 결과라면 원래의 조건에 그대로 머물러 있는 절대다수의 사람들은 어리석거나 불운하거나 게으르다는 것인가?

계급횡단의 현상을 행운이나 운 좋게 타고난 재능에 기대어 설명하기보다는 이 현상의 배후에 깔려 있는 도덕적이고 정치적인 속셈들을 모두 걷어 내면서 그것이 일어나게 되는 필연성의 체제하에서 고찰하는 편이 알맞을 것이다. 바로 이 점에서 우리의 비-재생산의 원인들을 분석하는 것이 우리의 첫 번째 과제로 주어진다. 현상의 근원을 파악하지 않았기 때문에 이 예외적인 운명들의 존재는 한편으로는 각자가 자신의 몫에 전적으로 책임을 지고 있다는 생각을 강화함으로써 도덕주의를 정당화하는 알리바이로, 다른 한편으로는 사회 질서는 개개인의 자연적 능력들(mérites)이 반영된 결과이며 게으름 혹은 우둔함을 정당하게 처벌한다는 믿음을 키운다는 점에서 보수주의의 알리바이로 줄곧 사용되어 왔다.

야심, 비-재생산의 지배자?

흔히 야심(ambition)은 예외 사례를 설명하기 위한 이유로 가장 먼저 동원되는 요인 가운데 하나다. 즉 계급횡단자들에게서 단 하나의 목표 ── 성공, 사회적 신분 상승과 그에 따른 영광스러운 나날의 연속 ── 를 향한 팽팽한 의지와 에너지의 한 형태인 야심을 엿볼 수 있다는 것이다. 이러한 야심은 도전 정신의 일면을 가지고 있는데 이 점은 파리에 입성한 라스티냐크가 외치는 "이제 파리와 나, 우리 둘의 대결이다"라는 말에서 잘 드러난다.[1] 청년이라면 운명을 개척하고 자신을 짓누르는 위기를 오히려 지렛대로 이용해 곤궁으로부터 벗어나 스스로를 뽐내야 한다. 젊은 야심가에게 난관과 역경은 그를 좌절시키는 장애물이 아니라 오히려 도움닫기를 위한 발판이 된다. 장애물이 크면 클수록 그것을 넘어서고자 하는 욕망도 더욱 커진다. 역경지수는 정반대로 작용하기 시작한다. 결점은 역설적이게도 장점으로 전환되는데, 부르주아지의 둔감한 눈에는 식상하고 진부한 것조차 노동자의 자식에게는 그의 열정을 일깨울 만큼 화려한 불빛으로 빛나는 것처럼 보일 정도다. 부르디외 역시 짧은 삽입구 속에서 비-재생산의 예외 사례에 관해 고찰하면서 이 점을 강조한 바 있다. 소외계급 출신의 개인들은 출신 환경의 지배적 모델을 재생산할 가능성이 매우 높은 것이 사실이지만 또한 매우 예외적이기는 해도 그들은 명백한 악조건 속에서도 오히려 재기를 위한 도전 기회를 찾아낼 수 있

---

1 [역주] 외젠 드 라스티냐크는 오노레 드 발자크의 소설 『고리오 영감』의 주인공으로 파리 사교계 진출을 통해 신분 상승을 이루려는 꿈을 가지고 있는 인물이다.

으며, 사회적 운명을 극복하고 자신의 분수를 넘어서기 위해 상당한 힘을 발휘할 수 있다는 사실을 보여 주는 것은 어렵지 않다.[2]

차별화와 권위에 대한 욕망에서 자라나는 야심은 비-재생산과 사회적 신분 상승의 동력원으로 작용한다. 발자크와 스탕달의 두 주인공, 외젠 드 라스티냐크와 쥘리앵 소렐은 이러한 야심의 범례적 사례를 보여 준다. 야심은 쥘리앵을 출신 환경 속에 붙잡아 두었던 양심의 가책과 두려움을 모두 걷어 낸다. 야심은 그가 지방의 쁘띠 부르주아지로서의 자유와 안정을 포기하도록 그리고 그것의 가치라고 해 봐야 세계라는 거대한 무대 위로 올라가기 위해서는 단념할 필요가 있는 보잘것없으며 수수하기 그지없는 이득인 것처럼 고려하도록 만든다. 이 정념의 효과 아래에서는 불확실하지만 막대한 선에 대한 희망이 작지만 확실한 선을 상실할지도 모른다는 두려움을 누르게 된다. 쥘리앵이 라 몰 후작의 사업에 참여하기 위해 파리로 입성하기 전, 탐욕스러운 야심의 위험을 경고하는 친구 푸케에게 쥘리앵이 반박하는 대화 장면 속에서 우리는 이 정념의 위력을 엿볼 수 있다. 푸케는 마치 예언처럼, 쥘리앵의 마지막이 나쁘게 끝나지는 않을지, 그의 이름에 먹칠을 할 나쁜 소식을 듣게 되지는 않을지 걱정한다. 그는 4천 프랑을 벌기 위해 권력자들의 노예로 있으면서 비굴하게 정부의 한자리를 차지하기보다는 자기 자신의 주인으로 남아 있을 수 있는 삼림업에 종사하며 100루이를 버는 것이 낫다고 주장한다. 푸케는 자신의 친구가 경솔함 탓에 결국 금전적인 파멸은 물론이고 도덕적

---

2 Pierre Bourdieu, *Les Héritiers*, Paris: Minuit, pp. 41~42.

인 파멸에까지 치달을 것이라고 언성을 높인다. 그러나 쥘리앵은 이를 귓등으로도 듣지 않는다. 이미 쥘리앵에게 기쁨이란 파리에 입성하여 후작의 측근이 되는 것이 전부이며 그는 친구의 조언에서 정신의 편협함을, 다시 말해서 헛것을 잡으려다 알짜를 놓치는 것을 두려워하는 지극히 소심한 시골 부르주아지의 편협함을 본다.[3]

한편 스탕달에게 야심은 개인적 신분 상승의 힘줄일 뿐만 아니라 인류 역사 전체에서 작동하는 행동 원리이자 사회적 변화의 원리를 구성하는 감정이다. 이 점은 탑승한 마차에서 우연히 마주친 두 명의 여행자들의 대화를 듣고 일어난 쥘리앵의 놀라운 개심 장면에 잘 드러나 있다.

영국의 역사는 우리의 미래를 비추는 거울이나 마찬가지지. 자신의 권력을 키우려는 왕이 언제나 있을 것이고, 국회의원이 되고자 하는 야심과 명예욕이 여전할 것이고, 시골 부자들은 미라보가 벌어들였다는 수십만 프랑이 부러워 잠을 이루지 못할 거야. 그자들은 자유와 민중에 대한 사랑을 부르짖음으로써 명예와 돈을 얻으려 하겠지. 왕당파들은 귀족원 의원이 되고 싶어서, 아니면 국왕의 시종 자리라도 얻고 싶어서 동분서주할 테고.[4]

야심은 세상만사를 좌우하는 지배자이자 인류의 영원한 조건처

---

3 Stendhal, *Le Rouge et le Noir*, ch. XXX, "Un ambitieux", Paris: Gallimard, "Biblothèque de la Pléiade", 1956, p. 234.

4 *Ibid.*, II, ch. 1, "Les plaisirs de la campagne", p. 254.

럼 현현한다. 야심은 결코 특이한 현상이 아니다. 이 감정은 모든 사회 계층과 관련하고 있기 때문이다. 야심은 모두가 더 높은 계층으로 올라가기를, 더 나은 지위를 획득하기를 바라게 만든다. 『리바이어던』에서 홉스는 '하인의 욕망과 주인의 욕망'을 동일한 것으로 간주한다.[5] 윗사람은, 그 정의상 타인보다 먼저 자리를 취할 권리와 위계질서상 자신보다 낮은 사람보다 더 상석에 앉을 권리가 있다. 그러하기에 국가의 내부 공간에서도, 스탕달이 상기시키는 것처럼[6] 모든 사람은 지배할 권리를 얻기를 소망하는 것이다. 그저 통행인(passager)에 불과한 이를 위한 자리는 없다. 야심의 효과 아래서는 오직 출세 지향적 논리만이 승리하며 자신의 자리에 안주하려는 사람은 문자 그대로 지체된 사람으로 여겨질 정도다.

야심은 자기 향상을 목표로 하며 타인과의 경쟁심으로부터 자라난다. 야심이라는 용수철은 선두를 차지하여 가장 앞줄에 서기 위해서 자신을 넘어서고 다른 곳으로 나아가려는 욕망이다. 이러한 관점에서 본다면 오히려 비-재생산이 사회의 규칙이고, 재생산이 예외처럼 보이기도 한다. 사람들은 자신의 태생적 위치에 만족하지도 않고 안주하려고 하지도 않을뿐더러 오히려 더 높은 위치로 올라서려고

5　Thomas. Hobbes, *Léviathan*, I, 6. [역주] 모든 사람의 욕망이 신분의 귀천에 관계없이 동등하다는 홉스의 주장은 고대 철학과 비교할 때 그 철학사적 의의가 더욱 뚜렷하게 드러난다. 가령 아리스토텔레스는 천성적으로 주인의 역할을 하기에 알맞은 사람과 노예의 역할을 하기에 알맞은 사람이라는 두 종류의 인간 상을 구별한다. 따라서 주인의 욕망과 노예의 욕망은 다를 수밖에 없다. 이처럼 고대인들에게 욕망을 비롯한 정념은 각각의 인간을 구별해 주는 개체화의 원리로서 기능했다. 친구 파트로클로스를 잃은 아킬레우스가 보여 주는 크나큰 분노는 보통 사람은 결코 가질 수 없는 것이다. 바로 이 점에서 아킬레우스의 분노는 그를 평범한 사람과 구별해 주고 그를 거의 신과 같은 영웅으로 만드는 표식으로 기능한다.

6　Stendhal, *Le Rouge et le Noir*, II, ch. 1, "Les plaisirs de la campagne", p. 254.

하기 때문이다. 국회의원이 되는 것, 귀족이 되는 것, 왕이 되는 것, 왕이라면 자신의 특권을 더욱 강화하는 것. 야심은 그 본질상 무한한 상승과 축적의 원칙에 따른다. 야심은 인간들이 쟁취하고 더 높이 올라가도록 자극하는데 마침내 야심가의 눈에는 정상의 위치마저 더 높이 올라갈 초석에 불과하게 보일 지경이 된다.

바로 이러한 이유에서 스피노자는 야심을 "명예에 대한 지나친 욕망"(désir immodéré de gloire)[7]으로 정의한다. 명예심은 자신의 행동이 칭찬을 받는다는 한 사람의 믿음 —— 이 믿음이 사실인지 아닌지는 중요하지 않다 —— 에서 생겨나는 기쁨[8]이며 야심가들의 행동의 기저에는 바로 이 감정이 동기로 작용하고 있다. 이처럼 야심은 칭찬과 차별화에 대한 극도의 욕망에 기초하고 있는데 이러한 욕망은 익명 상태에서 벗어나 자신의 이름을 빛내고 다른 사람들로부터 감탄의 눈길을 받을 수 있는 명성의 획득을 추구하도록 사람들을 자극한다. 그러므로 야심이 비-재생산을 설명해 주는 한 가지 가설로 제기되는 것은 정당하다. 왜냐하면 이 감정은 예외적 운명을 추구하도록 부추긴다는 점에서 니체가 '군중의 도덕'이라고 불렀던 주변적 순응주의에 대한 거부를 함축하고 있기 때문이다. 바로 이러한 야심 속에서 작동하는 넘쳐흐르는 에너지의 과잉이라는 특성은 한 개인이 자신의 출신 환경으로부터 벗어나고 온갖 장애물들을 극복하는 힘을 어디로부터 얻는지 이해할 수 있게 해 준다. 야심이 보여 주는 그 과도함은 야심의 본성과 그 효과를 구성하는 핵심적 부분인데 이러한 과도함

---

7 Baruch Spinoza, *Éhique*, III, "Définitions des affects", 44, trans. Bernard Pautrat, Paris: Seuil, 1988.
8 *Ibid.*, 30.

을 반드시 잘못으로 이해해야 할 이유는 없다.

실제로 야심이 악착같은 출세욕이나 출세 지상주의 같은 말과 완전하게(systématiquement) 등가를 이루는 용어라고 할 수는 없다. 야심 그 자체만 놓고 본다면 이 감정은 살고자 하고 또한 자신의 행위 역량을 긍정하려는 욕망의 표현일 뿐이다. 이 감정의 내적 성질만 고려한다면 그 자체로는 좋지도 않고 나쁘지도 않으며 다만 이 욕망이 겨냥하고 있는 목적들과 그 달성을 위해 사용되는 수단들에 따라서만 이 욕망을 비난하거나 칭찬할 수 있을 것이다. 하지만 여기서 일단 우리의 목적은 야심을 도덕적인 관점이 아니라 인식론적인 관점에서 비판하는 것인데 왜냐하면 우리의 문제는 야심이 충분히 만족스러운 설명 원리를 구성하는지, 그렇지 않은지 알아내는 데 있기 때문이다.

이러한 관점에서 본다면 야심을 오직 비-재생산의 원인으로 제시하는 설명에는 분명히 미심쩍은 부분이 있다. 만약 야심이 정말로 온갖 장애물과 저항을 무찌르고 비-재생산을 발생시킬 수 있는 핵심적 요인 가운데 하나라면 어째서 살고자 하고 스스로를 긍정하려는 모두에게 공통적일 이 욕망이 모든 사람에게서 똑같은 정도로 발현되지 않는지 이해하는 것이 새로운 문제로 대두되기 때문이다. 모든 사람이 알렉산드로스 대왕이나 카이사르와 같은 욕구를 지니고 있지는 않다. 어째서 누군가는 야심을 품고 전진하는데 다른 사람들은 그렇지 않은가? 만약 야심이 예외들의 설명 원리가 될 수 있다면 사람들에겐 자신의 사회적 계급의 삶의 양식을 재생산하려는 경향이 있다는 일반 원리는 어떻게 이해할 수 있을까? 혹시 그러한 경향성은 야심의 결핍과 관련되어 있는 것일까?

그러한 설명은 무척이나 불충분한 설명일 것이다. 왜냐하면 야심을 천부적인 재능(don) 혹은 한 사람의 개성을 구성하는 심리적 특징(détermination psychologique)이나 사람들의 행동을 원초적으로 결정짓는 성격적 특성 같은 것으로 전제하고 있기 때문이다. 이러한 전제들을 기초로 한다면 야심의 결핍은 사람들 사이의 존재론적 불평등의 결과라고 할 수 있다. 이 경우에 사회적 출신 환경을 극복하지 못하는 것은 본성적 결함 혹은 자신의 자유와 의지를 평범하고 흔해빠진 목표들을 향하느라 헛되이 사용한 주체 스스로 책임져야 할 성격의 결함이 되어 버리고 만다. 결국 이런 식의 설명 방식은 사회적 재생산은 자연적 숙명 혹은 개인의 도덕적 실패에 따른 귀결이라는, 재능 혹은 능력 이데올로기의 주장과 결합하기 딱 좋은 결론을 제공한다.

물론 그러한 결론은 분명한 거짓이다. 왜냐하면 야심은 타고난 재능 같은 것이 아닐 뿐만 아니라 비-재생산의 제1 원인으로 고려될 수도 없기 때문이다. 야심은 다른 모든 감정과 마찬가지로 개인의 행위 역량이 취할 수 있는 다양한 양태들 가운데 하나다. 감정은 그것을 규정하는 원인들을 통해 설명되어야 한다. 만약 야심이 명예의 욕망 혹은 결과를 향해 뻗어 나가는 에너지에 기초한다면 과연 무엇이 행위 역량이 그러한 형태를 취하도록 규정했는지 알아내야 한다. 야심이 관성을 이겨 내고 다른 것이 아닌 바로 이 목표를 향해 뻗어 나가게 하는 에너지를 만들어 주는 것은 과연 무엇인가? 요컨대 야심은 구성하는 것이라기보다는 구성되는 것이기 때문에 야심만으로는 비-재생산에 관한 충분한 설명이 이루어질 수 없다.

실제로 그것이 사회적인 것이든 경제적인 것이든 혹은 지적인 것이든 예술적인 것이든 모든 야심은 항상 무엇인가에 **대한** 야심이다. 야심은 달성하고 싶은 모델, 이상, 목표에 대한 생각을 전제하고 있다. 비-재생산의 경우에서 야심은 출신 환경에서의 지배적 모델과는 다른 모델에 대한 표상과 그 모델을 실현하고자 하는 욕망의 존재를 함축한다. 다시 말해서 야심이 최초의 원인이라고 할 수는 없는 이유는 이 감정이 어떤 모델에 대한 관념과 그 모델처럼 되고 싶어 하는 욕망이 합쳐진 결과, 즉 인식적 규정성(détermination cognitive)과 감정적 규정성(détermination affective) 사이의 혼란스러운 합성의 결과이기 때문이다. 그러므로 비-재생산의 뿌리가 야심이라고 믿는다면 원인과 결과를 혼동하고 있는 셈이다. 만약 야심이 무엇인가에 대한 야심이라면, 이러한 야심을 가능하게 해 주는 그 무엇인가가 먼저 있어야만 한다.

그렇기 때문에 야심가들을 **자수성가한 사람**(self made man)으로 묘사하고 있다면 그것은 잘못된 초상화를 그리고 있는 셈이다. **무로부터**(ex nihilo) 일어나는 기적적인 창조처럼 정말로 아무것도 없는 상태에서 생겨나는 일은 아무것도 없기 때문이다. 요컨대 한 사람에 관해 "그는 스스로 자신의 모든 것을 해냈다"라고 말하는 것은 실상 아무것도 말하지 않는 것이다. 이를 통해서는 그가 무엇으로부터 일어날 수 있었는지 살펴볼 수 없기 때문이다. 만약 누군가가 자수성가한 사람은 그야말로 그 정의상 **자기 자신으로부터** 생겨났다고 응수하고자 한다면 그는 우선 현재 그 형성 또는 구성이 문제가 되고 있는 **자기 자신**을 일단 주어져 있는 것으로 전제해야 하는 악순환에 빠져 있다. 이러한 맥락에서 야심을 비-재생산의 제1 원인으로 제시하는 것은 무지의 소치이다. 이 경우 야심은 신비한 특성처럼 실제의 인과성을 설명해 주기보다는 숨겨져 있는 원인들의 지층을 탐사하지 않고 오히려 덮어 버리는 역할을 수행하는 데 그칠 뿐이기 때문이다. 하지만 야심은 표면상의 원인에 불과하며 비-재생산의 궁극적 이유는 아니다. 현상을 그 총체성 속에서 포착하고자 한다면 우리가 볼 수 있는 빙산의 부분과 감춰져 있는 빙산의 다른 부분을 연결시켜야만 한다. 그렇지 않다면 현상은 그것의 전제로부터 분리되어 이해할 수 없는 것으로 남게 될 것이다.

모델과 모방

모든 야심은, 그것이 발생하기 위해서는 실제적인 것이든 허구의 것이든 한 개인이 달성하고자 욕망하는 어떤 모델의 표상이 조건으로 주어져 있어야 한다. 요컨대 모방 없는 야심이란 없다. 이러한 의미에서 모든 비-재생산은 일종의 재생산의 형식을 가진다. 다만 자신의 출신 계급에서 지배적인 모델과는 다른 모델을 모방하여 재생산할 뿐이다. 만약 쥘리앵 소렐이 그의 아버지와 아버지의 동료들이 체화하고 있는 모델이 아닌 다른 삶의 모델을 본 적이 없었다면 그가 어떻게 농부도 목수도 혹은 삼림업자도 아닌 다른 운명을 욕망할 수 있었을 것인가. 쥘리앵의 야심은 나폴레옹이라는 모델이 있었기 때문에 탄생할 수 있었다. 어릴 적부터 소렐은 자신이 언젠가 파리의 아름다운 여인들과 어울리고 그중 한 명과 사랑을 나누게 될지도 모른다는 가능성을 꿈꾸며 흥분에 부풀곤 했다. 무일푼의 우직한 군인이었던 나폴레옹이 눈부시게 아름다운 보아르네 부인의 사랑을 받았던 것처럼 말이다. 황제가 된 이름 없는 중위의 사례는 군사의 영역에서만 정복을 통한 성공의 한 유형을 보여 주는 것이 아니라 사랑의 영역에서도 사회적 성공의 한 전형을 보여 준다. 스탕달은 쥘리앵이 보나파르트가 "칼 한 자루로 세상의 주인이 되었다"[9]라고 되뇌지 않은 적은 그의 삶에서 한 시간도 되지 않는다고 말한다.

쥘리앵은 모든 책 가운데서 자신이 가장 애정하는『대군회보 모음집』_La Grande Armée_과『세인트헬레나의 회상』을 수차례나 반복해서 읽으면서 나폴레옹에 대한 동경을 키워 나갔다.[10] 쥘리앵이 나폴레옹에게 느끼는 매력은 상상적 보상 수준을 넘어서 실제로 모방 행위를 일으킬 정도였다. 이는 쥘리앵이 셀랑 신부의 집에서 황제의 자세를 취한 일화에서 잘 드러나고 있다. 자신이 열렬히 지지하는 나폴레옹에 대한 찬양을 늘어놓은 사제 만찬에서 그는 전나무 몸통을 옮기다 팔이 삐었다는 핑계로 오른팔을 왼쪽 가슴 쪽에 비끄러맸고 그 후로도 그 불편한 자세를 두 달 동안이나 유지했다.[11]

쥘리앵이 나폴레옹으로부터 배운 것은 검술이 아니라 여성들을 통한 신분 상승이었다. 레날 부인은 그의 조세핀이었으며 마틸드 드라 몰은 그의 마리 루이즈였다. 쥘리앵은 쿠데타(coup d'État)가 아니라 유혹의 눈짓(coup d'éclat)을 구사했다. 그에게 성경은 제국의 군대와도 같았다. 그는 플뢰레를 드는 대신 유려한 라틴어 실력을 뽐냈다. 쥘리앵은 적과 흑 사이[12]에서 망설이다 결국 경기병의 화려한 의복을 포기하고 성직자의 수수한 의복을 선택했다. 역사의 풍향이 바뀌

---

9 Stendhal, _Le Rouge et le Noir_, Paris: Galimard, 1956, p. 30.

10 _Ibid._, p. 23.

11 _Ibid._, p. 30.

12 [역주]『적과 흑』에서 적색은 군인 계급을, 흑색은 사제 계급을 상징한다.

었기 때문이다. 나폴레옹의 시대와 달리 프랑스는 더 이상 침략의 위협 아래 있지 않았고 군사적 재능의 가치와 군대의 위엄은 그 수명이 다한 반면에 지난 40년간 성직자들의 봉급은 나폴레옹의 유명한 사단장들의 봉급보다도 세 배에 달하는 액수까지 치솟았다. 그러니 우물쭈물할 이유는 전혀 없었다. 성직자가 되어야 했다.[13] 쥘리앵은 훨씬 더 돈벌이가 되는 성직자의 길을 가기 위해 나폴레옹에 대해 논하는 것을 멈추었다. 그리하여 보나파르트적 군인 모델에 대한 모방은 사제 모델에게 자리를 넘겨주었다. 쥘리앵은 수도원장의 모델을 완벽하게 모방하려고 노력했고 수도원장의 태도와 자세를 충직하게 흉내 내기(reproduire) 위해 연구하기까지 했다. 우선 그는 **죄 없음**(non culpa)의 상태에 이르고자 스스로를 단련했으나, 그 노력에도 불구하고 종교적 신앙이 가득한 경건한 신학생의 모습을 갖추는 데 능숙하지 않았다. 몇 달 동안이나 단련을 시도한 그는 언제나 다음과 같은 생각만 품게 되었다. "모든 것을 믿고 모든 것을 감내하는 그 열렬하고 맹목적인 신앙심을 얼굴에 드러내기 위해서라면, 그런 낮고 좁은 이마를 갖기 위해서라면 쥘리앵은 아무리 힘든 수고도 마다하지 않았을 것이다. 실제로 그런 용모는 이탈리아의 수도원에 가면 빈번히 눈에 띈다."[14]

스탕달의 소설은 치밀하게 계산된 모방의 한 가지 사례만을 제시하고 있다. 하지만 그러한 사례는, 모든 비-재생산이 언제나 주체의 자유로운 결정으로부터 유래하며 주의주의적 형식에 따른다고 믿

---

13 *Ibid.*, p. 30.
14 *Ibid.*, p. 199.

지 않는 한 일반화되기 어렵다. 오히려 사실은 그 반대이다. 우리의 행동 양식을 통제하는 모방은 대개의 경우 부지불식간에 실행된다. 이때 모방은 의식적인 결단에 따른다기보다 오히려 자동기계 장치가 움직이는 것과 더 가까운 방식으로 이루어진다. 이 점은 스피노자가 『윤리학』에서 감정 모방 현상을 기술하면서 주목하고 있는 것이기도 하다.[15] 예를 들자면 우리는 아이들은 다른 아이들이 울거나 웃는 것을 보는 것만으로 울거나 웃을 뿐만 아니라 아이들의 행동 일반은 다른 사람들이 하는 모든 것을 자연발생적이고 전적으로 무반성적인 방식으로 흉내 낸 것이라는 사실을 경험을 통해 알고 있다. 스피노자적 논리에 따른다면 이러한 현상은 아이들의 어린 신체가 아직 평형 상태에 있기 때문에 일어난다. 아이들의 신체는 매우 큰 가소성을 지니고 있으며 아직 고정된 습관이 확고하게 자리 잡지 않은 상태다. 그렇기 때문에 아이들의 신체는 자신의 고유한 기질에 구애받지 않고 남들이 하는 다양한 동작을 취할 수 있는 것이다.

그래서 웃거나 울어야 할 이유가 전혀 없는 경우조차 아이들은 별생각 없이 심지어는 자기 행동의 내적 동기조차 알지 못한 채로 주변 사람들의 행동을 흉내 낸다. 이러한 유아의 모방은 의지 혹은 정신적 과정의 결과라고 볼 수 없으며, 신체와 신체적 유사성의 차원에서 각인된 이미지들과 반사적 행동에 기초한다. 스피노자에 따르면 유아의 모방은 인간 신체가 외부 물체에 의해 한차례 변용되고 난 뒤에 신체가 그렇게 변용된 흔적 혹은 이미지를 간직하고 있다가 과거와

---

15 Spinoza, *Éhique*, III, XXXII, scoile.

유사한 상황에서 그것들을 재생산하도록 배치되기 때문에 발생한다. 스피노자가 보기에 모방의 원인은 "사물들의 이미지들은 인간 신체의 변용들 자체 또는 인간 신체가 외부 원인들에 의해 변용되고, 외부 원인들에 의해 이러저러한 것들을 하게끔 배치되는 방식들"[16]이라는 데 있다. 즉 모방은 신체적 인과 결정(déterminisme) ── 신체 차원의 모든 인과적 변용이 반드시(systématiquement) 의식화되지는 않는다 ── 에 따른 귀결이다. 이처럼 모방이 유년기에 깊이 뿌리박고 있는 신체적 흔적의 결과라면 이러한 모방은 반성(réflexion) 행위보다는 반사(réflexe) 행위에 해당한다. 이러한 관점에서 볼 때 계급 혹은 주어진 환경 속에서 주변의 감정적 반응과 행동 양식을 모방하는 것은 그 본질상 의식적인 행동의 결과라고 할 수 없다. 다시 말해서 대개의 경우 모방은 명시적인 선택이나 의식적인 학습의 결과라기보다는 거울처럼 주변을 반영하는 신체 도식에서 나온다고 보는 것이 맞다.

물론 모방이 의식적인지 비의식적인지가 주어진 문제를 근본적으로 변화시키지는 않는다. 왜냐하면 두 경우 모두에서 문제는 어떻게 한 개인이 출신 환경의 모델이 아닌 다른 모델을 모방할 수 있게 되는지 아는 것이기 때문이다. 사실 우리 사회의 일반 규칙은 개개인들은 자신에게 주어진 환경에 지배적인 모델을 재생산한다는 것이다. 그렇다면 어떤 사람들은 과연 어떻게 해서 그들이 직접 볼 수도 없고 그들을 지속적으로 자극하지도 않는 어떤 다른 사례를 모방할

---

16 *Ibid.*, XXII, scoile.

수 있게 되는가? 비-재생산의 모방은 어떻게 해서 일어날 수 있는 것인가? 우리는 명백한 이율배반을 맞닥뜨리게 되었다. 비-재생산이 일어나기 위해서는 예외적인 삶의 방식을 상상하거나 모방할 수 있어야 하는데 그러나 과연 어떻게 일반 규칙을 벗어나는 것을 표상하거나 모방할 수 있는가?

가족 모델

부르디외와 파세롱은 재생산의 철칙을 벗어나는 특이한 사례들을 다루기 위해 한 가지 설명 가설을 제시한다. 이 가설에 따르면 사회적 환경의 일반 법칙에 상반되는 가정 환경의 독특성이 중요한 역할을 수행한다.[17] 두 사회학자는 먼저 변칙 사례를 확인하는 것으로부터 연구를 시작한다. 상류층 학생들에게는 노동자계급 학생들에 비해 고등 교육에 접근할 수 있는 객관적 기회가 40배나 더 많이 주어진다. 그렇다면 일반적으로는 이와 동일한 비례 관계가 고등 교육을 받고 있는 노동 계급 출신 학생과 상류층 출신 학생들의 평균수에서도 성립해야 할 것이다. "그런데 의과대학 학생들을 대상으로 실시한 조사에서 우리는 학생들의 확장 가족 구성원들 가운데 고등 교육을 이수한 사람의 평균값이 하층 계급 출신 학생들과 상류층 자제들 사이에서 **단지 네 배**밖에 차이가 나지 않는다는 사실을 확인했다."[18] 이처

---

17 Bourdieu, *Les Héritiers*, p. 42.

18 *Ibid.*, p. 42.

럼 소외 계층 출신이지만 고등 교육을 이수한 소수의 학생들은 부모의 가족 구성원 가운데 사회적으로 높은 지위에 오른 사람이 있었다는 점에서 같은 출신의 다른 개인들과는 달랐다. 가깝거나 먼 친족 가운데 고등 교육을 받은 사람이 있다는 이러한 문화적 상황은 다른 가족 구성원에게 자신도 대학에 들어갈 수 있다는 매우 강한 주관적 기대를 불어넣는다는 점에서 특별하다. 이 경우에는 성공의 객관적 기댓값을 정확히 알지 못하는 것이 오히려 성공 요인으로 작용한다. 부르디외와 파세롱은 검증의 필요성을 단서 조항으로 달면서 다음과 같은 설명 가설을 제기한다. 이런 문화적 상황을 가진 개인들은 가까운 친지들의 성공 사례에 기초해서 자신의 학업적 기회를 직관적으로 예측하는 데다 실제적 통계자료에 무지하기 때문에 오히려 무거운 장애물로부터 해방될 수 있는데, 왜냐하면 객관적 현실에 미리 체념하거나 원래는 자신과 같은 범주의 사람들에게 접근 불가능하다고 여겨지는 학업에 대한 도전을 포기하지 않을 수 있기 때문이다.[19]

이것은 우리가 도박이나 복권이 실패할 확률이 압도적으로 높고 논리적으로는 플레이어가 패배하게 될 것이란 사실을 머리로 확실히 알고 있을지라도 이웃사촌이 당첨됐다는 소식을 접하고 나면 그런 확률 같은 것은 까맣게 잊어버리는 것과 마찬가지이다. 승자에게 동일시하는 현상은 사람들을 도박과 내기에 빠지도록 유인하며 사람들이 비합리적이고 주술적인 행동으로 비춰질 수도 있는 도박꾼과 같은 행동 방식을 따르도록 만드는데, 사실 이러한 현상은 모방의 형식

---

19 *Ibid.*, pp. 42~43.

을 따르고 있다. 다만 사람들은 패배자의 모델이 아니라 강렬한 욕망의 대상이자 이웃사촌인 사람의 사례로 인해 더욱 자극된 만큼 더욱 강하게 동일시하는 승리자의 사례에 자신을 이입한다. 바로 이런 식으로 무지와 자기-맹목의 한 형태는 역설적이게도 어떤 예외적 운명의 기원이 될 수 있을지도 모르는 것이다. 반면에 오히려 현실을 너무잘 아는 것은 실패를 향해 뛰어드는 불나방 같은 꼴을 피하기 위해 고등 교육에 도전하는 것을 애초부터 포기하게 만들 수도 있다. 이러한의미에서 스피노자가 말한 것처럼 희망은 비록 헛된 것이라고 할지라도 어찌 됐든 행위 역량에 유리하게 작용할 수도 있다.

그렇다고 해서 자신의 조건을 변화시키려고 하지 않는 사람들이자신의 신중함 탓에 도리어 피해를 입은 것이라거나 너무 합리적인태도가 잘못을 초래했다고 말하고자 하는 것은 아니다. 실제로 민중계급에 속하는 상당수의 사람들이 학업을 추구하지 않는 이유가 실패와 성공의 확률에 관해 심사숙고하여 전후 사정을 다 파악하고 나서 결정을 내리기 때문은 아니다. 오히려 노동자의 자녀들이 빈번하게 되뇌곤 하는 "그건 우리를 위한 것은 아니지"라는 그 유명한 말에는 자신들 앞에 펼쳐진 사회적 운명에 대한 그들의 혼란한 의식이 드러나 있다. 이러한 자기-제명은 신중한 선택에서 기인하기보다는 사회적 선별이 이루어지는 매우 복잡한 과정에 기인한다. 그 과정의 결과는 누군가는 시험에 통과하지 못했다는 무척이나 단순한 것이지만그 과정 속에서는 지속적인 좌절과 학업에 대한 동기의 부재 그리고실패의 예상이라는 교활한 선별 형식이 작동하고 있다.

비록 더욱 깊이 파고들고 있지는 않지만 부르디외적 설명은 재생산 문제를 오직 사회적 환경과 관련한 현상으로 국한하지 않고 이 현상이 뒤엉켜 있는 가족 환경과 관련한 인과망이 존재한다는 것을 백일하에 드러내 준다는 점에서 분명한 가치가 있다. 더 나아가 부르디외적 설명은 가족 환경의 독특성과 관련한 연구를 향한 길을 열어 주며 이로써 사회적 계급 개념이 가지고 있는 설명의 환원 효과를 억제한다. 그러나 부르디외적 설명은 여전히 불충분하며 문제적이다. 왜냐하면 설명의 앞뒤로 두 가지 문제를 보류하고 있기 때문이다. 첫째, 가족 모방을 비-재생산의 결정적 원인으로 가정할 수 있다면 모방할 모델이 가족 내에 전적으로 부재했던 최초 가족 구성원의 존재는 어떻게 설명할 수 있는가? 둘째, 만약 누군가 자신과 가깝거나 먼 친족이 사회적으로 성공했다는 사실 때문에 자기 검열의 논리를 벗어날 수 있었다면, 같은 가족 내에서 동일한 사회적 성공의 모델을 바라보면서 유사한 방식으로 자랐을지라도 그러한 환경에서 자란 아이들 모두가 똑같이 예외적인 운명을 맞는 것은 아니며 그 가족 내에서도 누군가는 고등 교육에 진입할 수도 있는 반면에 다른 누군가는 그렇지 않을 수도 있다는 것은 과연 어떻게 설명할 수 있는가?

첫 번째 문제는 가족사의 배경을 넘어서는 것이다. 이 문제가 시작의 역설과 최초의 비-재생산과 관련한 더욱 일반적인 성격을 지니고 있기 때문이다. 이 문제를 해결하기 위해서는 역사의 특수성 속으로 들어가야 하며 또한 어떻게 가족 내의 혹은 사회적인 선례 없이도 자신의 최초 조건으로부터 벗어나 비-재생산의 굴레에서 빠져나온 한 개인이 있을 수 있었는지 이해하고자 시도해야 한다. 이러한 관점에서 이브토에서 작은 가게를 운영한 조촐한 가정 출신의 작가 아니 에르노의 이력은 상당히 교훈적인데 그녀의 이력이 전례가 없는 경우의 비-재생산의 범례적 형상을 발견할 수 있도록 해 주기 때문이다. 그녀의 이야기는 보편적 특수(singulier universel)의 원형이다. 즉 문학이 간직하고 있었으며 철학이 재생산의 예외를 이해하고자 할 때 영감을 얻을 수 있을 바로 그러한 보편적 특수의 이야기 말이다. 아니 에르노는 『부끄러움』에서 자신의 유년 세계와 1952년 6월 15일, 그녀의 아버지가 어머니를 죽이려고 했던 그 감춰진 사건에서 시작된 자신의 비밀스러운 변화를 분석하고 있다. 그녀가 제시하는 서술 전반부를 본다면 재생산의 원환으로부터 벗어나는 것은 극히 어려울 뿐만 아니라 불가능한 것처럼 보인다. 왜냐하면 유년 시절에 그녀에게 허락된 유일한 현실은 오직 부모님이 운영하는 구멍가게라는 세계뿐이었기 때문이다. 그녀는 "나의 열두 살은 이런 세상의 법칙과 관례 속에서 지나가고 있었다. 다른 것이 있으리라곤 꿈에도 생각하지 못한 채"[20]라고 고백한다.

아니 에르노의 세계는 "폐쇄되어 있는 느낌"[21]을 주는 규칙과 코드들의 성층 구조로 구성되어 있었으며 그러한 법칙과 관례들은 마치 "십계명"[22]처럼 작동했다. 더 자세히 말한다면 그녀의 세계는 지역의 일반적 풍습과, 소상인에게 배어 있는 행동 강령들 그리고 사립 가톨릭 학교의 명령 체계가 서로 뒤얽혀 있는 삼중의 법을 따르고 있었다. 어린 아니 에르노가 첫 번째로 복종해야 했던 것은 바로 이브토의 구멍가게 동네 주민들의 공통된 삶의 규칙이었다. 이 규칙은 우선 감시의 규칙이었다. 즉 이 규칙은 자기의 삶은 최대한 드러내지 않으면

---

20 Annie Ernaux, *La Honte*, Paris: Gallimard, 1987, p. 61.

21 *Ibid.*, p. 69.

22 *Ibid.*, p. 69.

서 타인의 삶에 관해서는 염탐하고 꼬치꼬치 알려고 드는 어른들처럼 아이들을 '훈육시키는' 것이었다. 동시에 이 규칙은 소박함과 솔직함 그리고 예의 바름에 기초하고 있는 사회성의 한 유형에 따라 사람들을 분류하고 평가하는 원칙으로 나타나기도 했다. 이러한 사회성의 원칙에 따르면 타인들에게 관심을 기울이는 사람은 '좋은 사람'으로 평가되고 다른 사람들의 권유를 거절하거나 예의를 갖추려 하지 않고 누구도 존중하지 않으면서 혼자서 살아가려는 사람들은 비사교적인 사람이라고 지탄받았다. 요컨대 이 규칙은 순응과 획일의 요구에 따라 행동하라는 요구인데, 이에 따르면 가장 이상적인 상황은 모든 사람이 모두 똑같으며 모난 돌은 저 멀리 추방해 버리는 것이다. 동네 모든 개의 이름이 미케^{Miquet} 아니면 보비^{Boby}가 될 정도로 말이다.[23] 이 폐쇄 구역에서 튀는 것(original)은 곧 정신 나간 것으로 여겨진다.

둘째로, 공동체 도덕의 층위 위로 좋은 상인의 에토스(ethos)를 규정하는 구멍가게의 특수한 규칙이라는 레이어가 한 층 더해진다. 상인들은 타인의 시선에 언제나 노출되어 있기 때문에 항상 단정한 품행을 보여야 하고, 분노나 슬픔과 같은 감정들을 절제해야 하며, 부유함을 과시함으로써 시기심을 불러일으키는 일도 자제해야 한다. 아니 에르노가 "완벽한 장사꾼이 되기 위한 행동 수칙"[24]으로 정의하는 이 두 번째 층위는 예절과 사리 분별, 검소함, 조심성이라는 특수한 형태를 지니고 있는데, 이것은 고객을 잃지 않고 파산을 막기 위한

---

23 *Ibid.*, p. 66.
24 *Ibid.*, p. 68.

것이다. 어린 아니 에르노에게 이 일련의 규칙과 코드는 손님들에게 먼저 말을 걸면서 명랑한 목소리로 "안녕하세요"라고 인사하고, 험담이나 악의적인 말을 퍼뜨리는 일 따위는 하지 않으며, 괜히 매출 총액을 떠벌리지도 않고, 자만하거나 우월감을 드러내지 않는 법을 배우는 것이었다.[25]

하지만 그 무엇보다도 그녀의 실존을 지배하고 그녀의 몸과 마음속 가장 깊은 곳에까지 흔적을 남긴 것은 사립 가톨릭 학교의 세계였다. 믿음과 앎[26]이라는 두 가지 의무가 분리 불가능하게 결합되어 있는 이 세계는 앎보다 훨씬 중요하게 여겨지는 기도와 교리문답 그리고 종교적 실천에 대한 존중[27]으로 촘촘하게 채워져 있었다. 뿐만 아니라 이런저런 식으로 — 줄서기, 교실에서 정숙하기, 선생님이 앉으라고 하기 전까지 기립한 채로 있기, 고개를 낮추고 시선을 아래로 향하기, 선생님께 말하거나 선생님과 마주칠 때는 곧은 자세를 유지하기, 실외 활동 중에는 화장실 가는 것을 참기 등 — 신체적 자세를 엄격하게 규율하는 훈육 역시 이 세계를 가득 메우고 있었다.

요컨대 아니 에르노의 세계는 예외적 삶을 원천적으로 차단하는 아비투스들로 구성되어 있었다. 왜냐하면 이 세계는 바로 규칙들이 마치 영원한 자연법칙처럼 보일 정도로 상당한 내면화가 이루어져 규칙에 대한 순응과 복종의 완벽한 이상이 실현된 세계였기 때문이다. 이 점은 『부끄러움』에서 분명하게 나타나고 있다.

---

25 *Ibid.*, p. 68.

26 *Ibid.*, p. 71.

27 *Ibid.*, p. 78.

나는 이 세계의 법칙을, 마치 그것이 열두 살의 내게 그랬듯 여전히 불변의 법칙인 것처럼 현재형으로 말하고 묘사할 수밖에 없다. 내가 그 세계로 점차 거슬러 올라가면 그 세계의 경악스러운 일관성과 위력이 내게 나타난다. 그러나 나는 그 세계 외의 다른 세계를 바라지도 않았고 오직 그 세계 속에서 숨죽이고 살아야만 했다.[28]

여기서 아니 에르노가 다른 세계를 상상하지 못했을 뿐만 아니라 아예 욕망할 수조차 없었다는 점을 강조해야 한다. 바로 이 점에서 에르노의 상황은 플라톤이 『국가』 7권에서 묘사하는 동굴 속 죄수가 처한 상황과 흡사하다고 할 수 있기 때문이다. 물론 동굴 우화는 사회적 신분 상승의 상황을 묘사하고 있는 것은 아니며 교육을 통해 계몽될 수 있는 인간 본성의 초상을 그려 내고 있을 뿐이다. 그렇지만 이 우화는 무지의 세계에서 교양의 세계로의 이행이 어떻게 일어날 수 있는지 그리고 세계가 변화할 수 있는 조건이 무엇인지 이해하는 데 도움을 준다. 동굴의 죄수는 동굴 벽면에 비친 그림자의 이미지(vision) 외에 다른 이미지는 볼 수 없다. 아니 에르노의 이야기는 주어진 사회적 조건 속에서 살아가는 사람들은 오직 그들의 환경 내에서 작동하고 있는 표상만을 가질 수 있을 뿐 그 외의 다른 표상을 가질 수는 없다는 생각을 확증해 준다.[29] 죄수들은 다른 세계의 존

---

28 *Ibid.*, p. 79.
29 이것은 리처드 호가트가 33 *Newport Street, Autobiographie d'un intellectuel issu des couches populaires anglaises*, Paris: Seuil, 1991, p. 73에서 확증해 주고 있는 것이기도 하다. "우리는 실상 우리 자신 외의 것, 우리의 것과 다른 삶, 다른 관심, 다른 불안에 대해 그 어떤 호기심도 갖지 않았다. 이것은 선천적 이기주의 때문도 아니고 자기 성찰에 빠졌기 때문도 아니었다. 그러

재는 상상조차 하지 못하며 그들의 욕망은 이 닫힌 우주 안으로 제한되어 있다. 그렇다면 과연 죄수들은 어떻게 동굴에서 빠져나갈 수 있을 것인가?

물론 동굴 우화는 허구에 지나지 않으며 아니 에르노의 경우도 대안적 삶의 이미지를 곳곳에 전파하는 현대적인 정보 매체(언론, 텔레비전, 인터넷)가 존재하는 오늘날의 상황과는 더 이상 맞지 않는다고 반박할 수 있을 것이다. 오히려 사람들은 수많은 삶의 방식이 담긴 선택지의 범람 앞에서 당혹스러워할 정도다. 그러나 단지 다른 삶의 모델이 눈앞에 아른거리는 정도로 사람들이 자신들에게 주어진 최초의 도식으로부터 벗어나기에 충분하다고 믿는 것은 착각에 불과할 것이다. 실제로 동굴의 죄수의 경우에 그들에게는 다른 것에 대한 상상이나 욕망을 위한 공간도, 비판을 위한 공간도 부재하다. 왜냐하면 그들의 눈에는 자신들이 현재 얽매여 있는 세계가 유일하게 참된 세계이기 때문이다. 실제로 플라톤 역시 이 점을 상당히 강조하고 있다. "그러니까 이런 사람들이 인공적인 제작물들의 그림자들 이외의 다른 것을 진짜라 생각하는 일은 전혀 없을 걸세."[30] 심지어 동굴에서 빠져나가 해방된 죄수조차 눈부신 진실된 현실의 현전 앞에서는 무척이나 당혹스러워하며 "그 이전에 보았던 것들(동굴의 이미지들)을 지금 그에게 나타나고 있는 것보다 더욱 참된 것으로

한 관심의 제약은 우리의 어머니가 그렇게 행동해야만 하도록 밀어 넣은 그 가차 없음과 그와 동일한 엄혹함으로 우리에게 부과되었던 우리 삶의 조건, 삶의 기저에 깔린 배경 자체였다."

30 Platon, *République* VII, 515c, Paris: Gallimard, "Pléiade", pp. 1102~1103.

평가할 걸세".[31]

마찬가지로 아니 에르노도 플라톤과 다른 것을 말하지 않는다. 물론 그녀는 어쩌면 다른 세상을 대면할 수도 있었다. 예를 들어 세속 (laïque) 공립 초등학교라면 아니 에르노에게 삶의 다른 대안을 제공해 줄 수 있었을지도 모른다. 그러나 이 세계는 그녀에게 가톨릭적이지 않은 것으로 비쳤다. 바로 이 점에서 이 세계는 아니 에르노가 살아가는 진리와 빛의 세계와는 철저하게 대비되었다. 미사도 기도도 없는 오류와 암흑으로 가득한 그곳은 그녀의 세계에 대한 부정 그 자체였다. 비록 그녀가 자신의 세계 속에서 신음하며 죽어 가고 있었지만 말이다. 그 정도로 그곳은 차마 부를 수도 없는, 어쩌다 아주 가끔씩 어쩔 수 없을 때에만 간신히 언급되는 세계였다. 그럴 때조차 '세속'이라는 단어는 마치 신성모독처럼 울려 퍼졌고 아니 에르노에게 '세속'이란 모호하게나마 늘 삿된 무엇인가와 결부되어 있었다.[32]

요컨대 설령 다른 세계가 주어진 최초의 환경의 정합성을 헝클어 버릴 수 있을지라도 대중적 표상 혹은 지배 이데올로기라고 부르면 알맞을 표상들이 주체를 강하게 압박하고 있는 한 다른 세계의 그러한 현전은 오히려 그 정합성을 강화할 뿐이다. 이처럼 최초의 세계와 전적으로 다른 세계는 오히려 거짓된 세계 혹은 잘못된 세계로 취급되어 거부될 것이다. 삶의 여러 가지 모델들이 기성품처럼 미리 완성된 채 진열되어 있으며 우리는 거기서 마음에 드는 것을 잽싸게 낚아채기만 하면 된다고 믿는 것은 때로 가치들을 완전히 전도시킬 수

31 *Ibid.*, 515d [자케는 516d로 표기하고 있으나 오기로 보인다 — 역주], pp. 1102~1103.
32 Ernaux, *La Honte*, p. 80.

도 있을 정도로 가공할 힘을 행사하는 이데올로기의 엄청난 위력을 간과하는 것이다. 동굴의 죄수가 그 위력에 대한 탁월한 예증을 제공해 주지 않는가. 죄수에게는 허상은 현실로, 현실은 허상으로 나타난다.

자, 그렇다면 과연 어떻게 하나의 세계에서 다른 세계로 벗어날 수가 있는가? 이 세계 안에서 우리는 바로 이 세계 자체를 재생산하는 조건들로 모조리 둘러싸여 있는데 말이다. 그렇지만 만약 그러한 세계로부터 빠져나가는 상황이 가능하다고 한다면 이제 문제는 그러한 상황이 어떻게 가능할 수 있는지 알아내는 것이 될 것이다. 우선 외부의 조력 없이 오직 스스로 자신을 구원하는 경우는 생각하기 어렵다. 왜냐하면 우리가 그에 대한 조금의 생각조차 할 수 없는 어떤 존재가 있다고 생각하는 것은 불가능하기 때문이다. 비-재생산은 자생적 발생을 통해 작동하지 않는다. 플라톤의 동굴 우화에서도 죄수들이 자발적으로 밖에 나가는 것은 아니다. 우리는 그들을 힘으로써 강제로 해방시킨다. 그렇다면 동굴 안으로 침입해서 묶여 있는 사람들이 밖으로 나가도록 쇠사슬을 풀어 주는 이 미스터리한 '우리'는 과연 누구인가? 플라톤은 처음에는 이 점에 관해 얼버무리다가 나중에 가서야 그러한 해방의 임무가 사회를 통해 교육받은 철학자에게 부여된다고 가르쳐 준다. 최초로 동굴을 빠져나갔던 철학자는 동굴로 다시 내려가 자신의 빚을 갚기 위해 다른 사람들을 가르친다. 그러나 결국 이 지점에서 최초의 문제가 다시 돌아온다. 어떻게 이 최초의 철학자가 생겨날 수 있었는가? 우리가 다루고 있는 사례에서 비-재생산은 외부의 도움에 기초하고 있다는 것이 분명하다. 동굴에 바깥으로 나갈 수 있는 통로가 열려 있었던 것은 맞지만 혼자서는 그 길로 빠져나갈 수 없었다. 그렇다면 이 동굴을 빠져나갈 수 있도록 도움을 준 것은 누구일까? 빠져나가는 데 도움을 준 것이 우리들이 태어난 최초의 세계에 대한 상상계를 장악하고 있는 '최초의 가족'이 아니라면 다른 모방의 대상이 존재했다고 가정해야 할 것이다.

학업 모델

가족적 형상을 제외한다면 한 개인이 동일시할 수 있는 최초의 범례적 이미지 가운데에는 학교 교사의 이미지가 있을 것이다. 공공 교육 시스템이 존재하는 나라에서 학업 모델(modèle scolaire)은 핵심적인 역할을 수행한다. 이 모델이 한 개인의 주변에서 지배적인 가족적 혹은 사회적 모델과는 다른 일종의 대안으로 나타날 수 있기 때문이다. 물론 학교가 소외 계층에 대한 선별과 배제의 과정을 통해 사회적 재생산에 기여한다는 것은 부정할 수 없는 사실이다. 그럼에도 불구하고 학교 교육은 많은 경우 해방적 기능을 가지고 있다. 바로 이 지점에 제도의 역설이 있다. 설령 제도가 자신의 재생산을 목적으로 하더라도 그 제도를 굴러가게 하는 개별적 행위자들은 단순한 중개자에 그칠 수는 없다. 이 점에서 제도는 바로 그러한 행위자들의 다수성과 다양성으로 인해 체계의 영속화뿐만 아니라 체계에 대한 부인(否認, contestation)을 낳는 행위자들을 통해서, 그러니까 자신의 내부에서 자가 생산되는 모순을 통해서 작동한다.

이러한 맥락에서 리처드 호가트는 교육적인 부분에서만이 아니라 사회적 부분에서도 학생들 ── 특히 자신처럼 가정 내에서 최초로 고등학교에 진학한 똑똑한 학생들——에 대한 큰 책임감을 보여 준 소수의 선생님들의 헌신과 사명감에 경의를 표한 적이 있다.[33] 학교에 대해 상당히 비판적이었던 부르디외의 경우에도 자기 자신을 만들어 내고 창조하려는 풋내기 학생들에게 지식인 세계에서 활동하는 사유의 스승이라는 삶의 모델이 갖는 영향력을 강조한 바 있다. 특히 학생들이 학업 과정에서 직접 마주하게 되는 교수단의 영향력은 매우 상당하다.[34] 부르디외는 "'위대한 스승의 영향'이 스며들지 않은 학생의 삶이란 없다"라는 점을 기꺼이 인정한다.[35]

오늘날 프랑스에서 쥘 페리 법령에 근거한 프랑스의 무상 공공 의무 교육 제도의 이념이 그저 신화에 불과한 것임이 점차 드러나고 있지만 '공화국의 첨병'(hussards de la république)이라고 불렸던 사람들이 한때나마 수행한 근본적인 역할의 중요성을 강조해야 할 필요가 있다. 과거에 초등 교사들은 그들이 파견된 시골 마을에서 해당 지역의 유력 인사로서 여겨졌으며 그들은 마을 사람들에게 식자(clerc) 혹은 지식인이란 무엇인지에 대한 최초의 이미지를 제공했다. 더욱이 이 첨병들이 민중 계급 출신에서 선별된 우수한 학생들 가운데서 선발되었다는 사실은 그들이 자신들이 파견된 환경에 대해 더 자세히 알고 또 그 환경에서 더 인정받을 수 있는 데 유리하게 작용했고 같은 이유에서 그들과 같은 출신의 학생들이 자신들을 그들과 더 쉽게 동일시하는 데에도 유리하게 작용했다.

---

33 Hoggart, *33 Newport Street, Autobiographie d'un intellectuel issu des classes populaires anglaises*, p. 222.

34 Bourdieu, *Les Héritiers*, p. 62.

35 *Ibid.*, p. 62.

아니 에르노는 세속 공립학교의 학생은 아니었지만 사복을 입은 종교인(religieuse en civil)이었던 L 선생님에게는 감사를 표해야 할 것이다. L 선생님이 아니 에르노가 욕망할 수 있는 탁월성과 완전성의 모델을 그녀에게 심어 줌으로써 그녀가 자신의 세계로부터 벗어나는 데 기여했기 때문이다. 물론 L 선생님은 사랑의 욕망을 불러일으킬 만한 구석을 전혀 찾아볼 수 없는 사람이었다. 아니 에르노가 거의 풍자하듯이 그려 낸 엄격한 교사의 초상에 따른다면 그녀는 작고 보잘 것없는, 회색 쪽진 머리에 돋보기처럼 커다란 안경을 쓴 나이를 가늠하기 어려운 사람이었으며 학생들에게서나 학부모에게서나 두려움의 대명사였다. 하지만 선생님 본인이 사랑스러운 사람인지 아닌지는 중요하지 않다. 중요한 것은 아니 에르노의 주변에는 그 선생님 정도로 높은 수준의 교육을 받은 사람이 없었다는 사실이다. L 선생님에게서 에르노는 자신의 어머니와 이모들 혹은 가게에 들르는 손님들과는 전적으로 다른 한 여성의 형상을 발견할 수 있었다. L 선생님은 매 수업 시간마다 '흠잡을 데 없는 완벽함'(zéro faute)을 보여 줌으로써 교육의 탁월성을 아니 에르노에게 몸소 증명해 주는 "법의 살아 있는 형상"이었던 것이다.[36]

요컨대 L 선생님은 단조롭고 무개성적이었던 아니 에르노의 여성적 환경에 어떤 타자성의 형상을 도입한 셈이다. 그녀의 교양과 엄격함은 당시 어렸던 아니 에르노가 상인의 수수한 딸로서의 정체성으로부터 벗어나 다른 존재가 될 수 있는 가능성을 발견할 수 있도록

---

36 Ernaux, *La Honte*, p. 89.

해 준 우월한 여성의 이미지를 제공했다. 그녀는 '교양'이 무엇인지, 학업을 통해 획득한 완벽함이 무엇인지 객관적으로 보여 주는 보증인이었다. 아니 에르노가 그렇게 생각하게 된 것은 그녀가 마치 참과 거짓을 판별하는 것처럼 좋은 학생과 나쁜 학생을 단 한 번도 틀리지 않고 구별할 수 있었기 때문이다. 바로 이 점에서 그녀는 좋은 학생에게는 보상해 주고 나쁜 학생에게는 벌을 주는 살아 있는 법의 형상 그 자체였다. 단, 그녀의 법은 기성의 사회적 위계를 재생산하는 논리와는 다른 논리에 따라 집행되었다. 그 덕분에 아니 에르노는 자신의 학업적 우수성을 인정받음으로써 다른 학생들과 차별화되는 경험을 할 수 있었다. 그녀는 다른 아이들과 같은 학생 신분에서 벗어나 선생님의 바로 옆자리를 차지함으로써 그러한 공모와 동일성의 논리에 따라 타자성을 체험했다. 그리하여 아니 에르노로서는 L 선생님이 그녀를 꾸짖는 순간조차 그녀를 모욕하기 위해서가 아니라 그녀에게 선생님의 완벽함을 전수해 주기 위한 것으로 느껴질 정도였다.[37] L 선생님은 다른 학생들이 문제를 풀어 볼 시간을 주기 위해 에르노가 바로 답을 말하지 못하도록 잠시 제지하거나 혹은 학생들이 계속 답을 찾아내지 못할 경우에는 다른 학생들 앞에서 논리적 분석의 예시를 보이도록 시켰는데 그때마다 L 선생님은 그녀를 교탁 앞으로 불러내 늘 자신 곁에 두었다.[38] 선생님과 같은 옆자리에 서 있을 수 있다는 것은 일종의 상징적 효과를 가진다. 모범생은 자신의 동급생들을 높은 교단 위에 서서 아래로 내려다볼 수 있다.

---

37 *Ibid*., p. 90.
38 *Ibid*., p. 90.

이 학생이 만약, 예컨대 동급생보다 상대적으로 낮은 계층 출신이라는 데서 오는 사회적 수치심에 사로잡혀 있었다면 이러한 선택받은 위치는 나르시시즘적 만족의 원천이 되는 동시에 악착같이 매달려 살아온 자신의 힘겨운 운명에 대한 상상적 복수의 원천이 돼 주었을 것이다. 실제로 아니 에르노는 학업적 성공을 높이 평가해 주는 이 학교라는 세계 속에서 일등을 차지함으로써 주어졌던 자신의 뛰어남을 인정받는 기쁨과 자유 그리고 특권을 누렸다고 고백한다.[39] 이 점에서 우리는 그녀의 주변 사람들이 확인해 주고 있는 것처럼[40] 학교가 아니 에르노에게 전부였으며 또한 그러한 학교에서의 경험이 그녀에게 비-재생산의 결정적인 동력원이었다는 사실을 이해하게 된다. 게다가 아니 에르노의 어머니가 종교적 규칙들과 학교의 규칙들 사이에서 뛰어난 중개자 역할을 하였기 때문에 학교 환경과 가족 환경 사이에 어떤 알력이 없었고 그렇게 아니 에르노의 학업적 성공은 비-재생산의 동력원으로 상당히 수월하게 작동할 수 있었다.[41]

한편 극단적인 빈곤에 시달리고 있을 경우에는 학업이 부수적 활동에 불과해지기 때문에 학업 모델은 동력원으로서의 기능을 잃게 될 수도 있다. 하지만 그러한 경우조차 리처드 라이트가 『흑인 소년』

---

39 *Ibid.*, p. 86.

40 *Ibid.*, p. 100.

41 *Ibid.*. 물론 아니 에르노는 자신의 어머니가 단순히 중개자 역할에 머물렀다고 제한하고 있는 것은 아니다. 실제로 그녀의 어머니는 단순한 가정주부와는 다른 모델을 제공했다. 그 외에도 아니 에르노는 『칼 같은 글쓰기』, 70쪽에서 3학년 때 담임 교사였던 베르티에(Berthier) 부인이 자기 삶의 방향성과 정치적 각성에 주었던 결정적 영향력을 강조하고 있다. 또한 아니 에르노는 이러한 [학교 내] 학업 모델 외에도 보부아르와 부르디외의 저작을 발견했던 경험을 언급한다.

에서 보여 준 것처럼 교사 혹은 교양 있는 지식인의 모델은 여전히 참조점으로 작용할 수 있으며 마지막 구원의 길로 남아 있다. 인종 분리 정책이 맹위를 떨치던 1908년 미시시피의 나체즈에서 태어난 어린 리처드의 앞날에는 대다수의 흑인들이 겪는 것처럼 숨죽이고 살아야만 하는 궁핍한 삶이 기다리고 있었다. 어린 시절 그는 끔찍한 굶주림을 겪었다. 잡화점 야간 경비원이었던 그의 아버지가 가족들을 내팽개쳐 두었기 때문이다. 그의 어머니는 어느 백인 가정의 하녀였는데 그녀는 리처드와 그의 형이 집에 단 둘이 있는 동안 허튼짓을 하지 못하도록 자신이 일하는 가정집에 두 형제를 곧잘 데려가곤 하였다. 그곳에서 리처드 라이트는 식사를 하는 백인들의 모습을 주린 배를 움켜쥔 채 조용히 분노를 삭이며 바라보았다. 백인들이 무엇인가를 남기는 재수 좋은 날이면 리처드는 그들이 먹다 남긴 것으로 배를 채웠고 그다지 재수가 좋지 못한 날이면 두 형제는 단지 차와 빵으로 만족해야 했다.[42] 그럼에도 리처드는 저명한 작가가, 그것도 제임스 볼드윈이나 체스터 하임스 같은 다른 흑인 작가들이 뒤이어 나올 수 있도록 길을 터 준 미국 최초의 흑인 소설가가 될 수 있었다. 그가 작가가 되겠다는 꿈으로 부풀어 올랐던 것은 가족의 영향을 받았기 때문은 분명히 아니었다. 독실한 청교도인이었던 그의 할머니는 소설이 타락의 원흉이라고 생각했기에 리처드 라이트가 소설을 읽는 것 자체를 엄격하게 금지했다. 하지만 할머니의 영향은 리처드가 일했던 백인 가정의 사람들이 그의 뼛속에 새긴 영향에 비하면 그렇게 큰 것은

---

42 Richard Wright, *Black Boy*, Paris: Gallimard, "Folio", 1947, p. 40.

아니었다. 아니 그에 비하면 아예 없는 것이나 다름없다고 해도 무방할 것이다. 젊은 시절의 리처드와 그의 여주인이 나눈 대화에서 엿볼 수 있듯이 백인들은 리처드를 모욕하기 위해서라면 무엇이든 했으며 그를 본래 그의 자리로 되돌려 두기 위해 무진 애를 썼다. 작가가 되겠다는 리처드의 소망을 들은 여주인의 반응은 그만큼 난폭한 것이었다. 그녀의 태도는 흑인이 그러한 욕망을 품는 것은 일종의 병리 현상(anomalie)이자 심지어는 추문이라는 것을 리처드가 곧바로 깨닫게 만들었을 정도였다. 왜 학교에 갈 필요가 있느냐고 묻는 여주인의 말에 자신은 작가가 되고 싶기 때문에 그렇다고 소심하게, 하지만 용기를 내서 말했을 뿐인 리처드는 곧장 냉랭한 답변에 직면하게 됐다. "너는 절대 작가가 될 수 없어. 어떤 악마 같은 놈이 너 같은 깜둥이의 대가리가 그딴 생각을 품게 만들었지?"[43]

그런 괴상망측한 생각이 '깜둥이의 대가리' 속에서 싹틀 수 있었던 것은 아마 부분적으로는 리처드의 할머니 댁에 하숙하고 있던 젊은 흑인 교사 엘라[Ella] 덕택이었을 것이다. 그녀는 리처드 가족들의 반대를 무릅쓰고 '푸른 수염' 이야기를 어린 리처드 라이트에게 읽어 주었으며 이는 리처드에게 문학에 대한 욕망과 사랑을 일깨워 주었다. 조용하고 다소 쌀쌀맞았던 이 젊은 여성은 리처드 라이트를 사로잡는 동시에 오싹하게 만들었다. 그리고 그녀는 리처드에게 밀애와 살인 그리고 정념의 말들이 웅성거리는 "금지되어 있던 황홀한 세계"[44]로 향하는 문을 열어 주었다. 그 광대한 세계는 리처드의 감각을 날카

---

43 *Ibid.*, p. 251.
44 *Ibid.*, p. 74.

롭게 해 주고 그의 상상력을 키워 주었으며 편협하고 음울했던 그의 세계에 균열을 냈다. 그때부터 그는 책을 훔치기 시작했고 그렇게 훔친 책을 해독하는 법을 남몰래 익혀 나갔다. 모르는 단어의 의미를 알아내기 위해 어머니에게 질문 세례를 퍼부으면서 말이다. "그 순간부터 나는 나에게 삶이란 무엇인지 음미할 수 있게 되었고, 그 이후로는 어떻게 해서든, 그 수단을 별로 개의치 않은 채 그저 삶을 더욱 잘 음미하기를 원했다."[45]

지금까지 우리는 문학적 소명의 탄생에 관한 낭만화된 시선을 보았다. 분명 이러한 이미지는 부분적으로는, 매혹적인 다른 세계를 발견한 주체의 흥분을 기술할 때 흔히 동반되는 회고적 환상에 의존하고 있다. 그러나 작가도 바보는 아니다. 그는 지나간 감정을 되살려 보면서 읽기에 대한 자신의 욕망의 근원적인 원인은 아마 책 읽어 주는 여인에 대한 욕망이었을 것이라는 점을 시사하고 있다. 책 읽어 주는 여인에 대한 욕망. 이것은 여러 의미를 지닌다. 책을 읽어 주었던 엘라에 대한 욕망, 엘라가 자신을 위해 책을 읽어 주기를 원하는 욕망, 혹은 엘라가 자신을 알아주기를 바라는 욕망… 부지불식간에 시작된, 혹은 어떻게 시작되었는지 잊어버리게 된 모방, 이것은 어떤 욕망을 자신의 것으로 전유하여 그 욕망을 작가가 되겠다는 의지로 만들기 위한 필수적 단계이다.

사회적 비-재생산의 이력을 가진 소설가와 지적 자서전 작가의 상당수는 자신들의 삶에서 교사들이나 교수들이 담당한 핵심적 역할

---

45 *Ibid.,* p. 74.

을 언급하고 있다.[46] 하지만 그렇다고 해서 학업 모델의 존재가 비-재
생산을 위한 만병통치약인 것은 아니다. 모방은 필요조건이지 충분
조건이 아니다. 얼마나 많은 무명의 주드(Jude the Obscure)[47]들이 불
안정한 조건으로부터 벗어나려고 했던 그들의 모든 노력에도 불구하
고 또 한 명의 아니 에르노 혹은 또 한 명의 리처드 라이트가 되지 못
한 채 길 위에 버려졌겠는가.

비-재생산의 사회경제적 조건들

비-재생산 현상이 오직 식자 혹은 학업 모델의 존재 —— 개인들은 일
종의 전이 현상을 통해 이 모델과 자신을 동일시하고 이러한 동일시
효과하에서 자기 자신의 독자적인 길을 개척하는 방식에 대한 전례
를 제시해 주는 이 모델을 모방하게 된다 —— 에만 배타적으로 관련한
다고 믿는 것은 환상에 불과할 것이다. 실제로 비-재생산은 경제적

---

46 가령 다음을 보라. James Baldwin, *Chronique d'un pays natal*, "Réflexions en noir et blanc", Paris:
   Galimard, 1973, pp. 112~113. 할렘의 목사 아들로 태어난 제임스 볼드원은 여덟 명의 남매들
   과 함께 극심한 빈곤 속에서 살았다. 그는 책을 빌려주거나 극장에 데려가는 등 자신에게 관
   심을 보여 준 매우 관대한 어느 백인 여교사가 그와 자신의 가족들에게 매우 중요한 역할을
   수행했다고 술회한다. 마찬가지로 다음을 보라. Hoggart, *33 Newport Street, Autobiographie d'un
   intellectuel issu des classes populaire anglaise*. 이 책에서 리처드 호가트는 선생님들에게, 특히 그
   가 고등학교에 진학할 수 있도록 "단지 의무를 넘어서서 그가 성장할 수 있도록 사다리가 되
   어 준" 교장 해리슨(M. Harrison)과 그를 몸소 도와주었던 리즈대학의 영문과 교수이자 라이
   트의 '지적 아버지의 초상' 그 자체였던 보나미 도브레(Bonamy Dobrée)에게 자신이 지고 있
   는 빚을 강조한다.
47 [역주] 토마스 하디의 소설 제목을 가져온 것이다.

이고 정치적인 조건, 그 가운데서도 특히 충분한 액수의 장학금을 보장하는 모두를 위한 무상 공공 의무 교육 프로그램의 실행에 기초한다. 만약 그러한 시스템이 없다면 학업은 사회경제적 자본의 상속자들만을 위한 전유물이 될 것이다. 이러한 맥락에서 미셸 에티에방은 취약 계층 자녀들이 학업을 오래 지속할 수 있도록 장학금을 제공해주는 사내 위원회의 존재가 노동자 세계에서 담당하는 결정적 역할을 강조한 바 있다. "나는 공장의 사내 위원회에 모든 것을 빚지고 있다. 어린아이였던 나는 기업에서 운영하는 도서관 덕택에 책을 읽을 수 있었고, 사원 혜택을 받아 기업에서 운영하는 리조트로 여름휴가를 떠날 수 있었으며, 학업 장려금 덕택에 학교에 갈 수 있었다."[48] 적절한 제도적 지원도 재정적 도움도 없다면 지식의 욕망은 오히려 아무것도 할 수 없다는 불행으로 뒤바뀌기 일쑤다.

예를 들어 프랑스에서 공화국의 첨병이라는 모델은 만약 여러 부문에 걸친 아동 의무 교육에 필요한 교사를 모집해야 했던 사범학교라는 제도적 배경이 부재했다면 비-재생산의 동력원으로 작용할 수 없었을 것이다. 비시 정권하에서 한 차례 폐지되었다가 1945년에 재설립된 프랑스의 사범학교 제도는 민중 계층 출신의 가장 우수한 학생들을 선별하여 장기간의 학업을 재정적으로 뒷받침해 줌으로써 그들을 엘리트로 길러 냈다. 이러한 제도적 지원에 기반한 사회적 신분 상승은 특히 제2차 세계대전 이후에 이루어졌는데 이 시기에 프랑스 정부는 '부르주아적'이라고 불리는 교육 과정과 구별되는 것으로

---

48 Michel Étiévent, *Fils d'usine*, Édition Gap, 2005, p. 133.

'민중적'(populaire)이라고 불리는 교육 과정의 제3차 보충수업 과정에 속하는 학생들 교육을 전담하는 교사들을 대거 채용했다. 어려운 선발 경쟁을 거쳐 사범학교에 입학한 사람들은 학교로부터 4년간 전액 지원을 받으며 바칼로레아와 CAP 교사 자격을 준비했다. 더 나아가 사범학교들은 가장 성취도가 높은 교생들에게는 고등사범학교로 편입될 수 있는 기회와 함께 고등 교육 교원이 될 수 있는 승급의 기회를 제공했다.

이와 같은 사회적 비-재생산을 향한 첫 번째 가능성은 이미 제3공화국 시기부터 존재했다. 민중 계급 출신의 사범학교 학생들은 4년 차에 치러지는 선발 시험을 통해 생-클루 고등사범학교와 (여학생 대상의) 퐁트네-오-로즈 고등사범학교 입시 특별반에 들어갈 수 있었고, 나중에 교사가 되고, 그다음에는 초등학교 교장 혹은 장학관이 될 수도 있었다.

제4공화국 시기에는 우수한 학생들에게는 2년 차부터 장학금을 주고 3년 차에는 두 개의 지역 선발 학급 중 한 곳에서 학업을 이수할 수 있도록 해 주는 상승의 두 번째 가능성이 생겨났다. 도청 소재지 아카데미에서 관리하는 이 학급에서 수학, 물리학, 화학 등에 강한 학생들은 '기초 수학 바칼로레아'(bac Math-élem)를 준비했고 인문 계열에 강한 학생들은 '철학 바칼로레아'(bac philo)를 준비했다. 바칼로레아 취득 후에는 교원 협의회에서 정한 분류 기준에 따라서 남학생들은 생-클루 고등사범학교 준비반에, 여학생들은 퐁트네-오-로즈 고등사범학교 준비반에 들어갈 수 있었으며 중등교원이 되기 위한 교육을 이수하거나 혹은 출신 사범학교로 돌아갔다.

세 번째 가능성은 이미 바칼로레아를 취득했거나 4년 차 과정에 있는 학생들에게 주어졌는데 이는 곧 일반 중등교원(Professeurs d'enseignement général en collège, PEGC)이 되기 위한 교육을 이수하는 데 필요한 근로 장학금을 지급하는 것이었다. 이 학생들은 마찬가지로 대학 학부에 입학할 수 있었고 고등 교육 준비반(Instituts préparatoires à l'enseignement du second degré, IPES) 선발 시험을 치를 수 있었는데 이 준비반에서는 3년 동안 고등 교육 적성 시험(Certificat d'aptitude pédagogique à l'enseignement secondaire, CAPES) 그리고 고등학교 교사, 교육기관장 또는 사립학교 임용 자격을 주는 교원 자격시험(agrégation) 혹은 고등 교육 수료증(Diplôme d'études supérieures, DES)을 준비할 수 있도록 금전적 지원을 받았다. 마지막으로 체육 계열의 명문 사범학교의 학생들은 체육 및 스포츠 교육 지역 센터(Instituts régionaux d'éducation physique et sportive, IREPS) 입학 선발 시험을 통과하면 3년간의 교육을 받은 뒤에 체육 교사가 될 수 있었으며, 그중 몇몇은 체육 및 스포츠 고등사범학교(ENSEPS)에 합격할 수 있었다.[49]

이처럼 초등 교사 양성 사범학교들은 비-재생산과 관련해서 결정적인 역할을 수행했다. 학교 차원에서 2년 차부터 학생들에게 유급 실습과 수많은 장학 제도를 통해 전례 없는 재정적 지원을 제공했을 뿐만 아니라 학생들이 그들의 출신 환경으로부터 빠져나와 높은 수준의 교육과 성공을 위한 학습에 최적화된 문화적·교육적인 환경을

---

49 더 정확한 정보는 다음을 참조하라. Alain Vincent, *Des hussards de la République aux professeurs des écoles–L'École Normale*, Joué-lès-Tours: Éditions Alain Sutton, 2001 ; André Payan-Passeron, *Quelle École et quels enseignants? Métamorphoses françaises sur trois générations à partir des 34 Normaliens d'Avignon*, Paris: L'Harmattan, 2006.

온전히 누릴 수 있도록 학업의 틀을 제도적으로 제공해 주었기 때문이다. 실제로 장학금이나 급여 혹은 각종 수당을 통해 경제적 장벽을 무너뜨리는 것만으로는 사회적 재생산에서 벗어나는 데 충분하지 않다. 이에 더해, 서민층 학생들이 자신의 능력을 신뢰하지 못하게끔 가로막고 학업에 온전히 집중하지 못하도록 방해하는 사회-문화적인 장벽을 허물어야 할 필요가 있다. 이러한 관점에서 다음과 같은 사실은 우리에게 알려주는 바가 무척 많다. 1970년 이후부터는 3년간의 학업 기간을 마치고 사범학교 입학에 성공한 민중 계급 출신 학생들은 더 이상 사범학교에 배정되어 바칼로레아를 준비하는 것이 아니라 인근 고등학교로 보내졌는데 그로 인해 더 이상 독립된 교육 공간에서 공부하는 혜택을 받을 수 없었고 같은 반 학생들과 융화되었다. 그 결과 이러한 제도가 시행된 지 5년이 지난 후에는 그동안 재정적 지원은 전혀 줄지 않았음에도 생-클루와 퐁트네-오-로즈 고등사범학교의 합격률이 상당히 하락했다. 그리고 3년 차에 재정 지원을 해 주던 사범학교 선발 입학 제도가 바칼로레아로 대체되면서 폐지되었고 1978년에는 IPES 제도 역시 폐지되면서 사회적 신분 상승의 가능성은 점차 줄어들어 상당히 희박해지게 되었다.

사범학교 제도 —— 이 제도는 1991년에 폐지되고 교원 양성 대학(IUFM) 제도로 대체되었다 —— 가 수행한 역할을 상세히 검토하고 이 제도를 통해 실현된 비-재생산의 사회경제적 조건들이 지닌 결정적 성격을 평가하기 위해서 굳이 여러 사례를 참조할 필요까지는 없을 것이다. 단 한 가지 사례면 충분하다. 제2차 세계대전 이후, 사부아 지방의 한 작은 T 마을에서 3대에 걸쳐 일어난 비-재생산의 사례를 검토해 보자. 이 산골 마을은 전쟁 이후 30년간 인구가 50~80명 안팎에 불과했으며 매우 가난한 소농민들과 마을에 인접한 공장이나 광산에서 일하는 소수의 임부들이 모여 살았다. 그 외에는 스키장에 놀러 오는 뜨내기들이 전부였다. 삶의 조건들은 매우 척박했다. 마을이 위치한 곳은 해발 1,300미터 고도의 밀조차 자라지 않는 무척이나 가파른 땅이었는데 들판이나 농지의 정상까지 무언가를 올리기 위해서는 매년 들것을 이용하지 않으면 안 될 정도였다. 게다가 그나마 있는 초원 지대조차 무척이나 가파르고 협소했기 때문에 경운기를 사용하기는 어려웠으며 이 마을에서는 한 가정에서 키우는 소의 숫자가 열두 마리를 넘는 경우가 무척이나 드물었다.

1945년에서 1975년 사이 30년 동안 이 마을에 살았던 주민들의 수입은 고작해야 최저 시급을 조금 웃도는 정도의 매우 열악한 수준이었다. 그 정도로 사람들은 극도의 궁핍 속에서 살아갔다. 수도조차 나오지 않는 가정집이 있었을 만큼 이 마을에는 편의 시설이 부족했다. 그러나 매우 놀랍게도 이 마을에서는 무척이나 뛰어난 학업적 성취를 보인 학생들이 다수 배출되었다. 해당 기간 동안 정규 교육을 마친 학생들은 총 30명에 불과하지만 그 가운데 7명(여학생 3명, 남학생 4명)이나 사부아의 교원사범학교(école normale d'instituteurs)에 합격했으며, 또 다른 한 사람은 체육 전문 인력원(Centre de Ressources, d'Expertise et de Performance Sportive, CREPS)에 합격해서 최종적으로는 체육 교사가 되었다.

더 나아가 사범학교에 진학한 학생 7명 가운데 4명(남학생 2명과 여학생 2명)이 고등사범학교 철학 부문으로 진학했으며 또한 그들 중 3명이 철학 교사 자격을 취득했다. (나머지 한 사람은 68혁명 이후에 다른 진로를 택했는데 오늘날 작가로 활동하고 있다.) 또한 그렇게 철학 교사 자격을 획득한 3명의 학생(여학생 2명, 남학생 1명) 가운데서 한 여학생은 나중에 파리의 고등사범학교 준비반 교사가 되었으며 다른 한 여학생은 박사 학위 취득 후 소르본의 철학 교수가 되었다. 총계를 내 본다면 지난 1945년에서 1975년까지 불과 30년 동안 고작 50명의 주민만이 살고 있었던 이 작은 마을에서 3명의 교사와 4명의 고등사범학교 학생이 배출되었으며, 고등사범학교 학생 4명 가운데 3명이 철학 교사가 되었고, 여기에 더해 1명의 EPS 체육 교사가 배출되었다.

이 미시 현상은 산골 마을의 주민들에게 자신들의 마을이 '세상을 바꾸는 지식인'을 배출했다는 명예를 안겨 주었다. 그러한 명성은 인접 마을까지 널리 퍼졌는데 이 마을의 유명세는 경탄과 비웃음이 동시에 뒤섞여 있는 "아! 네가 T 마을 출신 대학생이라고…!"라는 의례적인 말에서 단적으로 드러났다.

만약 마을 주민들에게 이토록 예외적인 사례가 어떻게 해서 나올 수 있었는지에 관해 물어본다면 사람들은 만장일치로 G 선생님의 영향을 가장 먼저 그 이유로 꼽을 것이다. 그 시절 T 마을에 부임해 온 G 선생님은 아이가 없는 독신 여교사였는데 그 능력을 인정받아 마을에서 상당한 존중을 받고 있었다. 그녀가 겨울이면 폭설로 인해 고립되는 이 거친 마을에서 지내는 동안 보여 준 헌신과 관대함은 늘 한결같았다. 이 공화국의 첨병이 쥔 교편 아래서 초등 교사 양성 사범학교(école normale primaire)에 합격한 학생이 두 명이나 배출된 것은 결코 우연이 아닐 것이다. 더욱이 두 명의 합격생 가운데 한 명과 나중에는 그 학생의 조카가 이후로도 학업에 매진하여 공부의 길을 이어 나갔다. 이모와 조카, 이 두 명이 가족 내에서 일종의 선구자로서 모델 역할을 해 주자 그 둘에 뒤이어 그녀들의 남매와 사촌인 네 명의 남학생들 역시 높은 학업적 성과를 보일 수 있었다. 그리고 다음 세대에서는 그들의 조카들이 새로 부임한 R 선생님의 수업을 받게 되었다.

이러한 결과는 아마 학업 모델과 가족 모델이 결합하여 서로의 효과를 강화했기 때문에 나타날 수 있었을 것이다. 그러나 그러한 결합 역시 만약 장학금 제도의 혜택이 뒷받침해 주지 않았다면 별다른 효과를 발휘하지 못한 채 끝나 버렸을 것이라는 점을 강조해야만 한다. 사실 그 이전 세대에도 높은 학구열을 보인 부모와 학생들이 분명히 존재했다. 실제로도 뛰어난 성과를 보여 준 학생들이 있었으며 그들에게도 졸업 후에도 학업을 지속하려는 강력한 욕망이 있었으나 재정적 지원이 없었던 탓에 학업에 온전히 집중하지 못했다. 성공을 이룬 세대의 이후 세대 사례도 검토해 보자. 1970년대 접어들면서 T 마을의 초등학교가 폐쇄된 탓에 그 시기에 학교를 다닌 학생들은 공부를 하기 위해서는 근처 읍내까지 나가야만 했다. 하지만 그러한 번거로움을 감수하면서까지 학업을 지속하려는 학생은 무척 드물었다. 이러한 초등학교 폐쇄는 이중의 결과를 낳았다. 한편으로는 소수의 학생들이 집중적으로 관리를 받을 수 있었던 일종의 특권적인 교육 환경이 사라지게 되었으며 다른 한편으로는 근처 읍내 학교와 통합되었기 때문에 3년 차에 치러지는 사범학교 입학시험 경쟁률이 치열해져 사회적 신분 상승의 길이 막히게 된 것이다. 실제로 T 마을에서 3년 차에 사범학교 입학에 성공한 학생은 1973년이 마지막이었다.

이처럼 학업 모델은 적절한 교육적·경제적 장치가 동반되었을 경우에만 비-재생산을 산출하는 모델로서 작동할 수 있다. 물론 그렇다고 해서 제도적 지원이 동반된 학업 모델이 비-재생산의 주춧돌로서 기능하도록 해 주는 체계적 방안이라고 여겨서는 안 된다. 분명 그러한 제도는 뛰어난 학생들에게는 상당히 유용할 수 있다. 하지만 애초부터 탁월성이란 그 정의상 언제나 예외적인 것을 의미한다. 오직 일등만 기억된다면 혹은 일등과 나란히 할 수 있는 사람들만 인정받을 수 있다면, 그 외의 집단에 속하는 사람들은 어떻게 되는 것인가? 학업적 성취를 통한 성공은 모두에게 열려 있는 가능성이 아닐뿐더러 일반 규칙으로서 성립될 수 있는 것도 아니다. 민중 계급 아이들에게 학업은 성공의 경험이라기보다는 실패를 연속해서 맛보는 경험에 지나지 않는다. 그렇기 때문에 민중 계급 아이들에게 학교 시스템은 교양(culture)을 통한 해방의 도구로서 인식되기보다는 오히려 억압 체계로서 인식된다. 성적에 따른 제재는 마치 단두대의 칼날처럼 실패한 학생들을 처벌한다. 이처럼 학업을 통한 사회적 신분 상승은 그 외의 학생들을 쓸어버리는 공개 처형대 위에서 일어나는 것처럼 보인다.

그러므로 카리스마 있는 교사의 모델이 보편화될 수는 없으며 오히려 이 모델은 보편적인 것과는 거리가 멀다. 심지어 민중 계급의 뛰어난 학생들조차 선생님과 동일시할 때 언제나 마음 한편에서 고뇌가 일어나기 마련이다. 그들은 모범생과 열등생 모델 가운데서 동요하게 된다. 이 동요는 학업 질서에 저항하는 식으로 표출되기도 한다. 이 경우 문제의 학생은 결국 고립되거나 아니면 유별난 학생이 되어 버리기 십상이다. 이를테면 그러한 학생들은 아니 에르노처럼 교실에서 수다쟁이가 되어 버릴 수도 있다. 에르노는 자신이 부지런하지도 성실하지도 않은 학생이었다고 고백한 바 있는데 한편으로 그녀는 반 친구들과 가깝게 지내려면 친구들이 그녀의 모범생으로서의 면모를 잊어버리게 할 필요가 있었기 때문에 둔하고 방황하는 면을 일부러 길러 냈다고 말한다. 학창 시절 내내 그녀는 일종의 양다리를 걸친 셈이다. 그녀는 실제로는 나쁜 학생이 아니면서도 다른 이들과 멀어지지 않도록 마치 나쁜 학생인 것처럼 자기를 드러냈다. 그러나 다른 한편으로는 모범생으로서 선생님의 총애를 유지하려 애썼다.[50]

마찬가지로 디디에 에리봉도 『랭스로 되돌아가다』에서 자신이 "우등생이었지만 언제나 학교생활을 때려치우기 일보 직전이었다"[51]라고 스스로를 묘사하고 있다. 그는 민중 계급 출신 모범생들에게 존재하는, 학교의 규범에 대한 복종을 거부하는 사회적 부적응성과 학업을 향한 욕망 사이의 긴장을 강조한다. 우리는 학교를 향한 이 양가감정의 흔적을 "좋은 학생이지만 성격이 나쁘다"라는 평가 내용이 기록되어 있는 디디에 에리봉의 생활기록부에서 찾아볼 수 있다. 그러나 이러한 양가감정은 디디에 에리봉이라는 사람의 심리적 성격을 구성하는 요인들 때문에 생겨난 것은 아니다. 이 감정은 한 사회적 상황의 귀결이다. 즉 이 감정은 주체가 성공을 향한 욕망과 자신의 계급을 배반하고 있다는 데서 느끼는 공포 혹은 다른 질서 속으로 편입될 수 없을 것 같다는 데서 느끼는 공포 사이에서 분열되는 틈새(entre-deux)에 놓였을 때 취하게 되는 태도가 귀결되는 지점에서 생겨난다. 이러한 양가감정과 관련해서 부르디외는 **균열된 아비투스**(habitus clivé)라는 풍부한 개념을 만들어 냈지만 디디에 에리봉이 강조한 것

---

50 Ernaux, *La Honte*, p. 87.
51 Didier Éribon, *Retour à Reims*, Paris: Fayard, 2010, p. 163.

처럼 그 개념을 충분히 활용하지는 못했다. 부르디외는 과거의 자신이 모범생인 동시에 반항적이고 싸움을 좋아했다고 스스로를 묘사한 『자기-분석을 위한 초고』[52]에서 더 멀리 나아가지 못하고 있다. 왜냐하면 그가 학창 시절 자신의 모습을 행동 양식을 규정하는 데 작용하고 있는 사회적 힘들의 논리적 결과로 설명하기보다는 성격심리학적이고 개인적인 성향에 불과한 것으로 설명하고 있기 때문이다.[53]

좌절과 반항의 연속 그리고 사회 질서에 대한 부적응(inadaptation)은 자기-제거라는 아마도 가장 효과적일 선별 효과를 산출한다. 그것은 바로 민중 계급 학생들이 도리어 시스템을 거부하고 이로부터 배제되기 전에 미리 떠나 버리는 것을 영광이라고 생각하게 만드는 것이다. 물론 사회 질서에 대한 이러한 부적응이 반드시 민중 계급 학생들에게서만 발생하는 그들만의 전유물 같은 것은 아니다. 간혹 부적응 현상은 교사들의 언어와는 다른 언어와 문화에 더 익숙한 대(大)부르주아지의 자녀들에게서 나타나기도 한다. 이 학생들은 유년 시절부터 무언가를 배우고 모으는 것을 속된 것으로 간주하는 인문학적 교양에 익숙해져 있다. 따라서 이들은 진지하게 무엇인가에 몰두하는 일은 그다지 적성에 맞지 않기 때문에 차라리 딜레탕트를 자처하는 것을 선택하기도 하는데 그로 인해 게으르다고 여겨져 학교에서 벌을 받기도 한다. 하지만 사실 게으른 혹은 딜레탕트적 태도는 잘난 체하는 학자들의 행각을 혐오하는 계급적 에토스의 표현일 뿐이다. 각자는 각자 자신의 것이 무엇인지 잘 알고 있는 셈이다. 이러

---

52 Pierre Bourdieu, *Esquisse pour une auto-anaylyse*, Paris: Raisons d'agir, 2004, pp. 121~126.
53 Éribon, *Retour à Reims*, p. 165.

한 맥락에서 볼 때 학교에서 가장 좋은 성취를 보이는 학생들이 보통 교사들의 자제라는 것은 놀라운 일이 아니다….

민중 계급의 우등생들에게 학교는 분명 기회의 장소다. 하지만 그들은 학교의 규칙에 대한 복종과 그에 맞선 반항 사이에서 언제나 위태로운 줄타기를 하고 있다. 전자는 교사들의 칭찬을, 후자는 동료 학생들의 칭찬을 불러온다. 즉 두 가지의 성공 모델이 존재한다. 선두에 서거나 열등생이 되거나. 이 두 가지 선택지 앞에 선 학생들이 둘 중 한쪽을 선택하도록 기울게 하거나 혹은 서로 모순되는 두 가지 욕망을 양립시켜 주는 논리를 이해하는 것이 중요하다.

문제는 단순히 한 개인에게서 배움을 향한 욕심이 어떻게 반항 의지를 꺾을 수 있게 되었는지 혹은 성공을 향한 희망이 어떻게 실패에 대한 공포를 이길 수 있게 했는지에 대한 이유를 이해하는 것을 넘어서 한 개인이 그를 둘러싼 환경에서 가장 우세한 모델과는 다른 모델을 지향하게 되는 이유들을 가장 일반적인 방식으로 규정해 보는 것이다. 대안적 삶의 방식의 현전만으로는 비-재생산의 메커니즘을 작동시키기에 불충분하다. 물론 아이들에게 무엇이든 무반성적으로 모방하려는 경향이 있다는 것은 분명하다.

하지만 그러한 무의식적이고 비의지적인 모방은 지속적인 지향성을 규정하기에는 충분하지 않다. 특히 그러한 모방하고자 하는 경향성이 그것과 상반되면서 모델과의 동일시를 방해하는 다른 경향성과 맞서서 싸우고 계속 앞으로 나아갈 수 있도록 해 주는 역량을 필연적으로 부여해 주는 것은 아니라는 점에서 대안적 삶의 모델에 대한 무반성적 모방 경향이 비-재생산을 산출하는 동력이 된다는 설명은 불충분하다. 따라서 한 개인이 (학업적 혹은 가족적인) 하나의 모델을 고수하도록 만들기 위해 작동하고 있는 힘들의 놀이를 이해해야 한다. 그러한 이해를 향한 첫걸음은 특정 모델을 달성할 수 있게 해 줄 정도의 행위 역량을 산출하는, 서로 길항하면서도 동시에 하나로 합성되어 있는 다양한 규정성들의 뒤엉킨 매듭을 들추어 냄으로써 과연 무엇이 그 모델을 욕망할 만한 것으로 만들어 주는지 분석하는 것으로 이루어진다.

바로 이러한 이유 때문에 비-재생산에서 작동하는 감정의 논리를 사유하는 것은 무척 중요하다. 왜냐하면 대안적 모델의 존재도, 정치적 제도의 뒷받침과 경제적 후원도, 감정이 추동하는 힘이 뒷받침되지 않는다면 비-재생산을 설명하기에는 충분하지 않기 때문이다.

감정과 마주침

우리는 때때로 고독감을 느낀다. 하지만 그러한 고독감을 느낀다는 사실이 개인들이 오로지 자기 자신만을 통해 실존하는 실체 혹은 문도 창도 없는 모나드와 같은 존재라는 것을 의미하지는 않는다. 개인들은 그들을 변형시키는 외부 원인들과의 마주침에 따라 끊임없이 변용되는 관계 속에 놓인 존재들이다. 따라서 한 명의 개인을 이해한다는 것은 그가 외부 원인과의 마주침을 통해 느끼게 되는 감정을 통해서 그 개인의 현행적 존재를 구성하는 역학(dynamique)을 이해한다는 것이다. 이때 우리는 감정이라는 말을 어떤 심리학적 규정성이나 성격적 특성으로 이해하고 있는 것이 아니다. 우리는 스피노자를 따라서[54] 감정을 행위 역량을 상승시키거나 감소시키면서 각자의 욕망에 영향을 미치는 신체적·정신적인 변양의 총체로 이해하고자 한다. 감정은 우리를 건드려 우리가 움직이게 만들고 또한 우리를 뒤흔들어 놓는 것을 일컫는다. 이러한 의미에서의 감정은 한 개인의 인과적 역량과 외부 세계의 인과적 역량 사이에 일어난 마주침의 표현이다. 이 마주침 속에서 우리가 작용하는 동시에 변용된다는 점에서 감정은 우리 자신이 스스로 형성하고 만들어 내는 것만큼이나 바로 그런 우리들 자체를 형성하고 만들어 내는 것과도 역시 관련되어 있다. 우리가 외부 원인들의 작용으로부터 완전히 빠져나오는 것이 불가능하기 때문에 우리는 수많은 변형을 겪기 마련이고 서로 상반되는 감정들에 휩싸여 우왕좌왕하게 된다. 이러한 감정은 자기 고유의 필연성을 가지고 있는 것이어서 이성의 지시에 따르지 않으며 이성이 사라지라는 명령을 내렸다고 해서 사라지는 것이 아니다. 감정은 우리에게 흔적을 남기며 지속적으로 결과를 산출하는 외부 원인의 역량을 자신의 것으로 가져오기 때문이다. 그렇기 때문에 스피노자는 "한 감정은 그 감정과 상반되는 더 강한 다른 감정이 아니고서는 억제될 수도 제거될 수도 없다"[55]라고 말하는 것이다.

우리가 다루고 있는 사례에서 문제의 관건은, 과연 어떠한 감정들의 조합이 디디에 에리봉 같은 모범생에게, 그러니까 학교를 언제

---

54 Spinoza, *Éthique*, III, définition 3. "감정이라는 말을 나는 신체의 행위 역량을 상승시키거나 감소시키고 돕거나 방해하는 신체의 변용인 동시에 그러한 변용의 관념으로 이해한다. 그러므로 만약 우리가 이러한 변용들 가운데 하나에 대해 적합한 원인이 될 수 있다면 나는 이러한 감정을 능동으로 이해하고 그렇지 않은 감정은 수동으로 이해한다."

55 *Ibid.*, IV, VII.

든 때려치울 준비가 되어 있는 학생에게 자신의 출신 환경을 떠나도록 만드는 동시에 그곳에 머무르도록 만드는 길항하는 힘들에 의해 휘둘리고 있는 욕망을 어느 한 방향으로 확고하게 규정되게끔 하는지 또 그 규정을 어떻게 공고하게 하는지 이해하는 것이다. 만약 하나의 세계에서 다른 세계로의 이행이 모든 것을 향하여 또한 모든 것에 반하여 일어나는 것이라면 그것은 이러한 이행을 뒷받침해 주고 길항하는 힘들 사이에서 균형을 잡게 만드는 감정을 통해서 그렇게 되는 것이다. 맹렬한 욕망의 분출은 그것이 무엇인가를 향한 선택이라는 형태로 의식에 떠오르기 이전부터 이미 의식의 기저에서 작동하고 있는 주체와 외부 원인의 역량 사이에서 힘들이 겨루는 놀이의 결과이다.

디디에 에리봉의 경우를 살펴본다면 그에게서 교양인 모델을 체화하고 있는 한 명의 교수에 대한 동일시가 직접적이고 명백한 방식으로 일어나지는 않았다는 점은 확실하다. 그러나 하나의 세계에서 다른 세계로의 방향 전환은 대체로 어떠한 마주침과 그 마주침의 결과인 어떠한 감정을 통해서 실행되기 마련이다. 디디에 에리봉을 다른 세계로 인도한 감정의 마주침은 아주 먼 미래에는 사랑의 욕망으로 해석되겠지만 13세 소년의 눈으론 아직 우정으로밖에 해석할 수 없었던 대학교수의 아들이었던 같은 반 친구와의 유대감이었다. 이 친구를 향한 애착의 감정은 디디에 에리봉이 그 이전까지는 자신은 한 명의 불청객에 불과하다고 느끼게 만들었던 세계의 문턱을 넘어서 민중 계급이 조롱하던 낯선 문화를 전유할 수 있도록 도와주었다. 전형적 구별 짓기 훈련에 해당하는 음악 시간에 디디에 에리봉은 자신의 친구가 클래식 음악의 작곡가를 맞혀 보라는 선생님의 질문에 잠시 고민하다가 곧바로 정답을 말하는 장면을 목격하고는 어안이 벙벙해졌다. 그전까지 디디에 에리봉은 음악 수업이 우스꽝스럽기 그지없다고 확신하고 있었다. 하지만 그 순간부터 그의 확신은 흔들리기 시작했다. 그도 그럴 것이 그전까지 디디에 에리봉은 "위대한 음악"이란 도저히 봐줄 수가 없는 것이며 혹시 어쩌다가 라디오에서 클래식 음악이 흘러나오기라도 하면 "미사를 올리는 것도 아닌데"라며 라디오를 꺼 버리는 것이 일상이었던 집에서 자랐기 때문이다. 하지만 그러한 환경에서 자란 에리봉이 클래식 음악을 엄숙한 의식을 집전하는 것처럼 감상하고 또한 그 음악을 감식하고 감정할 수 있는 소년을 발견한 것이다.[56]

비록 관계가 오래 지속된 것은 아니지만 에리봉은 자신이 혐오하는 것을 사랑하는 이 소년에게 매혹되었고 에리봉 안에서는 이 소년의 마음에 들고 싶고 또 그를 닮고 싶어 하는 욕망이 생겨났다. 에리봉은 그 소년처럼 글을 쓰고자 시도했으며 그 소년을 자신의 모범으로 삼으면서, 더 이상 반항하기보다는 체계적인 학업 계획을 짜면서 학교 수업을 따라가기 시작했다. 디디에 에리봉은 이 우정을 무척이나 강조한다. 왜냐하면 이 우정은 그때까지 에리봉에게 닫혀 있던, 그의 계급적 아비투스 역시 거부감을 느끼게 했던 교양의 세계를 개시하는 데 결정적 영향력을 행사했기 때문이다. 요컨대 디디에 에리봉에게 이 소년과의 만남은 문화의 이편과 저편 가운데 한쪽으로 기울어지도록 만드는 사회적 평형추의 역할을 수행했다.[57]

---

56 Éribon, *Retour à Reims*, p. 174.
57 *Ibid.*, p. 176.

이처럼 욕망의 역량과 우정의 힘은—적어도 일시적으로는—계급의 거리를 허물고 낯선 모델을 포용하도록 이끌어 줄 수 있다. 모든 문화 충격이 그런 것처럼 서로 다른 계급 사이의 우정 혹은 사랑의 만남은 우리가 우리의 것으로 만들고 싶고 또한 우리가 하나가 되고 싶어 하는 타자성을 향한 열림을 통한 정체성의 재주조를 동반한다. 이러한 타자성을 향한 모험은 동요와 저항 없이는 일어나지 않는다. 계급적 코드에 대한 무지가 불러오는 오해와 상처는 결코 쉽게 해소되지 않기 때문이다. 그러나 바로 그렇기 때문에 우리는 "친구란, 서로 다른 사회적 역사를 체현하고 있는 두 인물이 서로 공존하려고 시도하는 것이다"[58]라는 우정에 대한 디디에 에리봉의 아름다운 정의에 전적으로 동의할 수 있을 것이다.

이처럼 우정의 역량은 사회적 장벽을 무너뜨릴 수 있다. 사랑 역시 그러한 역량을 지니고 있다는 것은 두말할 필요도 없을 것이다. 대개의 경우 사랑은 분명히 우리의 눈을 멀게 만들지만 가끔씩은 우리의 시각 자체를 근본적으로 뒤바꿔 주기도 한다. 스탕달은 쥘리앵 소렐과 레날 부인과의 만남을 묘사하는 매우 아름다운 페이지 속에서 이러한 사랑의 욕망이 가지고 있는 계급적 편견을 쓰러뜨리는 힘을 보여 주고 있다. 서로와의 첫 만남에서 쥘리앵은 자신이 만나게 될 것이라고 머릿속에 그려 보았던 거만한 태도로 사람을 깔보는 한 부르주아지 여성이 아니라 눈부시게 아름답고 부드러운 사려심 깊은 여성을 발견하게 된다. 마찬가지로 레날 부인은 소렐을 직접 만나기 전

---

58 *Ibid.*, p. 176.

까지는 자신의 아이를 투박한 시골 촌부에 불과한 "부루퉁한 더러운 신부"[59]의 손에 맡기는 것에 회의적이었으나 막상 그녀가 문을 열었을 때 밖에 서 있던 사람은 검은 눈동자의 소심한 미소년이었다. 나이와 신분의 차이와 그로부터 생겨난 두려움은 사랑의 욕망이 불러오는 효과 아래서 아주 조금씩 사라져 간다. 쥘리앵은 레날 부인의 진심을 의심하며 진심으로 사랑에 빠지는 것을 끊임없이 경계하면서도 어느 순간 모든 것을 내던진 채 사랑 앞에 굴복하고 마음이 이끄는 대로 따르게 된다. "출신이 미천한 만큼 그저 노리갯감 애인 취급을 받을지도 모른다는 어리석은 생각 역시 자취를 감췄다."[60] 레날 부인과의 만남을 통해 늙은 소렐의 아들은 베리에르의 세계를 그의 뒤에 남긴 채 <u>스스로 교양을 쌓고 자신의 방식대로 세련되어졌다</u>. 즉 쥘리앵의 비-재생산은 사랑을 통한 교육의 형태로 나타난다. 이러한 사랑의 교육을 통해서 신학적 교의에 관한 지식으로 한정되어 있던 소렐의 세계는 그동안 허락되지 않았던 세계로까지 확장되었으며 그 세계에 대한 역사적이고 정치적인 이해력을 갖출 수 있었다. 그로부터 쥘리앵은 그 세계를 정복하겠다는 야심까지 키우게 된다.[61] 이러한 사랑의 교육은 단지 로맨스에서만 일어나는 순수한 픽션에 불과한 것이 아니다. '사랑의 교육'이라는 모티프는 장 자크 루소와 바랑 부인의 만남이라는 실제적 요소에서 영감을 받은 것이다. 스탕달이 작중 화자로 개입하면서 "그가 아는 세상이란 오로지 이 책(루소의 『고백

---

59 Stendhal, *Le Rouge et le Noir*, p. 35.

60 *Ibid.*, p. 101.

61 *Ibid.*, p. 107.

록』)을 읽고 머릿속으로 상상해 본 모습이 전부"[62]였다고 서술하는 것은 바로 이러한 맥락을 배경으로 하고 있다.

실제로 『고백록』은 사랑의 교육이란 방법을 통한 비-재생산의 범례적 자서전으로서 고려될 만하다. 시계공 아버지와 고아였던 어머니로부터 태어난 어린 장 자크 루소는 조각공이 되기 위한 도제 실습을 받다가 학대에 못 이겨서 결국 16세가 되는 해에 도망쳤다. 바로 우리가 아는 그 철학자 루소가 되기 위해서 말이다. 방랑에 방랑을 거친 그의 도주는 처음에는 루소의 발걸음을 퐁베르 주임신부의 집으로 향하게 했고 이때의 만남이 루소를 열두 살 연상의 젊은 여성인 바랑 부인에게 인도했으며 부인은 루소의 보호자가 되어 주었다. 당시의 루소의 모습에 대한 루소 자신의 표현을 빌려 온다면 그는 훗날 쥘리앵 소렐의 모습 그대로 "시무룩한 늙은 독신자(篤信者)의 초상"[63]을 지니고 있었다. 반면 루소는 바랑 부인에게서 "은총과 우수로 가득한 아름다운 푸른 눈동자, 눈부신 얼굴빛과 고혹적인 윤곽의 얼굴"[64]을 보았다고 술회한다. 부인과의 첫 만남에서부터 루소는 자신보다 훨씬 더 지체가 높은 이 사랑스럽고 교양 있는 여인에게 완전한 신뢰감을 느꼈고 그렇게 그녀에게 푹 빠져들게 되었다. 그래서 루소는 그녀가 지시하는 대로 살아가는 그녀의 신봉자가 되었으며 루소 본인이 스스로를 "바랑 부인의 작품이자 학생, 친구이자 거의 연인"[65]으로 여길 정도였다. 루소는 샤르메트 지방에서 그에게 사랑을 일깨워 주었

---

62 *Ibid.*, p. 26.
63 *Les Confessions*, II, *Œuvres complètes*, I, Paris: Gallimard, "Pléiade", pp. 48~49.
64 *Ibid.*, p. 49.
65 *Ibid.*, p. 58.

던 그 여인 ─ 루소는 부인을 심지어 "엄마"라고 불렀다 ─ 의 곁에 머물며 여러 학문을 독학으로 깨우치기 시작했다. 그는 『『포르루아얄의 논리학』, 존 로크의 『인간지성론』』 같은 철학 저작을 읽고 기초 기하학에 매진했으며 무진 애를 먹어 가면서 라틴어를 배웠다.[66]

　요컨대 사랑의 힘은 그 사랑의 대상과의 만남을 통해 주체의 변신을 보조해 주는 역량을 발휘할 수 있으며 바로 이 점에서 비-재생산에서 동력원의 역할을 수행한다고 할 수 있다. 이 경우 사랑은 사회적으로 상승할 수 있는 날개를 달아 주는 것이며 출신 환경과의 단절과 관련된 죄책감을 덜어 주기도 한다. 그러나 사랑을 통한 사회적 신분 상승이 하늘을 두둥실 나는 느낌과 같이 우리를 올라가게 할 수 있다는 식의 틀에 박힌 이미지에 빠지지 않도록 경계해야 하며 또한 사랑이 비-재생산에 특권적인 감정이라거나 이 감정이 마치 계급 투쟁의 병폐를 치료하는 해독제로 쓰일 수 있다는 식의 결론을 내려서는 안 된다. 사랑은 일시적으로나마 분명한 효력을 가지고 있지만 그렇다고 해서 사랑이 만병통치약인 것은 결코 아니다. 매력이 넘치는 지배자가 되기를 꿈꾸거나 아름답고 유복한 상속녀를 차지하겠다는 꿈이 우리에게 끝없는 상상의 나래를 펼치게 하더라도 상상은 그저 상상일 뿐이다. 그러한 상상은 혁명을 낳을 수는 없다. 오히려 그러한 상상은 사람들을 신분 상승에 대한 헛된 기대를 꿈꾸게 하는 보수주의 속에 가둠으로써 사회적 질서를 안정화시킬 뿐이다.

　더 나아가 비-재생산은 반드시 단 하나의 감정에만 기초하는 것

---

66 *Ibid.*, VI, pp. 237~238.

이 아니다. 우리는 독특한 이력의 사례들 각각을 검토함으로써 각자의 이력 속에서 작동하고 있는 모든 감정의 특수한 경제를 사유해야 한다. 실제로 그렇게 검토해 본다면 우리는 언제나 기쁨의 감정만이 필연적으로 가장 중요한 역할을 수행하는 것은 아니라는 사실을 알게 될 것이다. 때로는 원한, 증오 그리고 굴욕에서 탄생한 분노와 같은 그 모든 부정적 감정이 기쁨의 감정들과 마찬가지로 결정적인 역할을 수행한다. 이 점은 특히 리처드 라이트의 경우를 검토해 본다면 알 수 있다. 주린 배를 채울 수도 없고 책을 읽을 권리를 가질 수도 없으며 자신의 삶 속에는 오직 검둥이라는 보이지 않는 자의 자리만이 허락되어 있다는 것에서 오는 어렴풋한 분노와 좌절감은 백인들을 향한 지속적인 적대감을 낳는 동시에 기성 질서를 전면적으로 거부하도록 만들었다. 리처드 라이트와 다른 젊은 흑인들 사이의 차이점이 있다면 그것은 그가 속으로는 백인들을 몹시 증오하면서도 그들을 등쳐 먹기 위해 백인들 앞에서 짐짓 유쾌한 척 천치같이 좋은 검둥이 행세 따위는 결코 하지도 않고 백인들이 세운 규칙에 굴종하지도 않는다는 점이다. 리처드 라이트는 자신에게 유일하게 허락되어 있던 그 품위 없는 역할에 맞서 일어났다. 그는 자신을 짓누르는 부정의(不正義)에 저항하고자 하는 욕심을 마음 한편에 품고 있었다. 비록 그러한 저항을 위해서 어떻게 해야 할지 자세히 알고 있지는 못했지만 젊은 시절의 라이트는 그러한 부정적 감정들과 그 감정들의 효과를 착실히 축적하고 있었다.[67] 이처럼 분노와 두려움 그리고 증오는

67 Wright, *Black Boy*, ch. X, p. 331.

책 속의 사랑과 마찬가지로 사회적이고 인종적인 분리 정책에 맞설 반역심을 기르는 자양분이 될 수 있다. 동시에 이러한 부정적 감정들은 리처드 라이트가 비참한 조건 속에 머물기보다는 차라리 아예 그로부터 떠나가도록 그를 이끌었다. 그렇게 해서 리처드 라이트는 더 나은 실존의 조건을 찾아서 자신이 살았던 그러나 자신에게 늘 적대적이었던 미국 남부를 조금의 미련도 없이 떠나 버렸다. "나는 언제나 갈등과 모욕, 주먹질과 분노, 불안과 공포 속에 있었으나 그 모든 것에도 불구하고 역시 언제나 다른 삶을, 그러니까 더욱 충만하고 더욱 풍족한 삶에 관한 생각을 하게 되었다."[68]

아니 에르노에게서도 감정들은 매우 양가적이다. 실제로 L 선생님은 그다지 사랑스러운 사람은 아니었다. 따라서 아니 에르노가 그녀의 가족 모델, 어머니와 이모들의 모델로부터 멀리 이탈할 수 있도록 그녀를 이끌어 준 것은 L 선생님에 대한 사랑 같은 것이 아니었다. 만약 사랑이라고 한다면 그것은 차라리 일종의 자기애 혹은 자긍심과 고통 그리고 수치심의 혼합물이라고 할 만한 감정일 것이다. 자신의 우수성을 인정받는 데서 오는 자긍심과 경제적으로 가난할 뿐만 아니라 문화적으로 빈곤했던 환경 속에서 그나마 있었던 절제와 모범적 행동을 강조하던 상인으로서의 완벽성의 코드마저 아버지가 어머니를 죽이려고 했던 바로 그날 산산조각 나 버리고 만 가족 속에서 살고 있다는 말로 표현할 수 없는 수치심과 비밀스러운 고통의 혼합물. 아니 에르노가 자신의 사회적 전기형 자서전의 핵심적 저작 가

---

68 *Ibid.*, p. 440.

운데 하나에 '부끄러움'이라는 제목을 붙인 이유는 더 물어볼 필요도 없을 것이다. 6월의 어느 일요일[69] 이후로 작가는 자신이 "사립학교에 어울리지 않는 존재가 되었고 수치심 속으로 잠겼다"라고 고백하고 있다.[70]

이 트라우마 장면은 이후로 더욱 근본적인 형태의 사회적 수치심으로 구체화되는데 이 감정은 그녀의 신체에 새겨져 삶의 방식이 되었다. 이 점은 『칼 같은 글쓰기』에서 확인할 수 있다. 아니 에르노는 사립학교 1학년 시절까지는 그때까지 학교를 다니며 직접 체험하고 내면화하게 된 수치심과 모멸감을 통해서만 자신과 다른 학생들의 차이를 인식했다고 설명한다. 깊은 고독 속에 있었던 그녀는 이러한 차이가 자신의 개인적 비천함과 열등함의 증거라고 생각했다. 왜냐하면 당시에 그녀는 이러한 차이를 사회적 출신 환경과 연결해서 생각할 수 없었기에 그러한 차이가 부모들의 경제적·문화적 조건의 결과임을 명확하게 이해하지 못했기 때문이다.[71] 이 점에서 그녀가 당시 느낀 수치심은 분명히 계급적 차이에 대한 자각을 반영하고 있기는 하지만 어디까지나 혼란스럽고 고통스러운 표현물인 셈이다. 그러나 이 감정은 마치 내면을 찌르고 있는 깊숙한 바늘과도 같아서 결국 언젠가는 침묵을 깨고 더 이상은 견딜 수 없는 상황으로부터 탈출하도록 만든다.

자신의 학업적 우수성을 인정받는 데서 오는 즐거움과 남들과

---

69 [역주] 아니 에르노의 아버지가 그녀의 어머니를 죽이려고 했던 날을 말한다.

70 Ernaux, *La Honte*, p. 109.

71 Ernaux, *L'Écriture comme un couteau*, Paris: Stock, 2003, p. 69.

다르다는 데서 생기는 자긍심은 비-재생산의 이력을 밟아 나가도록 박차를 가해 줄 수 있다. 하지만 그렇다고 해서 이러한 감정이 비-재생산의 주된 요소들을 구성하는 것은 아니다. 사실 이러한 경우들에서 학업적 성공은 보장된 승리이기보다는 오히려 일종의 비정상적인 현상이자 위태로운 기회, 자신이 단 한 번도 속한 적이 없던 세계로 침입하는 기회로 인식된다.[72] 특히 아니 에르노에게 작가로서의 여정에 가장 결정적이었던 요인은 사회적이고 가족적인 깊은 고통이다. 적어도 아니 에르노는 『남자의 자리』에 관해 다음과 같이 고백하고 있다.

> 저는 『남자의 자리』의 모든 것, 그 형식과 목소리 그리고 내용이 고통으로부터 태어났다고 믿습니다. 이 고통은 제가 저의 아버지, 과거에는 노동자였다가 지금은 작은 카페의 사장이신 아버지로부터 멀어지기 시작했던 청소년기에 저를 찾아왔습니다. 이름 없는 고통(어째서 우리 아빠는 책을 읽지 않을까? 왜 우리 아빠는 소설에 쓰인 것 같은 '거친 태도'를 갖고 있을까?), 몰이해와 반항의 혼합물. 수치스러워하고 그 누구에게도 고백하거나 설명할 수 없었던 고통. 그리고 또 다른 고통이 존재합니다. 저는 아버지가 제게 바랐던 대로 교수가 되었고 '평범한 사람들'(gens modestes) ── 이 거만의 언어 ── 이었던 우리에게 완전히 낯선 다른 세계로 넘어간 사람이 되어 사회적 상승의 꿈을 이뤘습니다. 하지만 교수가 되고 나서 부모님 댁에서 한 주를 보내던

---

72 *Ibid.*, p. 69.

중 갑작스럽게 아버지를 잃어버리는 고통을 받았지요.[73]

　　고통은 거리의 체험과 비판적 물음에서 생겨난다. 그것들은 주변 환경으로의 고착을 방해하고 그 환경과 거리를 느끼게 하며 그 환경을 비난하도록 만든다. 아니 에르노는 자신이 속한 세계를 마치 자신이 애초부터 그 세계의 바깥에 있었던 것처럼 타자의 눈으로 바라보게 되었는데 이는 그녀가 비교를 수행할 수 있도록 해 주는 다른 규범들, 다시 말해서 '평범한 사람들'의 무지함(inculture)과 섬세함의 결여를 규탄할 수 있는 눈을 뜨도록 해 준 규범들을 내재화하기 시작했기 때문이다. 하지만 도무지 이해할 수가 없었던 아버지의 취향의 결여에 대한 부끄러움은 자신이 자기의 사람들에게 감히 부당한 판단을 내리고 있으며 그들과의 관계를 단절하면서 그들을 은밀하게 부인하고 있다는 고통 때문에 더욱 배가되었다. 글쓰기는 바로 이러한 고통으로부터 살아남기 위해 스스로를, 자신과 자신의 것을 구원하기 위해 저 악덕들을 낱말로 옮기게 만드는 그러한 고통으로부터 탄생한다. 이러한 의미에서 비-재생산은 고통의 승화와 구원의 형태로부터 그리고 고통을 창조적인 동력원으로 변형시키는 것으로부터 귀결될 수 있다.

　　이러한 조건에서는 스피노자가 증오와 분노 혹은 수치심과 같이 슬픔의 한 형태로 규정한 바 있는, 일반적으로 행위 역량을 감소시키는 감정들 역시 기쁨의 감정들과 조합됨으로써 긍정적인 결과

---

73 *Ibid.*, pp. 32~33.

들을 가져올 수 있을 것이다. 오히려 이러한 슬픔의 감정들이 어쩌면 비-재생산과 관련해서는 기쁨의 감정들보다 훨씬 더 결정적인 영향력을 행사하기도 한다. 사실 주변 환경의 모델과는 다른 모델을 추구하기 위해서는 어렴풋하게나마 다른 대안적 삶을 향한 욕망이 전제되어야 하는데 그러한 욕망은 현재의 삶에 대한 불만족, 심지어는 고통이 있을 경우에만 생겨날 수 있다. 만약 누군가가 자신의 환경에 대해 완벽한 행복과 애착을 느끼고 있는 상황이라면 그런 사람은 자신의 환경을 떠나기를 결코 강렬하게 욕망할 수도 없을 것이고 자신의 세계를 전복시킬 수 있는 우정과 사랑의 만남에 열린 태도를 취하기도 무척이나 어려울 것이다. 자신을 둘러싸고 있는 사회적 질서 혹은 가족 내의 질서에 완벽하게 통합된 상태인 개인은 그를 둘러싼 관계와 단절할 이유도 다른 관계를 소망할 이유도 전혀 없다. 오히려 그는 자신의 가족 혹은 사회라는 신전을 지키는 수호자로서 행동하게 될 것이며 공동의 운명으로부터 빠져나가려는 모든 시도를 비난하고 이로써 지배적 가치들을 재생산하는 방향으로 행동하게 될 것이다. 요컨대 자신을 둘러싼 환경의 법칙을 감히 위반하고자 하는 사람은 매우 강력한 동기를 지니고 있어야 한다. 왜냐하면 그러한 위반을 시도하는 자는 그 즉시 계급 보수주의와 순응주의로 비롯되는 삼중의 비난, 즉 너는 한낱 몽상에 빠져 있을 뿐이라거나, 우리 계급을 배반하는 배신자라거나, 제 분수를 모르고 다른 물에 끼어든 위장한 자에 지나지 않는다라는 비난의 세례를 받게 되기 때문이다.

먼저 몽상가라는 비난은 자신이 태어난 환경의 대열로부터 빠져나가고 싶다는 욕망을 마치 키메라와 같은 공상에 불과한 헛된 희망에 지나지 않는다고 마타도어하는 것을 말한다. 이러한 비난은 "그건 우리를 위한 것은 아니지"라는 그 유명한 상투적 문구로 요약될 수 있을 것이다. '그들'과 '우리'(여기서 **그들**은 부르주아지를 가리키며 **우리**는 노동자들을 가리킨다. 물론 그 반대도 성립할 수 있다)의 사회적 세계 사이의 마니교적 분할은 계급의 경계를 가르고 이 경계를 마치 결코 넘어설 수 없는 장벽과 같은 것으로서 정립한다. 이 장벽은 그저 사실적으로 넘을 수 없을 뿐 아니라 권리적으로도 넘을 수 없는 것이다. 실제로 장벽을 넘어서려는 시도를 위장 침입이나 사칭의 한 형태와 연결 지어 부당한 것으로 단죄하려는 무엇인가가 존재한다. 프롤레타리아 계급 아이들의 사회적 신분 상승 욕망이나 혹은 노동자들의 조건을 공유하기를 선택한 어떤 부르주아지의 자식들의 자발적인 탈락(déclassement)은 망상 혹은 노동 계급에 대한 신비화에서 기인한 것에 불과한 것으로 취급되고, 손쉬운 비난의 먹잇감이 된다. 예컨대 "나를 믿어. 우리가 아무리 애써도, 우리는 결코 그들과 같이 될 수 없어" 혹은 "그들은 우리와 같지 않아" 등등의 말들. 그래서 안락한 삶과 단절하고 공장노동자가 되기로 결심한 정치적 투사들은 그들의 진정성에도 불구하고 언제나 몰이해와 의심의 대상이 되는 상당한 대가를 지불해야 했다. 실제로 그들이 '진정한 노동자'로 간주된 경우는 별로 없었다. 그러한 불신에는 그들이 언제든지 마음만 먹으면 노동자라는 위치로부터 빠져나가 그들의 출신 환경이 물려준 안락한 자리를 되찾을 수 있다는 전제가 숨어 있었다.

다음으로 배신자라는 비난은, 사회적 신분 상승은 단순한 단절이 아니라 배반의 한 형태로 나타난다는 점에서 유래한다. 신분 상승은 출신 계급에 대한 포기로, 심지어는 출신에 대한 비난으로 해석되고 이것은 검은 양 —— 집단에서 달갑지 않은 사람 —— 이 죄의식을 느끼도록 온갖 불만과 이의를 퍼부을 수 있는 구실을 제공한다. "너는 우리를 배반했어", "너는 우리를 무시해", "너는 우리가 부끄럽니?" 등등. 이처럼 계급 전향자는 거만한 변절자로 고발당하고 마치 사회적 매국노가 받는 것과 같은 비난을 받는다.

마지막으로 위장한 자라는 비판으로는 "자신의 분수를 알아야 한다", "남들보다 위에 서 있다고 믿어서는" 안 된다, "제 엉덩이보다 더 높은 데서 방귀를 뀌려 한다" 등등의 말들이 있다. 벼락부자는 언제나 나쁜 존재로 비춰진다. 그가 새로이 거머쥔 안락함은 안하무인과 짝을 이룬다. 하지만 벼락부자에게 뒤집어씌우는 오만불손함의 이면에는 시기심과 그로 인한 중상모략이 숨겨져 있을 뿐이다.

계급횡단자를 향해 몽상가, 배신자, 위장자라고 비난하는 이러한 집단적 검열은 그것이 실제적 근거가 있는 것이든지 순전히 상상에 근거한 것이든지 무관하게 어느 누구도 자신이 태어난 환경으로부터 뛰쳐나가지 못하도록 만드는 평준화의 효과를 산출하고 이를 통해 기성 질서를 유지하는 데 기여한다. 이러한 검열은 그것이 지닌 억제 효과로 인해 사회적 신분 상승의 심각한 장애물이 된다. 따라서 이러한 조건에서는 설령 욕망할 만한 대안적 모델이 주어져 있더라도 단지 그러한 모델이 존재한다는 사실 자체만으로는 모델에 대한 지속적 동일시가 일어나기에 충분하지 않다. 이러한 조건에서 동일시가 일어나기 위해서는 그 모든 검열에도 불구하고 도저히 대안적 모델을 욕망하지 않으면 안 될 정도로 주변 환경이 상당히 강압적이고, 숨 막힐 정도로 목을 조르는, 그야말로 파괴적인 것으로 나타나야만 한다. 오직 그러한 환경이 키워 내는 견딜 수 없는 고통만이 그러한 고통을 끝내고자 아예 그 환경을 떠나고자 하는 참을 수 없는 욕망과 같은 강력한 동기들을 제공할 수 있으며 그러한 동기가 있어야만 아비투스로부터 빠져나가고 몽상가, 배신자 유다 혹은 거만한 이로 서 비칠지도 모른다는 두려움을 쓸어 내 버릴 힘을 발휘할 수 있다.

　욕망하다(désirer)라는 동사의 시적 어원은 불확실하지만 매우 시사적인 방식으로 방금 우리가 말한 점을 알려 주고 있다. désirer는 동사는 De-siderare에서 유래했는데 이것은 별(astre)이 부재한다는 것 을 의미한다. 요컨대 우리가 무엇인가를 욕망하는 이유는 별처럼 밝 게 빛나는(sidéral) 무엇인가를 결여하고 있기 때문이다. 무엇인가를 욕망한다는 것은 고통으로 가득한 우리의 밤을 환하게 밝혀 빛으로 채워 줄 수 있는 눈부신 그 무엇인가를 잃어버린 상태라는 것이다. 이 러한 관점에서 보았을 때 우리가 무엇을 향하는 것인지도 모른 채로 욕망하는 어둠 속의 그 대상은 현재의 지독한 어둠을 밝혀 줄 정도로 환하게 빛나고 있다. 욕망한다는 것은 달을 따 오겠다는 말처럼 불가 능한 일을 시도하는 것이며, 산개하는 고통을 찬란한 미래로 변화시 키고자 하는 것이다. 이 점에서 우리는, 근성론에 빠져서는 안 되겠지 만 고통에 긍정적 가치가 있다는 사실을 인정해야 한다. 고통은 우리 의 숨을 조이는, 우리를 둘러싼 갑갑하고 나쁜 존재 상황으로부터 벗 어나 숨 쉬게 하는 더 나은 삶을 위한 실존의 방식을 찾아내도록 우리 를 추동한다는 점에서 긍정성을 지닌다. 바로 이러한 의미에서 고통 은 비-재생산의 본질적 원인 가운데 하나이다. 고통 속에 존재하고 있 다는 것, 그것은 더 나은 다른 삶으로의 출발점이다. 그리고 고통을 느 낀다는 것은 그 자체로 이미 더 나은 삶을 욕망하고 있다는 뜻이다.

자리 그리고 환경의 역할

비-재생산의 동력으로 작용하는 고통은 사회적 수치심에 국한되어 있지 않다. 고통은 여러 개의 얼굴을 지니고 있다. 어떤 경우 고통은 계급 내에서 혹은 인종, 성별, 젠더, 가족 내에서 느끼는 불편함의 표현일 수도 있다. 이러한 불편함은 출신 환경과의 동화를 가로막음으로써 새로운 지향성들을 발견하도록 촉진하기도 한다. 이러한 불편함이 언제나 반드시 주체가 처해 있는 기존의 사회적 배경을 전복시키는 외재적 규범의 주입에서 유래하는 것은 아니다. 그것은 출신 환경이 개인들의 차이를 전정(剪定)하고 균질화하기 위해 가하는 내적 압박으로부터 생겨날 수도 있다. 이렇게 본다면 비-재생산의 원인이 과연 주변 환경으로부터 멀어지려는 개인에게 있는 것인지 아니면 그 개인을 멀리 떨어뜨리려는 환경에 있는 것인지 면밀한 검토 없이 선험적으로 결정하는 것은 어려운 일이다. 환경의 거부는 실제로 두 가지 의미로 이해될 수 있는 여지가 있다. 환경에 대한 개인의 거부 혹은 환경이 개인을 거부하는 것. 그러나 환경이 거부하는 것과 환경을 거부하는 것 가운데 비-재생산을 결정하는 원인의 질서에서 무엇이 더 우세하든지 우리는 서로가 서로를 강화시키는 이 거부의 이중적 운동이 지닌 두 측면을 동시에 고려해야만 한다. 그렇게 했을 때에만 우리는, 비-재생산을 주변 환경과는 다른 대안적 모델로의 유입(importation)인 동시에 자신의 출신 환경에서는 자신의 자리를 찾지 못하는 한 개인이 낯선 환경 속으로 유출(exportation)되는 것으로서 고려하면서 필연적으로 상호 연관되어 있는 이 두 가지 방식에 대한 한 편의 동일한 이야기를 쓸 수 있게 된다.

쥘리앵 소렐의 이야기는 이러한 이중 격자를 거친 독해를 통해서 이해될 수 있을 것이다. 어린 쥘리앵이 야심을 품고 나폴레옹 혹은 루소, 그도 아니면 수도원의 성직자나 주교의 모델 그리고 귀족의 모습에 자신을 성공적으로 동일시할 수 있었던 것은 그가 자신의 실제 가족적·사회적 환경에서는 자신의 자리를 찾지 못했기 때문이다. 그는 자신의 환경으로부터 거부되었다. 쥘리앵이 그의 아버지를 비롯하여 아버지의 다른 자식들과 전혀 닮지 않았기 때문이다. 그의 손위 형제들은 아버지의 초상을 그대로 빼닮은 반면에 말이다. 그의 형제들은 진정한 사내였다. 강인한 남성성의 화신 그 자체인 아버지의 삶의 모델을 고스란히 재생산한 형제들의 모습은 무거운 도끼로 아름드리나무를 쓰러뜨리는 거인과도 같은 족속처럼 비쳐질 정도였다.[74] 반대로 쥘리앵은 계집아이같이 섬세한 성향을 가지고 있었다. 그는 성정이 몹시 여릴 뿐만 아니라 힘쓰는 일에는 젬병인 데다 지적 취향을 가지고 있다. 그는 자신의 형제들과 모든 점에서 달랐다. 쥘리앵은 독서를 사랑하는 사람이었다. 독서가 시간 낭비이자 게으름에 대한 찬양으로 간주되는 환경에서 오직 홀로 독서를 사랑하는 사람이었다. 그렇기 때문에 쥘리앵은 창백한 얼굴의 병약하고 속을 알 수 없는 아이였고 무척이나 이지적인 느낌을 주었다. 그러니 건장한 삼림 채벌꾼의 계보에 쥘리앵이 낄 자리는 없었으며 그는 자신의 사회적·가족적 질서에서 자신의 자리를 찾을 수 없었다. 오히려 그는 화풀이와 학대의 대상이었다. 그를 둘러싼 환경은 그를 견딜 수 없었고 그도 자

---

74 Stendhal, *Le Rouge et le Noir*, p. 22.

신의 환경을 견딜 수 없었다. 실제로 거부는 상호적이었다. 아버지 소렐은 자신의 아들을 끔찍이도 혐오했으며 그것은 아들 역시 마찬가지였다. "소렐은 집안에서 모두의 경멸 대상이었고 그 역시 자신의 아버지와 형제들을 증오했다…."[75] 그의 아버지는 레날 씨가 쥘리앵에게 일 년에 300프랑과 식비, 체재비, 품위 유지비 등을 별도로 주려는 것을 보고 대경실색했으며[76] 도대체 어째서 그러한 저명인사가 자기 아들 같은 천덕꾸러기를 가정 교사로 데려가려고 하는지 영문을 알지 못했다.[77] 그러면서도 그는 이 '염병할 놈'[78]을 눈앞에서 치워 버릴 수 있는 횡재를 얻었다고 생각했고 그의 처분에 관련해서 아주 흔쾌히 협상했다. 즉 쥘리앵이 그의 환경으로부터 달아난 만큼이나 그의 환경은 쥘리앵을 내쫓았다.

이러한 관점에서 비-재생산을 고찰한다면 비-재생산은 조금 다른 방식으로 이루어지는 재생산의 영속에 불과한 것일 수도 있다. 사회적 질서는 그 질서를 위협하며 주변의 모델에 순응하지 않아서 혼란을 초래할 수 있는 요소를 축출하는 것을 통해 지켜진다. 아버지 소렐은 작별 인사 대신 아들에게 "하여간 이제 네놈을 치워 버릴 수 있을 테니 제재소도 더 잘 굴러가겠지"[79]라고 말한다. 이렇게 비-재생산은 재생산의 간계로서 나타난다. 비-재생산은 재생산과 상충하는 것이 아니며 오히려 재생산의 원환을 파괴할지도 모르는 모든 것을 멀

---

75 *Ibid.*, p. 24.
76 *Ibid.*, p. 22.
77 *Ibid.*, p. 22.
78 *Ibid.*, p. 25.
79 *Ibid.*, p. 25.

찍이 축출시킴으로써 재생산을 유지하는 데 기여한다. 자신의 자리를 찾지 못한 누군가는 다른 곳으로 떠나가도록 선고받는다. 비유적으로만 그런 것이 아니라 문자 그대로 그렇다. 존재할 곳이 없다는 사실은 누군가를 이주민이 되도록 만든다.

가족 혹은 계급 내에서 어떤 자리를 차지하고 있는지는 그러므로 핵심적인 문제다. 아니 에르노가 처음에는 '가족 민속지를 위한 자료'(Éléments pour une ethnologie familiale)[80]라는 가제를 붙여 두었던 작품에 고심 끝에 결국 '자리'(La Place)[81]라는 제목을 붙인 것은 결코 우연이 아니다. 왜냐하면 이 자리라는 개념은 각자가 자신의 사회적·가족적 공간에서 차지하고 있는 위치가 어디인지 식별할 수 있도록 해 주고 또한 그 개인의 입지를 공고하게 해 주거나 혹은 입지를 좁히는 관계들을 고려함으로써 그가 차지하고 있는 위치가 과연 단단하게 고정되어 있는 것인지, 아니면 유동적인 것인지 측정할 수 있도록 해 주기 때문이다. 지배적 모델과의 동일시가 가능할 때 그러한 동일시는 안정적인 발판을 마련해 주며 가족적·사회적 질서 속으로의 편입을 더 쉽게 만들어 준다. 하지만 그러한 동일시가 불가능한 경우에는 재생산의 원환에서 빠져나갈 작은 틈이 열리게 되는데 이 틈을 따라 다른 환경으로 이어지는 교차로들에 잠시 편승함으로써 생존과 자기 긍정을 위한 독특한 경로를 개척하게 될 수도 있다. 인정의 부재, 무시, 심지어는 주변의 경멸 그리고 비난과 공개적 따돌림은 '검은 양'과 '미운 오리 새끼'들이 떠나가도록 몰아붙인다. 이러한 관

---

80 Ernaux, *L'Écriture comme un couteau*, p. 34.
81 [역주] 국역본은 원제를 '남자의 자리'로 옮겼다.

점에서 보면 부모가 원치 않았던 아이 혹은 충분한 사랑을 받지 못했던 아이, 아니면 가족과 사회의 수치라며 낙인찍힌 희생자들이 자신에게 허락된 이 한 줌의 안온한 땅을 찾기 위해 혹은 자신의 운명에 복수하기 위해 출신 환경을 떠나는 쪽으로 이끌리는 것은 그다지 놀라운 일도 아닐 것이다.

실제로 리처드 라이트는 자신이 가족 내에서 항상 위험 분자로 찍혀 있었다고 말한다. 그가 어렸을 때 커튼에 낸 불 때문에 온 가족을 죽일 뻔했던 사건 이후로 줄곧 그의 가족들은 그를 꺼렸다. 그가 어느 날 불현듯 삼촌 톰을 면도칼로 위협해서 붙잡았던 청소년 시절의 한 장면을 되새기게 되었을 때 그제야 비로소 그는 처음으로 자신을 타인의 시선으로 바라보게 되었고 지난 몇 년 동안 자신의 모습이 무엇이든 거리낄 게 없는 폭력적인 소년으로 비쳐진 것이 당연했다는 사실을 이해하게 되었다. 그렇게 깨닫고 나자 그는 자신의 피부에 들러붙은 그 악명에 스스로조차 놀라게 되었다. 자신이 그동안 가족과 맺고 있던 관계의 정확한 본질이 무엇인지를 깨우쳐 준 그 적나라한 계시는 그의 존재를 완전히 뒤바꾸었고 그가 집을 떠나 다시는 돌아오지 않도록 만들었다.[82]

비-재생산이 일어날 수 있도록 해 주는 것은 서로가 서로를 강화하는 다양한 규정들 사이의 협동이라는 점은 확실하다. 문제는 개인의 미래와 운명은 요정들이 요람에서부터 미리 점지해 주었다든가 코러스 합창단이 앞으로 그 개인의 운명 속에서 펼쳐질 사건과 그 행

---

82 Wright, *Black Boy*, p. 297.

불행들을 노래해 준다는 식의 설명을 지양하고서 그러한 규정성들의 협동을 통해 이루어진 인과의 사슬을 어떻게 규명할 것인지다. 물론 경우에 따라서는 세례명만으로 이미 주어진 환경을 떠나게 만들기에 충분한 원인이 될 수도 있을 것이다. 아이에 대한 욕망의 표현이라고 할 수 있는 세례명으로, 가족 가운데 누구와도 연관 없고 아무리 족보를 거슬러 올라가도 찾아볼 수 없는 그러한 이름이 선택된 경우라면 말이다. 만약 당신의 부모가 당신이 태어나는 걸 원치 않았더라면 그래서 당신에게 오직 죽음의 자리만을 내어 준다면, 그러니까 당신에게 이미 죽은 당신 형제의 이름을 붙여 주면서 그저 그 형제의 빈자리를 대체하는 역할만을 부여한다면 당신은 대체 어떻게 살아갈 수 있겠는가? 스스로를 반쯤 죽임으로써 부모의 다소간 의식적인 욕망을 간접적으로 충족시켜 줄 것이 아니라면 아예 떠나갈 수밖에 없을 것이다. 만약 태어난 것부터가 이미 죄라서 '쳐 죽여야' 마땅한 '호모'이기에 개자식이라고 불리며 멸시받고 온갖 모욕을 겪는다면 어떻게 버틸 수 있을 것인가? 벽장의 자리는 너무나 음침하고 협소하기 그지없다. 그러니 차라리 그곳을 떠나 대낮의 햇볕 아래에서 살고 싶다는 욕구가 생겨나는 것은 필연적이며, 그러한 욕구는 사람들을 자신의 정체성에 대한 시민권을 획득하기 위해 다른 곳으로 망명하도록 이끌 것이다.

디디에 에리봉이 교양 있고 지적인 삶으로 특징지어지는 모델에 동일시한 것은 단지 부유한 가정 출신 소년과의 친근한 만남을 소망하는 충동 때문만이 아니라 그의 "동성애 성향이 에리봉이 질식하지 않도록 탈출구를 찾아 준"[83] 덕분이기도 하다. 사실 에리봉의 주변 환경에 젊은 '게이'를 위한 자리 같은 것은 전혀 존재하지 않았으며 심지어는 그를 정의해 줄 수 있는 적절한 이름조차 존재하지 않았다. 그나마 그의 어머니가 난색을 표하면서 말했던 "너 같은 사람들"이라는 표현이 가장 나은 호칭일 것이다. 왜냐하면 이 표현을 제외한다면 디디에 에리봉은 자기 자신이 무엇인지를 언제나 모욕과 조롱의 낙인하에서 발견해야만 했기 때문이다. 그를 둘러싼 문화적 배경은 그를 면전에서 모욕했다. 에리봉에게는 '호모'라는 비난의 딱지가 붙었으며 그렇게 그는 공포심과 비천함 속에 파묻혀 살아야 했다. 디디에 에리봉 자신의 표현에 따르면 그는 "타락의 산물이자 수치스러운 아들"[84]이었다.

그의 아버지의 세계, 다시 말해서 노동자들의 세계에 만연했던 호모포비아는 젊은 에리봉이 교양의 세계를 찾아서, **게이** 소셜의 장소를 찾아서 랭스를 떠나 파리에서 학업을 시작하도록 이끌었다. 디디에 에리봉은 농업 부지 혹은 공장만이 즐비한 지방의 소도시로부터 탈출하여 동성애가 조금이나마 더 관대하게 받아들여지는 대도시로 흘러드는 젊은 게이들의 전형적인 이력을 보여 준다. 젊은 게이들은 민중 계급의 남성적 문화로부터 자신들을 구별해 주는 동시에 자신들의 '차이'를 지지해 주고 의미를 부여해 줄 수 있는 주체화의 방식을 찾아내기 위해 문화적 교양을 통해 자신의 정체성을 스스로 구축한다. 젊은 게이들이 받아들여지고 고개를 들고 당당히 살아갈 수

---

83 Éribon, *Retour à Reims*, p. 203.
84 *Ibid.*, p. 204.

있으려면 그들은 자신과 타인들을 긍정적인 방식으로 차별화하기 위해 철학자나 예술가 혹은 지식인 등의 모습에 근거함으로써 자기 자신을 발명해야 할 필요가 있다[85]. 그러므로 지배적 모델에 대한 성적인 비-재생산은 사회적 비-재생산의 결정적 요인이자 심지어는 그 기원이기도 하다. 디디에 에리봉은 이미 이 점을 잘 감지하고 있다. "지금까지 나의 학업적 궤적을 되짚어 보면서 나는 그것을 일종의 '기적'처럼 기술했다. 적어도 나와 관련한 한에서 이 '기적'의 동력은 동성애였을 것이다."[86]

성적 수치심이 게이 프라이드로 전환될 경우 이 감정은 사회적 신분 상승의 증기기관으로 작동할 수 있다. 실제로 디디에 에리봉에게서 수치심은 비-재생산의 과정에서 여러 방식으로 핵심적 역할을 수행했다. 먼저 성적 수치심은 디디에 에리봉이 동성애 혐오가 만연한 노동자들의 환경과 거리를 두도록 만들었다. 그리고 가난한 집안에서 태어났다는 사회적 수치심은 게이 프라이드를 통해 가려졌다. 이런 식으로 하나의 수치심은 다른 수치심을 감출 수 있었으며 게이 프라이드는 다른 사회적 출신 성분을 가려 주는 방어막이자 자신의 새로운 정체성을 정의하는 데 사용되었다.[87]

---

85 *Ibid.*, p. 170; 또한 다음을 참조하라. *Réflexions sur la question gay*, Paris: Flammarion, "Champs Essais", 2012. 그리고 디디에 에리봉이 해당 주제에 관해 논의를 전개하고 있는 *Une morale du minoritaire*, Paris: Fayard, 2001도 참조하라.

86 Éribon, *Retour à Reims*, p. 203.

87 디디에 에리봉은 랭스로 돌아왔을 때 비로소 자신이 오랫동안 부정해 왔던 문제와 마주하게 되었다. 그는 자신의 동성애 성향을 이론적 기틀이자 그의 내력 및 가족과의 단절을 설명하는 원리로서 취했던 이유, 즉 그가 자신이 가족과 '랭스'라는 이름으로 부를 수 있는 환경과 거리를 두는 이유가 단지 자신의 출신과 계급 장벽에 대한 언급을 피하는 것뿐만 아니라 그에 대한 사회적 수치심에 관해 생각하는 것을 회피하기 좋은 구실을 제공해 주었기 때문이

그러므로 비-재생산에서는 차이의 노동 그리고 차이에 대한 노동이 작동하고 있다. 그렇기 때문에 예외 현상의 출현을 이해하기 위해서는 계급에서의 자리의 문제를 사유하고 동일성 속에 차별화의 원리를 적용해 보는 것이 필요하다. 왜냐하면 어느 한 공동체에 주어진 계급적 동질성이라는 조건이 그 공동체 속에 존재하는 여러 상황들 사이의 이질성을 가려서는 안 되기 때문이다. 물론 여기서 우리는 단순히 개인을 가족이나 계급과 대립시키거나 한 집단 내에서 잉여 인간으로 존재하는 것이 한 개인을 무모하고 유별난 존재로 만들어 집단에 반항하게 만든다고 믿어 버리는 데 그쳐서는 안 된다. 중요한 것은 문제의 개인이 어떻게 그리고 어째서 주어진 배경에서 벗어나게 되는지 혹은 출발 지점에 그대로 못 박혀 있게 되는지 이해해 보는 것이다. 왜냐하면 사실 선택해서 떠나기보다는 떠나도록 선택되는 경우가 더 많기 때문이다.

어쩌면 한 개인이 가족과 사회를 떠나야만 하는 고통을 겪을 때 그 가족과 사회 역시 온몸이 병들어 있으며 그곳을 떠나는 개인을 통해서 탈출구를 모색하고 있는 것일지도 모른다. 이 점에서 비-재생산은 단지 한 개인만의 이력이 결코 아니며 그것은 환경을 통한 추방(expulsion) 혹은 추진(propulsion)이다. 실제로 비-재생산은 환경의 **계획**(projet)에 대한 **거부**(rejet)라고 할 수 있다. 외부 세계와의 마주침 그리고 기쁨과 슬픔의 다양한 정서로부터 생겨난 다른 삶에 대한 욕망이 반드시 재생산의 도식과 단절하는 한 개인에게 내재한 고유

아닌지 자문하게 되었다. 다음을 보라. *Ibid.*, p. 25.

한 성질이라고 할 수는 없다. 그러한 욕망은 가족 혹은 집단의 소망이 한 개인을 통해 표현된 결과일 수도 있다. 아이는 설령 의식하고 있지는 못하더라도 부모의 좌절된 욕망의 목소리(들)이며 부모의 의지, 자신들이 겪었던 비참과 수치 그리고 모욕에 앙갚음을 하려는 부모의 욕망을 충족하려는 경향이 있다. 그래서 아이들은 부모 자신이 이루지 못한 간절한 꿈, 자식이 자신들을 대신해서 실현할 수 있기를 바라고 자식 세대만큼은 더 나은 존재가 되기를 염원하는 부모의 소망을 이루어 주고자 노력하게 되고, 그렇게 함으로써 아무것도 아닌 존재보다 더 못한 존재가 되는 고통을 감내하는 수호자가 되고 만다.

마찬가지로 부모들은 그 어떤 막대한 희생을 치르더라도 자식들만큼은 자신들과 똑같은 삶을 살지 않도록 하기 위해 열과 성을 다한다. 심지어는 바로 그 노력이 자신들의 자녀가 가족의 품으로부터 멀어지도록 만들고 결국에는 자녀를 잃는 대가를 치르게 될지라도 말이다. 이런 식으로 부모들은 자신들을 짓눌렀던 질서를 재생산한다. 사랑받고 싶다는 욕망과 가족들을 기쁘게 해 주고 싶은 욕망은 아이가 부모의 소망에 스스로를 맞추도록 노력하게 만들고 그러므로 역설적이게도 자신의 환경으로부터 추방되기 위해 노력하도록 만든다. 그러므로 비-재생산은 재생산에 대한 집단적인 거부가 나타나게 되는 독특한 형태이기도 하다. 물론 이러한 형태의 비-재생산이 공공연한 폭동이나 집단적 혁명과 비교될 수 있는 것은 아니다. 이러한 비-재생산은 가족들(특히 같은 세대에 속하는 형제들)의 희생을 통해 자신의 자리를 차지한 책임이 있는 한 명의 개인을 통해 울려 퍼지는 한 가족의 침묵의 항거라고 할 수 있다. 그러므로 비-재생산의 동력원 중 하나에는 세대를 거쳐 겪은 굴욕감에 뿌리내리고 있는 정의의 의지와 그 굴욕에 복수하고 싶은 욕망, 세대에서 세대로 똑같은 삶을 반복하지 않고자 하는 의지가 있다. 스물두 살의 아니 에르노는 자신의 일기장에 자신은 "자기 족속(race)에 복수하기 위해서" 글을 쓴다고 기록했다. 모욕을 씻어 내기 위해서는 우선 고개를 당당히 치켜세워야 한다.

디디에 에리봉에게 자라난 교양을 쌓고 싶다는 긍정적 욕망이 오직 젊은 소년을 향한 친애에서 생겨난 것만은 아니다. 그의 욕망은 교양을 쌓는 것을 통해 잊어버리고자 했던 사회적·성적 수치심에서 또한 치욕의 낙인이 찍혀 있는 그의 가족사로부터, 또 그 역사에 복수하겠다는 혹은 명예를 회복하겠다는 욕망으로부터 자라났다. 디디에 에리봉의 할머니는 미혼모였는데 공무원과 관계를 맺었다는 이유로 고발당했으며 낙태를 했다는 이유로 구금형에 처해졌다. 에리봉의 어머니는 '원죄를 안고 태어난 아이'였고 친모에게 버려져 수년 동안 사생아로 손가락질받고 자랐다. 에리봉의 어머니는 교사를 지망할 만큼 성적이 우수한 모범생이었지만 전쟁과 가난으로 인해 학업을 계속할 수 없는 상황에 처했고, 그녀의 꿈은 그렇게 좌절되어 가슴속 평생의 멍울로 남았다.[88] 디디에 에리봉은 자신의 가족사를 전면에 부각하고 있지는 않지만 그렇다고 해서 자신이 비밀스럽게 감추어져 있던 역사를 물려받은 상속자라는 점을 의식하고 있지 않은 것은 아니다. 그는 상처입고 모욕당한 가계의 일원이자 사회적 빈곤 위에 포개진 도덕적 수치심으로 인해 자신의 인격과 주체성을 근간에서부터

---

88 *Ibid.*, p. 79.

짓눌린 채 살아온 어머니의 아들이다. 에리봉은 이 사실이 자신의 어린 시절은 물론이고 그 이후의 미래에도 근원적인 영향력을 끼쳤다는 점을 인정한다.[89] 수치심은 세대에서 세대로 반복되었다. 에리봉의 세대에서 이 수치심은 특히 그의 동성애 성향과 결부되었다. 그렇기 때문에 에리봉은 자신이 바꿀 수 없는 과거에 대한 감정적 책임을 느끼게 되었다. 이 과거는 훗날 디디에 에리봉이 지식인의 세계에서 시민권(légitimité)을 획득하는 성공을 거둠으로써 가족 전체의 명예를 회복하였음에도 결코 수동에서 능동으로는 변화시킬 수 없었던 슬픔이었다.

디디에 에리봉의 경우가 예외적인 것은 아니다. 앞서 예로 든 사부아 지방의 T 마을에서 교사들의 지원을 받아 사회적 재생산으로부터 벗어난 학생들은 모두 편모 가정에서 자랐거나 아니면 아예 양친이 모두 부재했다는 공통점이 있다. T 마을의 이 학생들은 교원 자격증을 획득한 후에도 학업을 계속하고자 하는 욕망이 무척 충만했지만 그들 가운데는 심지어 아홉 살부터 가족을 부양해야 했던 학생마저 있을 정도로 재정적 환경이 무척 열악했기 때문에 곧바로 노동의 세계로 떠밀려 갔다. 운명과 출신의 잔혹함을 보여 주는 한 가지 사례를 든다면 그들 가운데 한 여학생은 자신의 꿈을 포기하고 호텔 객실 직원이 되어야 했으며 그녀의 쥐꼬리만 한 월급은 여동생의 학업을 지원하는 데 보태졌다. 하지만 그 덕분에 그 여동생은 결국 T 마을에서 비-재생산의 선구자가 될 수 있었다. 이러한 조건에서 가족을 위

---

89 *Ibid.*, p.79

해 희생했던 이 여학생이 자신의 두 아이를 재생산의 굴레로부터 벗어날 수 있도록 길러 냈다는 사실은 그렇게 놀라운 일이 아니다. 그녀의 두 자녀 가운데 큰딸은 대학교수가 되었는데 이것은 그녀가 성장한 주변 환경의 사회적 질서와 무척이나 동떨어져 있는 것이다. 그녀의 이력을 살펴보면 그녀는 초등학교 교사에서 시작해서 다음에는 중등학교 교사 그리고 그다음에는 또 교육자-연구자가 되고 마침내는 대학교수까지 되었다. 이러한 사회적 이동은 일반적으로는 여러 세대에 걸쳐 일어난다는 사실을 고려한다면 이 사례는 무척이나 이례적이다.

하지만 비-재생산이 단지 희생된 가족의 운명에 대한 복수에 그치는 것은 아니다. 한 개인의 사회적 신분 상승이 이루어 낸 비-재생산은 때로는 하나의 집단, 하나의 부족 또는 한 마을 전체의 복수이기도 하다. 다시 T 마을의 사례를 들어 보자. 이 마을에서는 가족들 간의 관계가 매우 긴밀했으며 주민들은 그 마을의 지리적 조건과 물질적인 재화보다는 영성에 더 가치를 두는 종교적 신념에 더 전념하는 태도 때문에 주변의 다른 마을 사람들보다 더욱 가난했다. 그래서 마을 주민들은 자신들의 공동체에서 '지식인들'이 배출되었다는 것을 더욱 자랑스럽게 여겼다. 그리고 가난한 자신들에게 쏟아지던 경멸을 지식인들이 배출된 자신의 마을에 대한 숨죽인 시기로 바꿔 준 이 영광을 통해 이웃 마을로부터 차별화될 수 있었다. 이를 통해 '뒤떨어진 삶을 살았던 T 마을 사람들'은 자신들이 '머리'에 서게 되었으며 동시에 자신들을 밑바닥 인생이라고 깔보았던 이웃 마을 사람들을 넘어서게 되었다고 느꼈다. 이와 마찬가지로 가족이라는 테두리를 넘어서 국가 차원에서 크게 성공한 사람들에 대한 높은 가치 평가는 사회적 신분 상승의 강력한 지렛대를 구성할 수 있다. 그러므로 비-재생산을 이해한다는 것은 그것을 한 개인만의 고독한 여정으로서 사유하는 것이 아니라 비-재생산을 일련의 방식으로 추동하고 또한 허용하는 가족적·사회적 환경의 연대를 사유하는 것이다. 우리는 결코 홀로 떠나지 않는다. 우리는 늘 환경에 의해 그리고 환경을 통해 옮겨진다.

그러나 반드시 출신 환경만이 우리를 이동시켜 주는 환경이 되는 것은 아니다. 때로는 지배계급이 사회적 유동성을 뒷받침하는 경우도 있다. 이것은 지배계급이 인류애를 지녔기 때문이 아니라 자신들의 사회적·경제적 이득을 충당하기 위해서는 작업반장을 맡길 전문적 엘리트를 길러 낼 필요가 있기 때문이다. 이러한 측면에서 서민층의 우수한 학생들은 지배계급이 자신의 편의에 따라 인력을 끌어올 수 있는 일종의 활어장이다. 폴 니장의 작품 주인공 앙투안 블로이에의 사례를 살펴보자. 그는 노동자 아버지와 가정부 어머니에게서 태어나 쁘띠 부르주아지가 되었는데 그의 출세는 사회적 신분 상승에 성공한 전형적 사례에 해당한다. 그는 19세기 후반 관리직과 새로운 인적자원을 몹시 필요로 했던 산업혁명 시대의 생산물 그 자체이다. 그가 출세했던 무렵인 1858년에 교원 양성에 관한 법률이 의회에서 가결되고 기술 및 직업학교가 융성하기 시작한 것은 결코 우연이 아니다. 학급에서 늘 수석을 차지했을 만큼 우수했던 젊은 시절의 앙투안 블로이에는 당시에 막 생겨나기 시작했던 주주들과 사업가들에게 이익이 되는 존재로서 쁘띠 부르주아 계급의 형성이라는 상승기류에 올라탄 것이다.

대부르주아지 혹은 전문직 부르주아지의 아들에게는 인문학의 수수께끼 같은 글귀로 치장되어 있는 한층 더 고귀한 운명이 약속되어 있었다. 하지만 노동자의 아들에게는 무엇이 약속되어 있었는가? 그들에게 아무리 뛰어난 재능이 있을지라도 노동자계급은 고작해야 훌륭한 머슴을 뽑기 위한 마르지 않는 샘에 지나지 않았다. 그들은 쓸모가 있었다. 그래서 부르주아지들은 누구나 노력만 하면 자신의 미래를 개척해 나갈 수 있다는 평등한 기회를, 마치 태양처럼 떠오르는 민주주의적 희망을 약속함으로써 그들을 유인했다. 그렇게 해서 아이들은 제각각 자신의 가방끈 길이에 따라 인간으로서의 자격증을 수여받는다. 부르주아지의 아이들은 백지수표와 같은 자격증을 물고 태어나는 반면에….[90]

확실히 계급횡단자가 개선문을 통해 새로운 환경 속으로 당당히 진입하는 것은 아니다. 오히려 앙투안의 경우와 같은 계급횡단자의 사례를 든다면 계급횡단자는 언제나 중간 층계에 머물게 될 뿐이다. 앙투안의 초상은 결코 "『라루스 명사(名士) 및 라틴어 명언 모음 대백과』*Flore latinde monsieur Larousse*의 항목에 수록될 수도 『희랍어 어근의 정원』*Le Jardin des racines greques*에 불후의 위인으로 실릴 수도 없는 것이다".[91] 그럼에도 불구하고, 아마 이렇게 말한다면 우리가 1부 첫머리에 제사(題詞)를 실은 스탕달에게 실례가 될지도 모르겠지만, '상위' 계급이 '하위' 계급의 상승을 언제나 열성적으로 방해하는 것은 아니며 상위 계급

---

90 Paul Nizan, *Antoine Bloyé*, Paris: Grasset, 1933, p. 59.
91 *Ibid.*, p. 58.

은 자신들의 이득을 고려하여 하위 계급의 신분 상승을 일정 정도까지는 도와줄 수도 있다.

그러나 계급횡단을 가능하게 하는 지렛대가 무엇이든, 계급횡단이 시작하고 끝나는 출발 혹은 도착 계급이 무엇이든 여전히 한 가지 문제가 미해결된 채로 남아 있다. 같은 가정 환경에서 자라나 유사한 방식으로 양육되었고 심지어 동일한 성적 지향을 지녔으며 동일한 역사를 물려받은 두 아이 중 한 명은 출신 환경의 모델을 재생산하고 다른 한 명은 그로부터 극단적으로 멀어지는 식으로 서로의 사회적 운명의 길이 극단적으로 갈라지는 일이 어떻게 일어날 수 있는가? 출발 조건이 일견 유사함에도 완전히 갈라지게 된 삶의 궤적의 독특성을 과연 어떻게 설명할 수 있을까?

이 문제는 존 에드거 와이드먼이 『형제와 보호자』——프랑스에서는 'Suis-je le gardien de mon frère'(나는 내 형제의 보호자인가?)라는 제목으로 출간되었다——를 쓰면서 직면했던 문제기도 하다. 존 에드거 와이드먼과 그 남동생 로비 와이드먼Robby Wideman은 모두 펜실베이니아 피츠버그의 흑인 게토에서 태어났지만 존과 그의 남동생은 서로 현저히 다른 사회적 삶을 살았다. 존은 유년 시절에 겪은 혹독한 비참과 지독한 인종 차별에도 불구하고 명문 대학 진학에 성공했고 단지 흑인 공동체 내에서만이 아니라 그 바깥에서도 널리 인정받는 작가가 되었다. 반면에 그의 남동생 로비는 살인자가 되어 교도소에 수감되었으며 그곳에서 생을 마감했다. 이처럼 『형제와 보호자』는 두 가지의 길에 관한 이야기다. 여기서 우리는 이 두 가지 길이 분기되는 갈림목에서 두 명의 동류, 그러니까 두 명의 형제가 어째서 서로 다른 길을 택하여 무척이나 다른 운명을 걸어가게 되었는지 그들을 이끈 원인과 상황의 연쇄를 이해해 보아야 한다. 이 책은 비록 존 에드거 한 사람의 이름으로 출간되었지만 교도소 면회장에서 이루어진 두 형제 사이의 만남에서 생겨났다. 따라서 우리는 여기에 기록되어 있는 서로 다른 두 가지 삶의 이야기를 동시에 읽어 낼 수 있을 것이다.

처음에는 운명의 엇갈림을 만든 작은 차이는 뜻밖의 사고에서 생겨나는 것으로 보였다. 로비의 이야기는 어쩌다 보니 시나브로 잘못된 길로 빠져 버리고 말았다는 간단하고도 익숙한 도식으로 요약될 수 있을 것이다. 그는 자신의 동료였던 마이크 듀크, 세실 라이스와 함께 총으로 무장한 채로 빈집을 털러 들어갔는데 그 과정에서 의도치 않게 집에 있었던 한 남성을 총으로 쏴 죽이고 말았다. 로비의 동료들 중 한 명이 그 남성이 재킷 안에 권총을 숨기고 있다고 믿고서 당황한 나머지 먼저 방아쇠를 당긴 것이다.[92] 이 오해로 인해 빚어진 비극은 큰 비용을 치렀다. 먼저 젊은 청년 한 명이 숨지고 말았으며 세 명의 인생이 종신형으로 인해 일그러지게 되었다. 이러한 로비의 도식적인 이야기를 시작하면서 존 에드거는 먼저 장소들(places)의 유사성과 호환성을 강조하고 뒤이어 자신과 동생의 차이는 재수 없음과 자의적인 투옥 결정과 같은 외적이고 우발적인 결정들에 의해 생겨난 것이라는 점을 강조한다. 존은 자신과 동생이 같은 집에서 태어나 같은 부모님 밑에서 자랐으나 자신은 저명한 작가가 되고 자신의 혈육은 감옥에 수감되었다는 사실에서 체계의 기능 장애를 발

---

92 John Edgar Wideman, *Suis-je le gardien de mon frère?*, Paris: Gallimard, "Folio", 1984, p. 24.

견한다. 아마도 다른 이유를 제시하기에는 그와 자신이 공유하고 있는 것이 많다는 점에서, 자신과 집안의 평판에 먹칠을 할 것이기 때문일지도 모른다. 더 나아가 그는 이 사법 시스템의 오류를 자신이 거둔 성공의 취약성의 징표로서 해석한다. 사실 로비가 아니라 존이 창살의 맞은편에 서 있는 것도 충분히 일어날 수 있는 일이었기 때문이었다.[93] 계급과 인종의 동일성 논리 그리고 자리의 호환 가능성의 논리에 따라서 상황을 해석한다면 존 에드거가 이룬 예외적인 성공은 단지 운명의 장난에 불과하거나 그도 아니면 행운 혹은 불운이 빚어낸 차이로밖에는 이해할 수 없을 것이다. 요컨대 존 에드거는 그냥 그렇게 될 운명을 타고났다고밖에는 말하지 못하는 것이다. 하지만 여기서 이해의 시도를 멈춘다면 두 형제의 차이는 일종의 **기계장치로부터의 신**(deus ex machina)이 뒤틀어 버린 신비로운 운명적 차이로 남게 될 것이며 동시에 그 차이를 실제로 산출해 낸 인과 결정의 질서는 그늘 속에 남게 될 것이다. 하지만 당연히 그러한 설명은 무지의 가림막에 지나지 않는다.

그다음으로 와이드먼은 자신의 형제와 스스로를 변호해 주는 수단으로서 형제와의 동일시를 수행하는데 동시에 그는 이로써 "너는 살인자들인 그들과 같지 않아. 너는 내 형제이고, 너는 나와 같아. 그들과 다르다고"[94]라는 식의 담론에 의지하면서 다른 범죄자들로부터 자신들을 구별해 낸다. 확실히 형제의 삶을 이해하기 위해서는 "너는 나와 같아"라고 말하는 것으로 이뤄지는 동일시 단계는 필수적일 수

---

93 *Ibid.*, p. 91.
94 *Ibid.*, p. 91.

밖에 없다. 왜냐하면 이러한 동일시 단계를 통해 혈연 관계 그리고 유사성을 인정할 수 있도록 해 주기 때문이다. 그러나 이러한 동일시가 차이를 감춰서는 안 될 것이다. 나의 형제는 형제일 뿐 또 다른 내가 아니다. 그는 나와 다른 사람이다. 실제로 존 에드거는 동생의 이야기를 듣고 있는 자기 자신에게 도취되었던 환상에서 점차 깨어나면서 자신의 형제의 고유한 역사와 상황들을 볼 수밖에 없게 되었고 단순한 유사성을 확인하는 것을 넘어 차이를 이해할 수밖에 없게 되었다고 설명하고 있다.[95]

　　그러므로 이해의 노동은 타인과 공감의 공동체를 세우는 것만으로는 이루어지지 않으며 환원 불가능한 타인의 독특성을 긍정하는 것을 포함해야 한다. 따라서 길들의 갈라짐은 이중적 운동의 결과로서 차이의 인과성과 그 차이를 빚어내고 각자에게 자신의 자리를 부여하면서 차이를 변형시키는 세계의 인과성의 결과로서 나타난다. 적어도 존 에드거 본인은 다음과 같이 말해 주고 있다. "나는 줄곧 나와 로비 사이의 차이를 생각하는 데 붙잡혀 있었다. 내 형제가 창살에 갇혀 있는 동안 세상은 나에게 성공할 수 있는 충분한 기회를 내어 주었다. 왜 일이 그런 식으로 풀리게 되었을까? 그 차이의 본성은 무엇이었을까?"[96] 그는 단지 "운수가 대통해서 그렇다"는 믿음을 버리고 외부 세계와의 결합 효과에 따라 차이가 발생한다는 주장을 제시함으로써 차이를 단지 우연의 산물로 보는 데에서 필연의 결과로 보는 쪽으로 이행한다.

---

95 *Ibid.*, p. 140.
96 *Ibid.*, p. 140.

그러니 우리의 문제 역시 이 차이의 본성이 무엇인지 규정하는 것에 전적으로 달려 있다. 그러나 이러한 물음이 각 존재가 실현하도록 되어 있는 본성이 무엇인지 탐구하는 본질주의적 유형의 연구로 귀착되지는 않을 것이다. 두 형제 사이의 차이는 말하자면 존재론적 차이라기보다는 위상학적 차이에 가깝다고 할 수 있다. 오히려 이 사태의 본질은 지금 문제 되고 있는 이 차이가 본질적 차이라는 것이 아니라 형제 관계에서 각자가 상이한 자리를 차지하고 있었다는 사실로부터 연원한다는 데 있다. 존은 장남이었고 자식들은 더 나은 삶을 살게 될 것이라는 가족의 희망을 지고 있었다. 그는 "학업을 통해 핍박에서 벗어"[97]남으로써 흑인들에게 덧씌워진 치욕을 씻어 내고 성공해야 한다는 당시 게토에서 무척이나 널리 유통되었던 생각을 행동의 지침으로 삼았다. 물론 그가 사용할 수 있었던 그의 성공을 위한 유일한 수단이란 가난과 흑인성(négritude)으로부터 달아나 백인들의 세계로 진입을 시도하는 것뿐이었지만 말이다. 이렇게 해서 그는 미국의 가난한 동네에 사는 흑인 청년의 필수적인 성공 코스를 밟아 나갔다. 학창 시절에는 "좋은 성적"과 "말끔한 영어"(bon anglais)[98]를 통해 주변 환경과 멀찍이 거리를 두었으며 다른 세계로 출발하기 위한 준비에 박차를 가했다. 구직 시절에는 "장학금과 필라델피아행 기차표"[99]만을 달랑 들고 고향으로부터 훌쩍 떠나갔으며 마지막으로 정착하던 시기에는 아예 이사를 통해 자신의 출신 계급으로부터 완전

---

97 *Ibid.,* p. 55.
98 *Ibid.,* p. 56.
99 *Ibid.,* p. 56.

히 분리되는 탈출을 감행했다. 그가 아주 가끔 고향으로 돌아온다면 그것은 단지 자신의 우월함과 성공을 확인하기 위해서였을 뿐이다.

반대로, 로비의 이력에서 가장 먼저 두드러지는 큰 특징은 그가 가족 내에서 차지했던 자리다. 그는 가족 구성원들 중 가장 어린 막냇동생이었다. 로비의 경우 자신의 독특성을 드러내기 위해서는 다른 형제와 남매들이 이미 걸었던 길을 답습하지 않아야 했다. 즉 로비의 과제는 존이 할 수 있는 것과는 다른 무엇인가를 해내야 한다는 것이다. 그의 욕망은 다른 사람이 되는 것이었다. 그는 누군가 이미 개척해 둔 길을 따라가기를 원하지 않았으며 사람들의 기대처럼 착한 막내이자 다른 와이드먼 식구들과 같은 모범생이 되고 싶지 않았다. 예컨대 그는 형과 누나가 학업과 스포츠 분야에서 뛰어난 성취를 보였기 때문에 그 둘엔 아예 손도 대지 않으려 했으며 그들을 따라 할 바에야 차라리 죽겠다고 할 정도였다. 그가 자신의 형에게 "내 안의 무엇인가가 '안 돼!'라고 말했지. 나는 너희처럼 되기를 원하지 않았어. 그래서 나는 반항아가 되어야 했지"[100]라고 털어놓은 것처럼 말이다.

이처럼 두 형제가 서로 다른 길을 가게 된 것은 선천적 차이의 결과가 아니라 주변 환경 및 가족 배경과의 상호작용 속에서 역사적으로 작동하는 차이화의 결과였다. 로비의 말을 빌린다면 반항아 모델은 규칙에 맞서는 것으로 사람들의 공포를 불러일으킴으로써 '스타'가 되거나 혹은 '크게 성공할' 수 있는 자리를 만들어 주었다.[101] 반항적 태도의 문화는 비참한 환경에 맞서는 항의인 동시에 게토의 젊은

---

100 *Ibid.*, p. 154.
101 *Ibid.*, p. 154.

혹인 청년들에게 흔히 열려 있던 고전적 해결책인 스포츠나 학업을 통한 출세에 맞서는 항의로서 나타난다. 스포츠 혹은 지적 방식으로 성공할 수 있는 자리는 이미 그의 형제들이 차지했다. 따라서 로비는 그 누구의 발자취도 따라가지 않기 위해서는 자신만의 새로운 영역을 찾아야만 했다.

이 점에서 로비의 이력은 이중적 구별 짓기의 운동에 따라 나름의 비-재생산의 절정에 이른 결과다. 그는 자신의 부모의 삶을 재생산하는 것을 거부했을 뿐만 아니라 그의 형제들의 비-재생산을 재생산하는 것 역시 거부하였다. 그는 스포츠나 학업을 통해 출세하는 것에서 자기 계급에 대한 일종의 배신, 부르주아지화와 순응주의의 모습을 발견했다. 왜냐하면 이러한 유형의 비-재생산은 기성 질서에 순응하며 체제에 대해서는 조금도 비판하지 않는 한에서만 사회로부터 허용되고 권장되는 것에 불과하기 때문이다. 그러므로 이 경우의 비-재생산은 순종의 가장 미묘한 형식이자 재생산의 안전밸브로 나타난다. 오히려 반대로 어쩌면 로비가 취한 반항적 태도야말로 비-재생산의 급진적이고 독창적인 한 형태일 수도 있다. "나는 내게 주어진 배역보다 더 높이 올라가고 싶었지. 그런데 내겐 학교와 스포츠는 별로 좋은 수단으로 보이지 않았고 형들과 누나들이 부르주아지가 된 것 같다고 생각하게 됐어. 난 너희를 진심으로 사랑했지만 너희는 날 음지로 밀쳐 냈지. 그래서 나는 새로운 영역을 찾아내야 했어. 그래서 나는 반항아가 되어야 했지"[102] 로비는 바로 '음지에서', 그

---

102 *Ibid.*, p. 154.

곳을 양지로 만들기를 바라면서 스스로의 자리를 재발견했다. 동시에 그럼으로써 그는 자신을 돋보이게 하는 데 성공하고 이름을 날릴 수 있었다.

반항 모델이 스포츠 모델이나 지적 모델과 마찬가지로 상당히 관습적인 형태의 모델이라는 것 그리고 규범의 위반은 사회적 질서를 전복하지 못하며 오히려 그 질서가 가하는 처벌과 소외화 효과(marginalisation)로 인해 손쉽게 제재된다는 점은 여기서는 크게 중요하지 않을 것이다. 여기서 중요한 것은 로비의 사례를 통해, 때로 자신의 존재에 대한 긍정이 스스로를 차별화해 줄 수 있는 정체성에 기초하여 자신이 남들로 대체될 수 있다는 가능성을 부정하는 방향으로 사람들을 이끌며, 그 결과 차별화의 궁극적 형태가 지배적인 비-재생산 모델을 재생산하지 않는 방식으로 이루어질 수도 있다는 점을 확인 가능하다는 사실이다.

인게니움 혹은 기질

요컨대 비-재생산 속에서 작동하는 독특한 궤적이 무엇을 드러내고 있는지 이해하기 위해서는 사르트르처럼 "우리 각자는 자기 자신이 한 일로 만들어진다"는 식으로 사실을 확인하는 데 그쳐서는 안 된다. 우리는 우리 자신이 한 일 **그리고** 다른 이들이 한 일이 무엇인지를 분석해야 한다. 우리에게 주어진 문제는 한 독특한 존재와 그의 환경을 원자주의적 개인주의의 논리 속에서 서로 대질시키는 것으로 환원될 수 없다. 우리의 과제는 각자가 자신에게 주어진 공간 내에서 타자와 함께 그리고 타자에 맞서 동일시와 차이화를 통해 스스로를 정의함으로써 스스로의 존재의 자리를 개척하는 복잡한 양상들을 이해하는 것을 포함한다. 비-재생산은 상호 연결의 도식에 따라 일어난다. 이 도식 안에서 개인은 자신의 계급과 동떨어져 있는 고립된 존재로 생각될 수 없다. 설령 한 개인이 예외적 형상으로 보인다고 해도 이것이 그가 나머지와 단절된 작은 섬으로 존재한다는 것 혹은 스피노자처럼 말해 본다면 왕국 안의 왕국처럼 존재한다는 것을 의미하지 않는다. 예외적 개인은 오직 그러한 예외를 허용하는 환경 속의 예외일 뿐이며 아무리 비전형적인 개인의 이력일지라도 이로부터 벗어날 수는 없다. 따라서 개인은 환경의 인력(impulsion)과 척력(répulsion)이 교차하는 환경의 협력과 함께 작동하고 있으며 예외적 개인이라고 할지라도 규격 외(dérèglement)의 결실을 맺었다고 할 수는 없다. 그는 단지 일반적으로 우세한 규칙들과는 다른 규칙들의 조합에서 나온 결실일 뿐이다. 계급횡단자는 고독한 영웅(héros)이라기보다는 가족, 마을, 거주지, 인종 혹은 계급, 성별 또는 젠더의 개인적이고 집단적인 소망을 떠안고 있는 선구자(héraut)이다.

그러므로 비-재생산은 개인적인 현상이 아니라 관개체적인(transindividuel) 현상이라 할 수 있다. 만약 우리가 각자의 역사에 작동하는 경제·사회·가족·감정적인 인과 규정을 제각각 분리시켜 생각한다면 우리는 비-재생산을 이해할 수 없게 될 것이다. 결국 비-재생산을 사유한다는 것은 개인의 우월함을 사유하는 것이 아니고, 개인의 의지를 사유하는 것도 아니며, 우리의 욕망이 경제와 사회로부터 규정되지 않으며 마찬가지로 경제와 사회 역시 감정들을 통해서 전개되지 않는다는 식으로 전제하여 사회적이고 물질적인 조건들을 욕망이 갖는 힘과 유리시켜 사유하는 것도 아니다. 아니 에르노가 "내밀한 것조차 언제나 사회적인 것인데 왜냐하면 순수한 자아 속에서조차 타자들, 법칙들, 역사들이 마치 없는 것처럼 생각될 수는 없기 때문입니다"라고 강조한 것처럼 말이다.[103] 마찬가지로 사회·경제적 현상에서 감정들의 몫을 고려하는 것에 대한 반감 —— 이는 때때로 '심리주의'(psychologisme)를 경멸하는 거부반응 또는 (마치 정신분석에는 하나의 종류만이 있다는 듯이) 정신분석 일반에 대한 선험적(a priori) 불신으로 나타난다 —— 은 감정들이 어떻게 사회적 신체를 만들어 내는지 이해하는 것을 가로막아 버린다.

비-재생산은 이 원인과 저 원인이 교착되고 뒤엉킨 역사들을 사유하기를 권한다. 비-재생산은 **일반** 원인(cause)이라고 부를 수 있을 단 **하나**(une)의 가장 결정적인 제1 원인으로부터 나온 산물이 아니라 복수의 원인들이 뒤엉킨 독특한 배치 속에서 하나의 궤적이 산출된 결과이다. 이러한 관점에서 그 어떠한 원인이든지 단독으로는 결코 결정적 원인이 될 수 없다. 야심도 대안적인 가족적 혹은 학업적 모델의 현전도, 재정적 지원이나 호혜적인 사회경제적 조치의 존재도 단독으로는 비-재생산을 설명해 줄 수 없다. 분명 수치심, 정의감 혹은 인정 욕구 같은 특권적 감정은 비-재생산을 만들어 내는 원초적 원인으로서 제시될 수도 있을 것이다. 그러나 감정은 언제나 양가적이다. 감정이 가지고 있는 고유의 강렬함으로 인해 그리고 감정과 결합하거나 길항하는 힘들의 작용으로 인해 똑같은 감정일지라도 상반

---

103 Ernaux, *L'Écriture comme un couteau*, p. 152.

된 방향으로 사람들을 밀어 넣을 수 있다. 디디에 에리봉 역시 수치심의 근본적 이중성에 주목한 바 있는데 이 감정은 때로는 침묵 속에 갇혀 입을 다물고 있도록 만들거나 기존 질서에 맞선 반항보다는 질서에 순응하게 만드는 공포를 낳기도 하지만 때로는 과감함을 낳을 수도 있다.[104] 이러한 관점에서 인과 규정의 계열 가운데 그것이 어떤 것이든 단 한 가지만 떼어 놓고 본다면 그것은 엄밀히 말해 계급횡단 출현의 필요조건은 될 수 있으나 충분조건은 될 수 없다. 그렇기 때문에 비-재생산은 결합적 사고방식과 협력 혹은 연결에 대한 사유를 불러오며 인과의 그물 혹은 인과의 다발에 대한 분석을 요구한다.

이로부터 새로운 문제가 제기된다. 계급횡단자의 출현에 협력하는 감정적·경제적·정치적 그리고 역사적인 인과 규정의 총체를 어떻게 한 개념의 통일성하에 포착하여 다룰 수 있을까? 비-재생산에 대한 사유가 계급의 아비투스 개념에 기초할 수 없다는 점은 분명하다. 왜냐하면 아비투스 개념은 오히려 정반대의 효과를 산출하는 경우를 사유하기 위해 만들어진 개념이기 때문이다. 물론 비-재생산이 아비투스의 제거를 함축하지는 않으며 출신 환경과의 전적인 단절을 함축하지도 않는다. 다만 비-재생산은 인과 규정의 새로운 배치(agencement)를 가정한다. 이러한 관점에서 비-재생산에서는 **천재성**(génie)보다는 **훈련**(ingénierie)이 강조되어야 한다. 왜냐하면 비-재생산은 독창성을 창조하는 자연적 성향의 덕택으로 일어나는 것이 아니라 한 개인을 둘러싼 환경과의 관계 속에서 그 개인을 구성하는 인

---

104 Éribon, *Retours sur Retour à Reims*, Paris: Cartouche, 2011, p. 44.

과 계열들을 종합시키는 복잡한 배치(dispositif)에 의해 일어나기 때문이다. 그러므로 발명의 예외적 소질로서 이해되는 계급횡단자의 **천재성**(genius)을 사유하기보다는 그의 **인게니움**(ingenium)에 관해 사유하는 편이 더 적절할 것이다.

물론 천재성과 인게니움이라는 두 용어 모두 '산출하다', '창조하다'를 의미하는 동사 genere로부터 파생되었으며 그 본래의 의미에서 서로 대립적인 개념인 것은 아니다. 그러나 철학의 역사에서 이 용어가 정립되는 과정을 살펴본다면 다른 이야기를 해볼 수 있을 것이다. 라틴 고대에서부터 현대에 이르는 철학의 언어에서 **인게니움**은 정신과 정신의 지성적 힘 혹은 기예를 가리키는 개념이자 아이디어와 작품들을 산출하는 정신의 선천적 능력 및 정신의 이론적·실천적 창조성을 표현하는 개념이었다.[105] 그러나 점차 이 개념은 그 어원에서 멀어지기 시작하면서 나중에는 역사적으로 획득한 능력을 가리키는 개념으로 그 의미가 바뀌었다. 에지디오 포르첼리니가 1865년 편찬한 『라틴어 대백과사전』*Totitus latinatis lexicon*에는 이 용어의 서로 연관되어 있는 네 가지 의미가 등재되어 있다. 첫째로, 넓은 의미에서 ingenium은 한 사물에 내재한 성질들을 가리킨다. 둘째로, 조금 더 제한된 의미에서 이 개념이 인간에게 사용되는 경우에는 한 인간이 지닌 자연적 성향, 성격적 특성 및 습성(mœurs)의 총체를 통틀어 일컫는다. 셋째로, 더 특수하게는 인간의 지성과 창조력을 일컬으며, 마지막으로 이 말은 인간에게 주어진 이러한 인식 능력들(facultés)을 특징짓는 데 사

---

105 이와 관련해서는 알랭 폰스(Alain Pons)가 작성한 ingenium 항목을 참조하라. https://vep. lerobert.com/Pages_HTML/INGENIUM.HTM

용된다.[106] 비록 현대 프랑스어에는 이 용어와 정확한 등가를 이루는 표현이 없지만 이 용어의 마지막 의미에서 현대 프랑스어의 명사 '재주'(ingéniosité) 혹은 형용사 '재기 있는'(ingénieux)이 파생되었다.

여기서 우리의 관심은 '인게니움'의 어원적 의미가 선천적인 자연적 성향들을 가리켰다는 것이 아니라 같은 어원의 천재성(genius) 개념이 어원적 의미를 계속 유지한 것과 달리 인게니움 개념 속에 생겨난 어조의 변화에 있다. 이 개념은 인간의 습성과 존재 방식을 부각시킴으로써 한 존재의 본성이 갖는 역사적 차원과 외부 원인에 의한 본성의 도야를 강조하는 의미를 내포하게 되었다. 이 점에서 '인게니움' 개념으로 지시되는 한 개인의 변별적 독특성이란 한 독특한 개인을 구성하는 것이라기보다는 다른 원인들로 인해 구성된 것에 더 가까워지게 되었다. 즉 만약 창조성과 독창성이라는 것이 있다면 그것은 선천적 성향이 자연스럽게 성장하여 맺은 성과라기보다는 상황들에 따라 발전되는 소질이라고 봐야 마땅할 것이다.

우리는 바로 이러한 의미에서 **인게니움** 개념을 사용하고자 한다. 실제로 스피노자 철학에서 **인게니움** 개념은 공통의 역사와 그 역사 속 한 개인의 고유한 습관 그리고 세계와의 마주침의 산물로서 그 개인이 갖게 된 독특한 성격적 특성의 총체를 가리키기 위해 사용된다. **인게니움**은 한 개인 그리고 그의 삶의 방식과 판단 및 행동 양식을 구성하는 침전된 감정의 복합체로 정의될 수 있다. 그것은 신체의 성향에 뿌리내리고 있으며 물리적 존재 방식은 물론이고 정신적 존재 방

---

106 *Ibid.*, 전체 5쪽 중 1쪽.

식 또한 포괄하고 있다. 이러한 기질은 사물들이 우리 안에 새겨 두고 우리의 신체가 보존하고 있는 흔적으로부터 구성되는데 우리는 바로 이 흔적들로부터 특정한 이미지와 표상을 형성하게 된다. 우리는 이 러한 흔적들을 일종의 기호로 해석하고 또한 우리의 정신과 사유가 이전에 경험한 내용의 고유한 논리에 따라 그 흔적들을 서로 연쇄시 킴으로서 그 흔적들을 재형성하기도 한다. 이러한 개념은 민중 전체 의 개체성을 표현하는 데 사용되는 동시에 하나의 인격체로 인정될 수 있는 존재의 개체성을 표현하는 데 사용되기도 한다.

예컨대 스피노자는 무지한 자와 구별되는 이성의 인도하에 살 아가는 인간의 **인게니움**[107]에 대해 말할 뿐만 아니라 종교적이고 정치 적인 역사 속에서 형성된 거칠고 반항적인 히브리 민족의 **인게니움**[108] 에 대해 말하기도 한다. 이러한 맥락에서 사용된 **인게니움** 개념이 선 천적인 자연적 소질을 가리키지 않는다는 것은 분명하다. 스피노자 는 실제로 히브리 민족의 반항적 **인게니움**이 그들의 본성 때문에 그 렇게 되었다는 식의 설명을 거부한다.[109] 그가 보기에 히브리인들의 **인게니움**은 그들의 법률과 관습에서 비롯한 것이다. 또한 **인게니움**은 공통의 특성으로 환원될 수 없는 독특한 무언가이며 그렇기 때문에 한 개인으로부터 떼어 내어 다른 개인에게 손쉽게 주입시킬 수 있는 것이 아니다. 이것이 스피노자가 타인들 각자가 자신의 **인게니움** 아 래서 살아가게끔 만들고 싶은 폭군적인 소망을 품고 있음에도 불구

---

107 Spinoza, *Éthique*, ch. V, [10], IV, 66, scoile.
108 Spinoza, *Traité théologico-politique*, ch. V, [10]. *Œuvres*, III, Paris: PUF, 1999, p. 223.
109 *Ibid.*, ch. XVII, [26], p. 573.

하고 "누구도 자연적 권리에 의해 타인의 기질(complexion, ingenium) 아래 살아가도록 얽매이지 않는다"[110]라고 주장하는 이유 가운데 하나일 것이다. 여하튼 **인게니움** 개념은 하나의 공통 본성과 불변의 개체적 본성에 의존하지 않고도 개체들의 다양성을 사유할 수 있도록 해 준다. 스피노자는 『신학정치론』 서문에서, **인게니움**의 이러한 다양성이 수많은 종류의 판단과 신앙의 무한정한 상이함의 기원이라고 주장한다. "[…] 사람들의 인게니움은 무척이나 다양하며, 이 사람들은 각자마다 이런저런 의견이 더 좋다고 여기는데 […] 누구에게는 종교인 것이 누구에게는 웃음을 주는 것이다."[111]

인게니움이라는 용어는 프랑스어에서 종종 '정신'(esprit)이나 '체질'(tempérament) 또는 '성격'(caractère)으로 옮겨진다. 그러나 스피노자적 맥락에서 이 용어에 가장 알맞은 프랑스어 번역어는 틀림없이 '기질'(complexion)이다. 왜냐하면 이 단어가 인과 규정들 사이의 물리적이며 정신적인 인과 결정의 복합적이고도 독특한 조합(assemblage)이라는 아이디어를 재정립하고 있기 때문이다. 18세기부터 프랑스어에 나타난 이 기질(complexion)이라는 용어는 독특한 경향성(inclination)과 행동 양식을 가리키는 동시에 독특한 신체적인 상태를 가리키기도 했다(섬세하거나 둔한 기질 혹은 유약하거나 거친 기질이라는 표현이 쓰이는 것은 이러한 의미에서이다). 예컨대 몽테뉴는 책 속에 파묻혀 연구에 몰두하도록 만드는 성향으로서 고독하

---

110 *Ibid.*, préface, [13], p. 73.
111 *Ibid.*, [12].

고 우울한 기질을 언급한 바 있다.[112]

역사적으로 이 개념은 우선 색깔이나 피부색이나 그 질감과 같은 신체적이고 생리적인 유형에 속하는 규정성을 가리켰다. 그러나 이 개념이 오직 신체적 외양이나 신체의 외적 측면하고만 연관된 것은 아니며 신체의 유기적 성향과도 관련이 있다. 이러한 의미로 사용된 기질은 한 인격의 건강 상태를 고려하면서 그의 신체적 상태를 가리키는 의학적 용어였다. 또한 이 개념은 신체 상태를 그 인격의 독특성은 물론이고 그 특수성 및 변화와 함께 고려하면서 그 인격이 지닌 자연적이고 생물학적인 특성들과 개인의 인격이 역사 속에서 습득한 결과물 및 그에 수반하는 여타의 것들을 서로 결합시켜 주는 역할을 수행했다. 이렇듯 의학적 관점에서 정의된 기질은 서로 상호작용하는 신체적 인과 계열의 조합을 의미했다.

다음으로 철학에서 기질(complexion)이라는 용어는 한 개인의 신체적이고 정신적인 성향들의 구조(organisation), 그의 경향성과 성벽(tendance) 그리고 성미(humeur)를 특징짓기 위해 사용되었다. 라틴어에서 '함께'를 의미하는 접두사 con과 짓다, 짜다(nouer, tisser)를 의미하는 plectere의 과거분사를 어간으로 하여 형성된 complexio로부터 유래한 이 단어는 한 존재의 결(tissu)을 구성하고 또 그것을 다른 결과 이어 주는 씨실과 날실이 얽혀 형성한 교착의 형태를 잘 표현해 준다.

이러한 의미에서 이해된 **인게니움** 혹은 기질은 하나의 독특한

---

112 Michel de Montaigne, *Essai* I, XXVI, Paris: Imprimerie nationale Éditions, 1998, tome 1, p. 281.

삶의 짜임을 형성하기 위해 서로 엮이는 인과 규정들의 사슬을 가리키고 있다. 이 용어들은 천재성 개념이 갖는 독창성의 의미를 보존하는 동시에 그것이 함축하고 있는 선천적이고 초월적인 차원을 모두 제거함으로써 환경과의 관계 속에서의 산물(industrieux)로서 조직물(tissage)의 역사적 생산을 강조할 수 있게 된다. 따라서 기질이라는 용어는 계급횡단자를 서로 조합되고 합성되면서 새로운 배치를 산출해 내는 관계와 감정의 매듭 속에 놓인 존재로서 생각하도록 우리를 이끌어 준다. 하지만 이것이 몽테뉴와 함께 "우리는 우리가 알지 못하는 낯선 끈에 의해 꼭두각시 인형처럼 휘둘릴 뿐이다"[113]라는 호라티우스의 말에 동의한다는 의미는 아니다. 우리는 비록 우리가 묶여 있는 실들을 자유자재로 당길 수는 없지만 뒤엉킨 실타래를 풀어헤쳐 다른 방식으로 땋음으로써 새로운 직조의 형태를 만들어 낼 수는 있고, 이로써 다른 존재들과의 관계가 전적으로 단절되는 것은 아니더라도 혹은 다른 존재들로부터 뜯겨져 나오지는 않더라도 우리 자신의 존재를 이루는 배경(toile)을 새로이 직조할 수는 있을 것이다. 요컨대 기질에 대한 사유만이 비-재생산을 설명해 줄 수 있을 것이다.

---

113 Montaigne, *Essais* II, p. 17.

2부 계급횡단자의 기질

올라가는 것은 어렵지 않다.
그러나 올라가면서 자기 자신으로 남는 것은 어렵다.
쥘 미슐레, 『민중』

직물의 은유가 인도하는 결을 따라가 본다면 계급횡단자의 기질은 일종의 패턴(contexture), 다시 말해서 각 부분들이 전체 속에서 서로 연관되고 조직되는 독특한 방식으로 나타난다. 이 패턴은 선험적으로 결정되어 있는 형식이라기보다는 최초의 바탕 천 위에 씨실과 날실의 교차를 통해 수놓아진 그물코가 형성된 모양의 표현에 더 가깝다. 계급횡단자의 기질이 복수의 인과성의 효과하에서 서로 엮이는 여러 신체적이고 정신적인 특성들 사이의 연합으로 정의된다면 그러한 연합의 결과로 생겨난 짜임의 본성이 무엇인지 이해하는 문제가 남아 있다. 사실 연합(union)과 통일(unité)은 무척이나 다른 것이다. 일련의 마주침을 통해 한 차례 형성된 매듭일지라도 다소간 풀어질 수 있으며 매듭을 형성하는 끈들이 다소간 밀접해질 수도 있다. 즉 한 번 형성된 패턴이 필연적으로 견고하고 지속적인 것은 아니다. 이미 몽테뉴가 항상적인 인간 본질이라는 생각에 회의적 시각을 제시하지 않았던가. "나에게는 훌륭한 작가들조차 우리에게서 하나의 항구적이고 견고한 패턴을 형성하는 데 집착하는 과오를 종종 범한 것으로 보였다."[1] 이어서 몽테뉴는 "우리는 앉은 자리의 색깔로 변하는 이 동물(카멜레온)처럼 변화한다"[2]라고 덧붙이고 있다. 계급횡단자에 관해 어떻게 이보다 더 강하게 말할 수 있을까? 어쩌면 계급횡단자는 주변 환경에 따라 천변만화하는 카멜레온일지도 모른다. 즉 계급횡단자는 여기저기서 긁어모은 것으로 만들어진 존재가 아닐까? 그렇다면 계급횡단자는 계급과 계급 사이를 떠도는 환승객에 불과할지도 모른다. 이 모든 문제에 답하기 위해서는 여러 인과 규정의 계열들로 합성된 얽힘의 이면에서 무엇이 교차하고 있는지 알아보아야 할 것이다.

이러한 맥락에서 1880년 리트레가 집필한 사전에 수록된 기질의 정의는 상당히 흥미롭다. 이 사전은 데카르트의 '제6성찰'에서 넓은 의미에서의 인간 본성이 "신이 인간에게 부여한 모든 것들의 조합(assemblage) 또는 **기질**"[3]로 정의되고 있는 구절을 예문으로 가져오면서 철학적 의미에서의 기질을 뒤얽힘 혹은 연합과 동일한 것으로 규정하고 있다. 이러한 의미로 이해된 기질은 영혼에 속하는 것뿐만 아니라 신체에 속하는 것과 영혼과 신체의 연합에 속하는 것들의 모든 주어진 특성들의 집합(ensemble)을 포괄하게 된다. 기질의 개념은 하나이자 동일한 본성의 통일성하에서 신체적·정신적 그리고 정신물리적인(psychophysique) 인과 규정들의 조합을 재포착할 수 있도록 해 준다. 그런데 이러한 신체와 영혼의 통일이 자명하게 주어져 있는

---

1 Michel de Montaigne, *Essais*, II, ch. 1, Paris: Imprimerie nationale Éditions, 1998, p. 16.

2 *Ibid.*, p. 17.

3 René Descartes, *Méditations métaphysiques*, VI, AT IX, p. 65.

것은 아니다. 실제로 데카르트에게 영혼과 신체의 연합은 이해 불가능한 사실로서 남아 있다. 왜냐하면 그러한 연합은 연장과 사유라는 서로 다른 본성의 두 실체를 모아 둔 것이기 때문이다. 이때 연합된 상태의 영혼과 신체는 그 본성이 변화하는 것도 아니며 제3의 실체를 구성하는 것도 아니다. 그렇다고 해서 이 연합이 제3의 실체를 형성하는 것은 아닌데 왜냐하면 이 연합의 실존이 사유 실체와 연장 실체 각각의 실존으로부터 이해되어야 하기 때문이다. 그 점에서 이 연합이 하나의 실체일 수는 없다. 실체란 창조된 것일 경우에 그 정의상 신의 조력을 제외하고 실존하기 위해서 다른 어떤 창조된 실체를 필요로 하지 않기 때문이다. 그래서 실체들은 연합되어 있는 경우조차 서로 융합되어 있는 것은 아니며 이 점에서 실체들 사이의 연합은 각 실체들 사이의 구별을 무너뜨리는 것은 아니다. 따라서 데카르트에게서 이원론은 여전히 유지된다.

기질 개념의 용어법 — 비록 데카르트가 이 용어를 매우 드물게 사용하고 있기는 하지만 — 은 데카르트가 두 실체 사이의 결합 가능성과 관련한 형이상학적 어려움을 우회한 채로 인간을 영혼과 신체가 통합되어 있는 하나의 전체로서 바라볼 수 있게 해 준다. 데카르트가 기질로서의 인간 본성에 관해 말하기 시작함으로써 이 프랑스 철학자는 실체 개념에 의존하지 않고도 그 연합의 매듭이 어떤 것인지 말할 수 있게 된다. 비록 데카르트는 실체로서의 영혼과 신체에 대해 말하는 것을 회피해 버림으로써 영혼과 신체를 탈실체화하는 대가를 치르게 되지만 동시에 다수의 소여의 우연적 조합으로서의 기질에 대해 사유할 수 있는 가능성의 길을 개척한 것이다. 레기우스는 데카르트가 열어젖힌 이 틈새를 놓치지 않고 인간을 우연적 존재로 간주함으로써 이 구멍을 통해 실체적 심신 연합의 문제로부터 빠져나가며 인간의 존재론적 지위에 관한 논쟁을 개시하기 시작한 사람 가운데 한 명이다.

이처럼 기질 개념은, 데카르트의 심신 문제의 틀을 넘어, 계급횡단자의 본성 역시 실체적이지 않은 방식으로 사유할 수 있도록 이끌어 준다. 사실 계급횡단자는 이중의 삶을 살았기 때문에 그의 존재를 변화 속에서도 불변하는 주체(subjet) 혹은 기체(substrat)로서 고려하는 것은 어려운 일이다. 그가 겪어 낸 두 가지 삶 사이의 통일(unité)은 실체의 통일성처럼 모순적인 것은 아닐지라도 상당히 문제적인 것인데 왜냐하면 그가 겪는 변화가 과연 동일한 한 사람으로서 남아 있는 상태로 겪을 수 있는 것인지 의구심을 자아내기 때문이다. 계급횡단자라는 존재는 변화와 유동성이 지배하는 관할구역에 자리하고 있다.

기질이라는 용어가 가진 의미론적 풍부함은 계급횡단자의 이러한 특성을 잘 표현해 줄 수 있다. 실제로 17세기에 기질은 환상과 변덕을 가리키는 용어로 쓰이기도 했으며 한 존재의 성격적 변화와 관련하여 쓰였다. 우리는 프랑스 학술원(Académie française)이 1694년에 편찬한 사전에서 (일반적인 용법은 아니었지만) 이러한 의미로 쓰인 기질 개념의 상당히 흥미로운 용례를 발견할 수 있다. "이 여인은 자기 남편의 모든 기질에 완전히 적응했다."[4] 계급횡단자의 경우도 이 용례에 나온 남편의 변덕스러운 기질과 마찬가지로 다양한 측면

---

4 *Dictionnaire de l'Académie fançaise*, 1ˢᵗ edition, 2 volumes, Paris: Coignard, 1694.

을 지닌 피조물이며 낯선 환경에 적응해야 하는 존재이자 그의 인격의 유동적 특징을 해독하고자 하는 우리에게는 우리가 그에게 맞춰 적응할 것을 요구하는 존재이다. 계급횡단자는 변신의 존재이다. 그 점에서 우리는 계급횡단자가 어떻게 이전의 자아를 유지하는지를 탐구하는 동시에 이 자기 자신과 동일한 것으로서 자아라는 관념이 그 모든 변화에도 불구하고 여전히 타당성을 잃지 않는지를 탐구할 필요가 있다.

I. 탈정체화

비-재생산에 대한 탐구는 개인의 정체성과 계급이 확고한 사회적 범주로서 기능할 수 있다는 생각이 지닌 한계를 확실하게 밝혀 준다. 왜냐하면 정체성과 계급은 계급횡단자들의 경력과 그 독특성을 온전히 해명해 주지 못하기 때문이다. 계급횡단자들의 기질을 사유하려고 한다면 우선 고전적인 개념적 도구들과는 거리를 두고 더 나아가 그러한 도구들에 대한 비판을 수행할 필요가 있다. 고전적인 개념적 도구로서의 정체성은 그것이 개인적 정체성이든 사회적 정체성이든 숱한 변화에도 불구하고 여전히 동일한 채로 유지되며 일련의 항구적 특성으로 환원될 수 있는 개인의 존재를 상정한다. 이러한 관점에서 정체성은 모든 변양들 속에서도 항상 유지되는 하나의 기체(substrat) — 이 기체를 무엇으로 정의하든지 — 가 있다는 인식을 함축하고 있다. 이러한 기체는 실체적 자아의 형태로 생각되기도 하고 혹은 인격의 형식이나 주체의 형식으로 생각되기도 하지만 어떤 경우이든지 그러한 기체는 변화에 저항하는 불변의 핵과 같은 형상으로 제시된다. 이러한 사고의 경향은 개인들을 항구적 특성들을 통해 정의함으로써 한 개인을 다른 개인들과 구별하는 원리로 작용하는데 이것은 젠더, 성별, 인종 혹은 계급과 같은 분류를 통한 정체성 원리로 발전한다.

그런데 계급횡단자들이 우리에게 보여 주는 것은 인간 존재는 마치 신분증과 같은 하나의 정체성을 소유하며 그것을 통해 서로 간의 식별이 가능하고 그에 맞는 지위를 부여받게 된다는 명제가 확실하지 않다는 사실이다. 재생산에서 벗어난 개인들은 단순히 출신 환경 속에 맞는 정체성을 부여할 수 없으며 같은 출신 환경 속 다른 이들로부터 돌출되어 있다. 그렇기 때문에 우리는 계급횡단자들은 필연적으로 유동적인(flottante) 정체성 혹은 불안정한(fluctuante) 정체성을 지닌다는 것을 인정할 수밖에 없다. 이처럼 계급횡단자들의 존재를 지배하는 것은 바로 변화와 변동이다. 그렇기 때문에 계급횡단자들의 특징은 오히려 탈정체화와 출신 가족 및 계급으로부터 이탈하게 되는 과정에 있다.

이러한 탈정체화는 계급횡단자들이 새로운 정체성을 획득하는 동안의 일시적 국면에 그치는 것이 아니다. 왜냐하면 그들은 도착 환경에서조차 '끝내' 동화될 수 없기 때문이다. 그들은 출신 환경의 흔적을 어김없이 지니고 있으며, 지나간 역사의 흔적에 다름 아니기 때문이다. 따라서 계급횡단자들이 새롭게 정착한 환경의 사람들과 같은 조건을 공유하게 되더라도 그것이 그들과 똑같은 공통 자산을 소유하게 되었다는 것을 의미하지는 않는다. 이 점에서 계급횡단자들은 개인들을 제한된 사회적 범주로 분류하는 통계적 원리 및 고정된 정체성의 지위에 관한 비판을 불러온다. 계급횡단자들에게는 일단 지니고만 있다면 이 계급 혹은 저 계급에 속한다는 지표로서 이용될 수 있는 성질이나 특성을 할당하기가 무척 까다롭기 때문이다.

그렇기 때문에 윤리적·정치적 영역에서 사용되는 인정 개념 역시 그것이 앞으로 성취해야 하고 확립해야 할 무엇인가로서 설정된 정체성을 상정할 때는 문제적이게 된다. 사실 인정을 위한 투쟁은 대다수의 경우, 좋든 싫든 하나의 성적 정체성 또는 사회적·인종적 정체성을 사회가 수용하도록 촉구하고 문제의 정체성 범주에 대한 존엄성과 권리를 부여하도록 사회에 압력을 가하는 운동에 기초하기 마련이다. 이 과정 속에서 그러한 정체성 정치에 기초한 사회운동은 개인을 고정된 추상적 규정성, 예컨대 여성, 동성애자, 노동자, 부르주아지, 기업가 등등의 범주 속에 가두는 위험을 치르게 된다. 물론 정치적 관점에서 볼 때 정체성 개념의 깃발 아래 결집하는 것은 정당하다. 왜냐하면 여러 개인들을 묶어 주고 그들의 조건을 정의해 줄 수 있는 공통의 특성을 강조하는 것은 그 개인들의 권리를 쟁취하기 위한 투쟁을 효과적으로 조직하는 데 필수적이기 때문이다.

그러나 철학적 관점에서 본다면 인정 개념이라는 문제틀은 그것이 개인들을 하나의 고정된 정체성에 고착시키고 개인들을 단지 하나의 유형이나 그들의 독특한 본질을 표현해 주지 않는 보편적인 하나의 공통 통념으로 환원시키게 될 때 그 불충분성을 드러낸다. 오히려 인정을 위한 투쟁이 실패하는 경우에는 개인에게 부과된 정체성이 도리어 최고 등급의 소외 형태로 나타나기도 한다. 그러나 한 개인은 결코 성별, 인종, 사회적 지위 등의 불변의 특성에 구속될 수 있는 존재가 아니다. 반대로 기질 개념은 섬세한 차이와 존재들의 특수성을 고려하도록 또한 갈등적 관계들을 인정(reconnaissance)의 용어보다는 인식(connaissance)의 용어로 사유하도록 이끈다. 이러한 인식

(cognitif)의 사유 과정은 매우 적절한 것으로 보이는데, 왜냐하면 한 개인의 독특성을 이해하는 우리의 과제는 공통적 특징에 주목하는 데 그치는 것이 아니라 기존의 현실을 벗어나는 현실을 파악하는 것이기 때문이다. 요컨대 기질에 대한 사유는 정체성에 대한 사유와의 단절을 함축하며 또한 사회적·개인적 자아의 해체를 사유하는 쪽으로 우리를 이끈다.

개인적 자아의 해체

이러한 관점에서 계급횡단자는 나(ego)의 탈실체화된 범례적 형태로 보인다. 계급횡단자는 자아(moi) 그 자체와 자아의 특성들 사이의 불일치가 극단화된 사례다. 『팡세』에서 파스칼은 이 불일치의 경험 속으로 우리를 초대한다. "자아란 무엇인가"라는 질문으로 시작하는 그 유명한 『팡세』의 688-323번 단편[1]에서 파스칼은 우리 존재가 얼마나 무상한 것인지, 사랑받고 싶다는 우리의 바람이 얼마나 허망한 것인지를 드러내 보여 준다. 우리들은 모두 자기 자신을 모든 것의 중심에 놓으며 자신이야말로 그 모든 것이라고 믿는다. 하지만 사실 그러한 자아는 그 어디에서도 발견되지 않는다. 파스칼은 세 단계에 거쳐 자아 개념을 해체한다. 이 자아라고 여겨지는 것은 사실, 자기애에 눈이 먼 상태에서 타인의 시선과 그 시선이 주는 느낌으로부터 비

---

1 [역주] 라퓌마판 688번, 브렁슈빅판 323번 단편을 말한다. 셸리에판의 경우 567번 단편에 해당한다.

롯되는 일종의 환상과도 같은 체험에 불과하다. 우선 파스칼은 자기 중심적 사고에서 벗어나 생각해 보기를 권하며 창밖에서 거리를 내다보는 구경꾼의 관점에서 자기 자신을 바라볼 것을 요구한다. "창가에 앉아 거리의 지나가는 사람들을 바라보는 한 사람이 있다고 해 보자. 만약 그 순간에 내가 길을 걸어가고 있었다고 해서 그 사람이 나를 보기 위해서 마침 그 자리에 있었다고 말할 수 있을까? 그렇지 않다. 그 사람이 나라는 존재를 특별히 생각하고 있는 것은 아니기 때문이다."[2] 타인의 무관심한 시선에서 바라본다면 그 누구든 그저 익명의 행인에 지나지 않는다. 이 경우 나라는 존재는 **한 명의**(une) '인격체'(personne)로 간주되는 것이 아니다. 결국 나는 **아무도**(personne) 아닌 것이다. 나는 실체적 자아가 아니라 그저 한 명의 행인으로서 지나가고 있을 뿐이다. 이러한 자아 해체의 경험은 계급횡단자의 경우에도 공히 적용될 수 있을 텐데 계급횡단자 역시 어디에서 어디론가 지나가고 있는 자이기 때문이다. 계급횡단자는 그 정의상 이행의 존재(un être de passage)이자 자신의 환경을 떠나 그로부터 멀어지고 결국 그렇게 도착한 어딘가에서 종종 한 명의 이방인으로서 머물게 될 한 명의 통행인이다.

그다음으로 파스칼은 관점을 다각화하여 이제는 무관심한 구경꾼의 시선이 아니라 사랑에 빠진 연인의 시선에서 자아를 고려한다. 이제 전환된 시점은 '그들' 그리고 흘러가는 군중의 비인격성과는 전혀 다른 방식으로 너와 나의 관계를 비추게 된다. 사실 사랑이 이 세

---

2 Blaise Pasacal, *Pensées*, 688-323, *Œuvres complètes*, ed. Louis Lafuma, Paris: Seuil, 1963, p. 591.

상 속에 존재하는 모든 차이를 만들어 낸다고 말하는 것이 과장은 아닐 것이다. 사랑의 대상은 다른 대상과 차별화되기 마련이므로 사랑은 무차별성을 무너뜨리고 잠시 왔다가 사라지기를 반복할 뿐인 군중의 대열 속에서 자신의 대상을 한눈에 찾아낸다. 사랑이 영원할 것을 약속하면서. 이 경우에 다른 누구도 아닌 바로 나를 사랑하기로 선택한 연인에게 나라는 자아의 존재는 유일하고 또한 실체적인 지위를 가지고 있는 것이 아닐까? 하지만 그 사람이 사랑하는 것은 정확히 무엇일까? 이제 파스칼은 사랑을 이끌어 내는 특성들에 관해 검토하기 시작한다. 그는 가장 먼저 사랑받는 사람의 신체적 외관을 검토한다. "만약 누군가 자신의 연인을 그의 신체적 아름다움 때문에 사랑한다면 그는 자신의 연인을 그 자체로 사랑하는 것일까? 그렇지 않다. 왜냐하면 천연두가 설령 그의 연인을 죽이지는 못하더라도 연인의 아름다움을 죽이는 데 성공한다면 그 사람은 더 이상 자신의 연인을 사랑하지 않게 될 것이기 때문이다."[3] 확실히, 누군가 나를 나의 신체적 측면 때문에 사랑한다면 그는 내 **안의** 아름다움을 사랑하는 것이지 **나**를 사랑하는 것은 아니다. 여기서 지나감(passant)의 경험 형식이 그저 지나가 버리고 마는 덧없는 아름다움이라는 형태로 다시 나타난다. 잠시의 아름다움과 함께 사랑이 떠나가면 연인이었던 자는 다시 허무한 무관심의 늪으로 보내진다.

그러나 자아라는 가상은 설령 신체적 아름다움이 죽어 사라지더라도 정신적(moral) 아름다움은 살아남는 생각에 의해 유지되고 계

---

3 *Ibid.*, p. 591.

속 자라날 수 있다. 하지만 파스칼은 그런 생각에 결정적 반론을 가한다. "만약 누군가가 나를 사랑하는 이유가 나의 판단력과 나의 기억력 때문이라면 과연 그는 나라는 존재 자체를, 다시 말해서 나의 **자아**를 사랑하는 것일까? 그렇지 않다. 왜냐하면 나 자신은 사라지지 않은 채로 그러한 특성들이 사라지는 경우가 있기 때문이다."[4] 정신도 썩어 문드러질 수 있다. 그러므로 정신적 특성들 역시 결코 실체적일 수 없다. 그러한 특성들도 신체적 아름다움과 마찬가지로 덧없이 소멸해 버리기 때문이다. 노화 혹은 사고와 질병 등은 영혼의 아름다움을 충분히 앗아가 버릴 수 있다. 그러므로 사랑은 나를 향하고 있는 것이 아니다. 단지 내게 잠시 주어진 특성들을 향하고 있을 뿐이다. 이 특성들이 사라져 버린다면 사랑도 그 즉시 죽음을 맞이할 수밖에 없다. 그 특성이 신체적인 것인지 정신적인 것인지는 전혀 중요하지 않다. 어떠한 특성이든 그것은 모두 빌려 온 것에 불과하다. 이런저런 특성들은 내가 소유하고 있는 것도 아니며 그렇기에 그 특성들 자체가 나 자신이 될 수 있는 것은 더더욱 아니다. 그러므로 파스칼은 아주 간단하게 다음과 같이 결론 내린다. "그러므로 만약 이 **자아**가 신체에도 영혼에도 없다면 그것은 어디에 있는 것일까? 또한 결국 덧없이 사라져 버린다는 점에서 자아 자체라고는 할 수 없는 그러한 특성들을 경유하지 않는다면 과연 어떻게 텅 빈 신체 혹은 영혼을 사랑할 수 있을까? […] 결론적으로 우리는 누구도 사랑하지 않는다. 우리는 다만 몇 가지 특성을 사랑할 뿐이다."[5] 자아는 발견되지 않는다. 말 그대로 자

---

4 *Ibid.*, p. 591.

5 *Ibid.*, p. 591.

아를 위한 존재의 자리는 없다. 우연한 특성들의 허물을 벗겨 낸다면 자아라는 실체의 안은 텅 비게 된다. 그렇다면 자아는 더 이상 사랑 받을 만한 존재가 아니게 된다. 왜냐하면 사랑할 만한 무엇인가를 **전 혀** 가지고 있지 않기 때문이다. 물론 파스칼이 이러한 자아 개념의 해체를 통해서 의도했던 바는 틀림없이 인간이란 이럴 수도 저럴 수도 없이 영원히 불안정한 존재라는 점을 증명하는 것, 따라서 인간은 신을 사랑하고 자기 자신을 미워하는 것을 통해 오직 예수그리스도 안에서만 자신의 실체를 찾을 수 있다는 것을 보여 주는 것이었다.[6] 하지만 기독교적 맥락 속에 있는 파스칼의 본래 의도가 무엇이든지 『팡세』의 저자는 우리 모두에게 공통적인 인간학적 조건에 주목하도록 이끈다. 더욱이 계급횡단자는 이 조건을 다른 누구보다 더욱 민감하게 의식할 수밖에 없다. 왜냐하면 계급횡단자는 횡단 과정에서 겪게 되는 상당한 신체적·정신적 변화로 인해 자아의 유령적 성격을 직접 체험하게 되기 때문이다.

어느 날 갑자기 예술과 문학에 대한 사랑에 빠져 작가가 된 거칠고 무식한 바닷사람, 마틴 에덴의 이야기는 이에 대한 완벽한 예증이라고 할 수 있다. 잭 런던의 작품 주인공 마틴 에덴은 어느 날 갑자기 그때까지의 자신과 정반대의 사람이 되기 위해 몸과 마음을 전적으로 바꾸게 되었다. 그의 강인한 신체는 억센 팔로 숱한 여성들을 끌어안았으나 부르주아 살롱에 출입하면서 그는 도자기 가게 안 코끼리 코처럼 몸을 배배 꼬게 되었다. 그의 교양 없는 정신과 거친 말버릇

---

6 특히 이 점과 관련해서는 다음을 참조하라. *Pensées*, pp. 373~476, 417~548.

은 세련된 문화와 순결한 언어에 자리를 내주었다. 하지만 그의 변신을 새로운 자아가 탄생하는 영광스러운 순간이라고 선언할 수는 없을 것이다. 오히려 그러한 변화가 마틴 에덴의 자아를 해체하고 소멸시켜 그가 자기 자신을 마치 유령으로 느낄 지경에 이르렀기 때문이다. 변신의 과정 속에서 마틴 에덴은 스스로를 점차 죽여 갔고, 그는 실제로 죽기도 전에 이미 저승의 세계 속으로 떠밀려 들어갔다. 비극적으로 끝난 마틴 에덴의 사회적 모험은 우리가 그의 이야기를 긍정적으로 해석할 일말의 여지조차 남겨 두지 않는다.

> 마틴 에덴은 이 교양 넘치고 세련된 공간 속에서 변해 가는 자기 자신을 바라보면서 가끔씩 자신의 젊은 날의 초상이 재킷을 둘러매고 카우보이모자를 눌러쓴 채로 마치 유령처럼 이 우아한 살롱의 복도를 으스대며 걸어가는 모습을 보는 것 같은 느낌에 빠졌다. 그럴 때면 이윽고 그는 꼬마 불량배의 모습을 한 유령이 명문 대학의 진짜배기 교수와 담론을 나누는 오늘날의 마틴 에덴이 되기까지 변화하는 과정을 지켜보고 있는 것만 같았다.[7]

마틴 에덴은 활기 넘치는 작가였지만 어떤 면에서는 그만큼 소심할 수가 없었다. 그는 혹시 재수 없이 어깻짓 한 번으로 값비싼 가구를 부수지는 않을까 하는 공포에 질리곤 했다.[8] 그러한 작가로서의 마틴 에덴의 모습 역시 "두목으로서의 행동거지와 한껏 뱃심을 부리

7 Jack London, *Martin Eden*, Paris: Phébus, "Libertto", 2001, p. 257.
8 *Ibid.*, p. 253.

는 태도"[9]에다 "누더기 같은 옷차림처럼 언제나 레디메이드"[10]였던 사고방식을 지녔던 젊은 뱃사람으로서의 그의 예전 모습만큼이나 마치 유령과도 같은 존재였다. 불과 몇 해 전까지 문단에서 마틴 에덴의 글은 완전히 무시당했지만 지금의 마틴 에덴은 상당한 액수의 출판 계약을 맺는 문단의 총아가 되었다. 그럼에도 그는 자신이 한 사람의 인격체로서 살고 있다기보다는 연극배우로서 삶을 연기하고 있을 뿐이라는 느낌 속에서 고통스러워했다. 그는 자신이 마치 텅 비어 있는 존재처럼 느껴졌다. 사회적 신분 상승에 성공하고 난 직후부터는 그가 거울 앞에 서기만 하면 다음과 같은 질문 세례가 머리를 쿡쿡 쑤시며 잇따라 떠올랐다. "너, 마틴 에덴이라는 인간은 대체 누구인가? […] 너는 대체 누구지? 너는 누구냐, 너의 자리는 어디란 말이냐?"[11] 이러한 질문의 끝에는 결코 원하지 않았던 답변이 기다리고 있었다.

논리적 탐색의 끝에서 그는 자신은 그 누구도 아니었으며 아무것도 아니었다는 결론에 다다랐다. 불량배 마틴 에덴 그리고 뱃사람 마틴 에덴은 진짜로 살아 있는 존재였다. 그러나 유명 작가 마틴 에덴은 실존하지 않았다. 작가 마틴 에덴은 대중의 상상력에서 태어난 신기루 같은 존재였다. 대중은 그 상상의 산물을 불량배 마틴 에덴, 선원 마틴 에덴의 피부 속으로 강제로 밀어 넣었다.[12]

---

9 *Ibid.*, p. 257.
10 *Ibid.*, p. 281.
11 *Ibid.*, p. 120.
12 *Ibid.*, p. 412.

잭 런던이 쓴 넓은 의미에서의 자서전적 소설에 해당하는 이 작품은 파스칼보다 더욱 파스칼적인 결과물을 보여 주고 있다.[13] 왜냐하면 마틴 에덴을 향한 대중의 사랑의 경험 형식이 실체적 정체성에 대한 인정과 아무런 관련이 없다는 것 —— 그 사랑의 감정이 마틴 에덴이라는 한 자아 안에 있는 특성을 향해 있는 것도 아니고 그 자아의 특성을 향하고 있는 것도 아니기 때문이다 —— 을 보여 주었을 뿐만 아니라 나에게 주어진 특성이 나의 특성이 아니라는 점까지 보여 주고 있기 때문이다. 그러한 특성들은 타인들이 꾸며 내서 나에게 투사한 순전한 허구에 불과하다. 타인들은 한때 경멸했던 것조차 언제든지 찬양할 준비가 되어 있는 변덕스러운 유행에 따라 생각 없이 움직이는 양 떼에 불과하다. "나는 유명해지기 전부터 이미 모든 것을 써 둔 상태였지만 그때는 누구도 나를 원하지 않았다"는 생각은 마틴 에덴의 라이트모티프(leitmotiv)이다. 그는 거품처럼 부풀어 오른 자신의 명성을 고사할 뿐만 아니라 과거에는 자신에게 퇴짜를 놓았지만 이제는 마틴 에덴에게 사랑을 느끼게 된 상류층 출신 여성 루스*Ruth*의 구애를 거부하기도 한다.[14] 그러한 명성이나 사랑을 받아들이는 것은 공매도 수법이나 다름없다. 내가 아닌 것, 내 것이 아닌 것으로 나 자신을 꾸미는 것이기 때문이다. 그런 식으로 나를 꾸미는 것은 흰 바탕

---

13 [역주] 잭 런던의 소설 제목이자 그 주인공 마틴 에덴의 이름은 작가가 스웨덴 출신 노동자 마르텐 에딘(Mårten Edin)에게서 따온 것이다. 그러나 해당 작품의 주인공은 모티프가 된 실존 인물보다는 작가 자신의 자전적 요소를 더욱 많이 반영하고 있다. 예컨대 마틴 에덴이 사랑에 빠진 여인인 루스는 잭 런던의 첫사랑 마벨 애플거스(Mabel Applegarth)를 모델로 삼고 있으며 루스 브리센덴(Russ Brissenden)은 잭 런던의 친구 조지 스털링(George Sterling)을 모델로 한다.

14 *Ibid.*, p. 418.

의 캔버스에 흰색 실로 자수를 놓는 것과 다름없다.

　그러므로 결국 '자아'는 신용하기 어려운 것이다. 모든 것이 차용물에 불과하기 때문이다. 파스칼은 사람들이 이러한 자아의 덧없음을 잊기 위해 잘못된 조롱에 몰두한다는 사실을 꼬집는다. "그러므로 직위나 직무에 대해서 명예스럽게 생각하고 있는 사람들을 비웃지 마시라! 사실 우리는 빌려 온 특성을 제외한다면 그 누구도 사랑하고 있는 것이 아니기 때문이다."[15] 우리는 허영심 많은 사람들은 존재와 소유 그리고 내면과 외면을 혼동하고 있으며, 따라서 그들은 사람들이 자신을 떠받들어 주기를 바라지만 진정한 자기 자신에 대한 사랑보다는 그저 우월한 지위와 직업적 명성에 대한 찬사를 받기 원할 뿐이라고 비웃는다. 그런데 사실 이 허영심 많은 사람들이 보여 주는 태도야말로 인간적 조건의 진실을 드러내 주고 있다. 우리가 지닌 모든 것은 사실 잠시 빌려 온 것에 지나지 않는다는 것을 말이다. 따라서 내실은 갖추지 못한 채 분수에 맞지 않는 자리만 차지하고 있다는 조롱은 허영심 많은 사람이 아니라 그들을 무턱대고 비웃는 맹목성을 향해야 마땅하다. 가령 우리는 부르주아지인 척 행세하는 벼락부자들이 실제 교양은 없으면서 부자연스럽게 부르주아지를 따라 하는 우스꽝스러운 존재라고 생각하며 그들을 비웃는다. 그러나 우리의 모든 행동과 모든 정체성은 금박을 입힌 도금품(鍍金品)과 같은 것이고 금박은 언젠가 닳아 소모되기 마련이다. 이 점에서 계급횡단자가 어딘가 동떨어져 있는 것 같은 어색한(emprunté) 분위기를 풍긴다

---

15 Pascal, *Pensées*, 688~323, p. 591.

는 사실은 그다지 놀라운 일이 아닌데 그 역시 다른 모두와 마찬가지로 원래 자신의 것이 아닌 빌려 온 특성들을 떠안고 있기 때문이다. 하지만 그들은 다른 사람들과 달리 자신이 걸치고 있는 옷을 유독 불편하게 여기는데, 왜냐하면 다른 사람들은 자신이 입고 있는 복장이 관습에 따라 부과된 것이라는 점을 완전히 잊고 자신이 처음부터 그러한 옷을 입고 태어났다는 가상에 빠져 있기 때문이다. 이처럼 자아 개념에 대한 파스칼적인 탈신비화는 내재적 특성을 신분이나 사회적 직분과 같은 성격의 외재적 특성으로 동일시함으로써 개인적 자아를 해체한다.

사회적 자아의 해체

모든 정체성은 개인적인 것이든 사회적인 것이든 언제나 일종의 사칭(usurpation)이다. 왜냐하면 우리는 우리가 정당하게 소유하고 있지 않은 빌려 온 것에 불과한 특성들로 우리 자신을 꾸미고 그 특성들이 마치 원래 자신의 것이었던 것처럼 착복하기 때문이다. 파스칼은 「위인의 조건에 관한 첫 번째 담론」(Premier discours sur la condition des Grands)에서 이러한 사칭으로서의 정체성에 관해 다루고 있다. 이 책에서 그는 자신에게 조언을 구한 공작에게 위대하고 부유하며 강력한 영주가 되기 위한 조건과 그러한 영주가 처한 상태의 정확한 본성을 상당히 충격적인 이미지를 동원하여 일깨워 주고 있다. 공작이 처한 조건은 풍랑을 만나 섬에 표류한 사내의 조건과 상당히 비슷하다. 이 사내는 때마침 실종되었던 그 섬의 왕과 매우 유사한 외견을 가지고 있었는데 이 때문에 섬의 주민들은 그를 자신들의 왕으로 착각하여 왕으로 모셨고 이 사내는 그러한 상황을 결국 받아들이게 된다.[16] 그는 이 횡재를 기꺼이 누리기로 했지만 이 섬의 왕국이 실제로는 자신의 것이 아니라는 것을 알지 못할 정도로 바보는 아니었다. 따라서 그는 늘 이중의 생각을 거친 후에 움직인다. 그는 사람들 앞에서는 군주로서 생각하고 행동하지만 속으로는 자신이 처한 실제 상황과 자신이 왕의 자리에 오르는 데 작용한 우연의 역할을 잘 인지하고 있다. 이러한 비유를 통해서 파스칼은 자신의 가르침을 돈호법으로 설파한다.

당신께서 막대한 부를 거머쥘 수 있었던 것이 이 사내를 왕으로 만든 것과 같은 우연 따위에 조금도 빚지지 않았다고는 상상하지 마십시오. 당신께서는 당신 자신에 대해서조차 어떠한 권리도 없으며 당신께서 그 사내보다 본성상 더 나은 것도 없습니다. 당신은 단지 공작의 아들로 태어나신 것일 뿐이고 당신이 태어난 것 자체가 무수한 우연을 통한 것이었습니다.[17]

---

16 "당신의 조건에 대한 진정한 인식에 이르고자 한다면 다음과 같은 상황을 상상해 보십시오. 한 사내가 풍랑을 만나 어떤 미지의 섬에 표류했습니다. 이 섬의 주민들은 마침 실종되었던 그들의 왕을 애타게 찾고 있었는데 그 왕과 무척이나 닮은 신체와 얼굴을 하고 있었던 이 사내는 바로 그 외적 유사성 때문에 모든 사람으로부터 왕이라고 인정받게 되었습니다. 사내는 처음에는 어느 장단에 맞춰야 할지 몰랐지만 끝내는 자기에게 찾아온 호재를 잡기로 결심합니다. 그는 사람들이 자신에게 표하는 존경을 한 몸에 받으며 왕 노릇을 하게 됩니다." Pascal, *Œuvres complètes*, p. 366.

17 *Ibid.*, p. 366.

영주의 조건은 천성적으로 타고 태어나는 권위(grandeur)에 있는 것이 아니라 입법자들의 의지 혹은 변덕에 전적으로 기초하는 제도에 따른 권위에 달려 있다. 파스칼은 곧바로 다음과 같이 덧붙인다.

당신이 소유한 재화를 가능하게 해 준 모든 지위는 자연적인 지위가 아니라 인간의 제도가 부여한 지위입니다. 이번에는 법을 만드는 이들로 인해 당신이 가난해졌다고 한번 상상해 보십시오. 당신께서 당신에게 무척 호의적인 법의 행운을 갖고 태어나 당신이 누리고 있는 그 모든 재화를 소지(possession)하게 된 것은 순전한 우연에 지나지 않습니다.[18]

요컨대 소지자(possesseur)와 소유자(propriétaire)를 혼동해서는 안 된다. 공작 역시 어쩌다 왕이 되어 버린 조난자처럼 이중의 생각을 할 필요가 있다. 외적으로는 자기 아랫사람들에게 자신의 지위를 과시해야 하되 내적으로는 모두가 죽음 앞에서 똑같이 평등하며 자신의 사회적 지위를 정당화해 주는 어떠한 공적(mérite)도 특성도 없다는 점을 알아야 한다.

이러한 담론은 단지 고관대작에 관한 것을 넘어서 계급횡단자들은 물론이고 만인의 조건에 관한 논의로 확장될 수 있다. 풍랑을 만나 뜻밖에도 미지의 섬에 내던져진 사내의 경우처럼 우리는 우연한 마주침의 결과로 세상에 던져졌다. 타인들은 우리를 이런저런 사람으

---

18 *Ibid.*, p. 366.

로 간주하고 그렇게 우리의 외양에 근거해 어떤 사회적 정체성을 투사한다. 이러한 정체성의 투사는 섬의 주민들이 조난자가 자신들의 왕과 닮았다는 외적 특징 때문에 그를 왕으로 인정하고 추대한 것과 동일한 방식으로 이루어진다. 조난자는 자신이 왕이 아니라는 것을 알고 있음에도 왕의 의복을 입고 왕으로 행세하는 것을 받아들인다. 이처럼 우리도 실제로는 우리가 아닌 것을 우리의 것으로 취한다. 우리가 취하는 모든 태도(posture)는 일종의 사칭(imposture)이며 우리는 우리의 정체성을 연기한다. 존재와 상태를 혼동하고 헷갈리는 것을 피하려면 이 역할극을 너무 곧이곧대로 믿지 않는 편이 적절하다.

모든 환상은 우리가 세상의 왕 아니면 폐물이라고 믿는 데 놓여 있다. 역할과 신분은 사람들의 마음대로 사람들의 변덕에 따라 그리고 사람들 사이의 역관계에 따라 분배된다. 나는 노동자로 여겨질 수도 있고 아니면 군주로 여겨질 수도 있다. 그러나 나는 둘 중 어느 것도 아니다. 아마도 모든 폭력은 아마도 그러한 외재적 규정이 마치 가치와 권리의 불평등을 정당화해 줄 수 있는 내재적 본질로서 내세워지는 데에서 유래할 것이다. 파스칼은 공작에게 그리고 우리에게, 이렇게 말한다. "당신의 영혼과 신체는 당신이 뱃사공의 위치에 있든 공작의 위치에 있든 그런 상태와는 아무런 관련이 없습니다. 영혼과 신체를 다른 조건이 아닌 어느 한 조건에 연결시키는 어떠한 자연적 관계도 없습니다."[19]

하지만 파스칼이 말하는 이 무차별성에 관해 착각해서는 안 된

---

19 *Ibid.,* p. 366.

다. 파스칼이 말하고자 하는 것은 모든 조건이 어떻게 보면 결국 다 거기서 거기이다, 그러니 각자는 자신이 처한 상황과 지금 가지고 있는 것에 만족해야 한다는 것이 아니다. 왜냐하면 엄격히 말해 파스칼의 관점에서는 모든 사람이 그 무엇도 아니고 그 무엇도 가지지 않기 때문이다. 이러한 파스칼의 주장을 가증스러운 설교자들의 말과 혼동해서는 안 된다. 파스칼이 강조하고자 하는 것은 신체와 정신의 가소성(plasticité)이다. 정신과 신체는 어떠한 상태이든 구별 없이 수용할 수 있다. 어떤 사람이 절대적으로 다른 사람보다 더욱 유리하고, 살아가기 더 편한 상태로 태어난다는 것은 끊임없이 한 곳에서 다른 한 곳으로 이동하는 인간의 본성과 합치하지 않는다.

한편 기질 개념은 개인들의 통일성과 정체성의 원리로서 실체적 자아 혹은 주체-자아(moi sujet)라는 관념이 폐지된 자리에 그 대안을 제공해 줄 수 있다. 왜냐하면 기질 개념이 인과 규정들의 짜임새(tressage)를 출신과 도착 환경과의 관계 속에서 사유할 수 있도록 해 주기 때문이다. 많은 사람들이 마치 끈끈이 함정에 걸린 카멜레온처럼 자신에게 부여된 이름표 혹은 주어진 조건에 고착되어 있을 뿐만 아니라 심지어는 스스로 거기에 집착한다는 것은 틀림없는 사실이다. 하지만 이것이 인간이 자신이 가는 장소의 색깔에 따라 변화할 수 있는 변동과 다양성의 특색을 지닌 존재라는 사실을 완전히 은폐하지는 못한다. 이러한 공통 조건을 고려한다면 계급횡단자를 자신의 출신 환경 속에서 안정적으로 살아가는 주변 사람들과 구별시켜 주는 것은 실체적 혹은 진정한 자아의 부재는 아닐 것이다. 왜냐하면 사실은 모두가 그렇기 때문이다. 계급횡단자를 구별해 주는 것은 다른 사람들은 사회의 부동성(immobilisme)으로 인해 거의 겪어 볼 기회가 없었던 극단적인 상태 변화를 경험했다는 사실이다. 다시 말해서 계급횡단자는 한 세계에서 다른 세계로 이행하는 체험을 한 존재다.

이행으로서의 기질

개인적 자아와 사회적 자아를 해체하는 파스칼적 분석은 계급횡단자가 지닌 기질의 근본적인 특성들 가운데 하나가 바로 이행(移行, passing)이라는 점을 보여 준다. 『팡세』의 688번 단편 전체는 지나가고 있는 사람, 잠시 왔다가 가는 뜨내기로서 그려지는 통행자의 이미지를 맴돌고 있다. 한편 『권위의 조건에 관한 첫 번째 담론』도 마찬가지로 '행세하기'(un passer pour) 또는 '누구인 체하며 이행(履行)하기'(se faire passer)의 이미지에 기초하고 있다. 이것은 정도의 차이는 있더라도 계급횡단자들의 운동이 모두 **이행**의 형식으로 이해될 수 있기 때문에 그렇다. 이행의 실천은 실제로 미국의 비교적 밝은 피부색의 흑인 물라토들에게 널리 퍼진 적이 있다. 이 '혼혈아'들은 노예 상태에서 벗어나 더 나은 삶을 살고 싶다는 희망을 품고 백인 사회로 이행하고자 했다. 그들은 비교적 밝은 피부색 때문에 백인 공동체의 일원으로 여겨졌고, 상류 사회로 녹아들 수 있게 해 주었던 신체적 외양을 십분 이용함으로써 인종 분리의 법망으로부터 빠져나갔다.

　넬라 라슨은 ——비록 그녀가 태어나기도 전에 이혼한 사이지만—— 백인 어머니와 흑인 아버지에게서 태어났다. 그녀는 1929년 출간한 소설 『패싱』——프랑스에서는 '어두운 클레어'(Clair-obscur)라는 제목으로 번역되었다——에서 두 흑인 여성 클레어(Clair)와 아이린(Irene)의 교차하는 운명을 분석하고 있다. 클레어와 아이린은 두 사람 모두 피부색 덕택에 백인 사회로 이행할 가능성이 있었지만 한 명은 '패싱'을 한 반면에 다른 한 명은 그렇지 않았다. 고아였던 클레어 ─ 그녀의 이름은 결코 우연히 선택된 것이 아니다 ─ 는 자신의 출생을 감춘 채 그녀의 비밀을 알지 못하는 한 부유한 인종 차별주의자 백인 남편과 결혼했다. 그녀의 남편은 **적어도** 의식 속에서는 자신의 부인이 흑인 혼혈이라는 사실을 알아차리지 못했다. 하지만 그는 아내가 나이 들수록 피부가 갈색으로 변해 간다면서 그녀를 놀려 댈 때면 줄곧 '깜둥이'(Nég)라는 말을 쓰곤 했다. 무의식은 비밀을 감추고 있는 법이다. 한편 클레어의 유년 시절 친구였던 아이린은 자신과 같은 인종의 그러나 피부색이 자신보다 더 검은 한 남자와 결혼했으며, 할렘가에 머물면서 흑인 상류층 인텔리겐치아로서 활동하기로 결정했다. 그러던 어느 날, 아이린은 클레어와 우연히 마주쳤다. 아이린은 변해 버린 클레어의 모습을 보고 혀를 찼지만 동시에 그 모습에 사로잡히게 되었다. 클레어가 감행한 **패싱**의 실천은 그녀의 호기심을 자극했고 이 위험천만한 시도가 지니고 있는 리스크에 관해 고찰하게 만들었다. 그녀의 질문들은 계급횡단에도 역시 적용될 수 있을 것이다.

사실을 말하자면, 그녀는 궁금했다. 묻고 싶은 것들이 있었다. 그녀는 '패싱'이라는 위험한 일에 대해 알고 싶었다. 익숙하고 친근했던 모든 것을 끊어 내고, 아마 전적으로 낯설지는 않더라도 분명 전적으로 우호적이지는 않을 다른 환경에서 새로운 기회를 얻으려는 시도에 대해. 예를 들면 출신 배경은 어떻게 설명하나 그리고 다른 흑인들과 만

날 때는 어떤 기분인가.[20]

패싱(passing)은 도박 가운데서도 가장 위험한 도박이다. 소설의 비극적 결말과 현실에서 일어났던 패싱에 대한 폭력적 탄압이 그 증거다. 단 한 번의 고발로 위반자들은 모든 것을 잃을 뿐만 아니라 자유에서 노예 상태로 전락한다. 실제로 짐 크로우의 한 방울 원칙(One-drop rule)이 발효된 19세기 말 무렵에는 조상 가운데 흑인의 피가 단 한 방울만 섞여 있어도 법적으로 흑인으로 취급되었으며 인종 간 통혼을 금지하고 대중교통과 공공장소에서 흑인과 백인을 분리하는 등 인종 차별적 정책이 시행되었고 이를 위반하는 것은 상당한 위험을 동반했다. 그런데 패싱은 신체적 외양을 통해 인종을 분리할 수 있다는 생각의 기만적 성격을 백일하에 폭로한다. 이러한 패싱은 경계를 위반하는 전복의 실천에, 다시 말해서 '행세하기'로서의 이행에 기초하고 있다. 마치 바꿔치기 요술(un tour de passe-passe)과 같은 패싱은 밝혀질 경우 사칭으로 고발되겠지만 패싱의 실천은 피부색의 선을 뛰어넘음으로써 사회적 결정론을 전복할 수 있도록 해 준다.[21]

---

20 Nella Larsen, *Clair-obscur*, Paris: Flammarion, "Climats", 2010, p. 59.
21 미국에서 이러한 패싱의 실천은 법적으로 매우 큰 논란을 일으켰을 뿐만 아니라 패싱을 하고 백인 행세를 하다가 혼혈 출신임이 발각되어 상류 사회에서의 삶이 무너지는 경우의 비극적 결말과 관련한 문제를 다루는 문학이 생겨나도록 했다. '혼혈 비극'(Tragic mulatto)이라는 문학 장르는 이렇게 해서 19세기 후반에 탄생했다. 이에 대해서는 넬라 라슨의 소설 『패싱』의 프랑스어 번역본에 달린 로르 무라(Laure Mura)의 서문 14쪽 이하를 참조하라. 비교적 최근에 패싱이라는 주제를 다룬 작품 가운데는 미국 남부에서 흑인 행세를 한 백인 언론인 존 하워드 그리핀의 작품 『블랙 라이크 미』(1961)가 있으며, 2000년에 출간된, 흑인의 뿌리를 감추고 미국 유대인 지식인으로 행세하는 주인공의 이야기를 다룬 필립 로스의 소설 『휴먼 스테인』이 있다. 또한 패싱이라는 주제는 「삶의 모방」(Imitation of Life, 1934년), 「워터멜

이 패싱이라는 단어는 루이지애나에 있었던 '백인 패스'라는 말에서 유래했다. 사실 이 단어는 프랑스어로 번역하기 매우 까다롭다. 사실 '백인 패스'라는 어원에는 패싱의 본질과 그것이 취할 수 있는 다양한 형태가 전혀 표현되지 않고 있다. 왜냐하면 비록 패싱의 어원이 어느 정도 인종과의 관련성이 있긴 하지만 그렇다고 해서 패싱의 실천이 흑인과 백인 사이로 제한되어 있는 것은 아니며 그 이행이 언제나 동일한 의미를 가지는 것도 아니기 때문이다. 그래서 로르 무라는 이 용어의 어원이 지닌 의미의 협소함을 타파하기 위해 캐나다로 이주한 1888년생 백인 영국인 아치볼드 벨라니[Archibald Belaney]의 사례를 강조한다. 스스로 회색 올빼미(Grey Owl)라는 이름을 사용한 이 남자는 자신의 전 생애 동안 아파치 원주민 행세를 했던 사람이다. 이러한 사례를 통해 로르 무라는 패싱이라는 용어를 더욱 확장하여 "모든 종류의 정체성의 위반의 실천, 특히 성적인 정체성과 관련하여 남자가 여자로 '패싱'되는 경우나 그 반대의 경우 또는 헤테로로 패싱되는 경우"[22] 역시 이 패싱이라는 용어를 통해 포괄될 수 있다고 보았다. 이러한 맥락에서 우리는 패싱이라는 말을 프랑스어로는 '이행'(passe)으로 번역할 수 있을 것이다. 이 단어가 지닌 의미론적 다양성 탓에 이해의 혼란을 불러일으킬 수도 있지만 바로 그 다양성 덕분에 선을 넘는다는 의미와 두 세계의 경계를 넘는 밀행자(密行者, passeur)가 된다는 의미를 표현해 줄 수 있기 때문이다.

론 맨」(Watermelon Man, 1970년)의 경우처럼 영화로 다루어지기도 했으며, 음악계에서는 밴드 빅 블랙의 1986년 앨범 'Atomizer'에 'Passing Complexion'이라는 곡이 수록되기도 했다.
22 *Ibid.*, note 1, p. 14.

'계급횡단자'(transclasse)라는 신조어는 분명 패싱의 이러한 운동, 다시 말해서 두 계급 사이를 통과하는 운동이 갖는 모든 의미를 표현하고 있다. 영어에서도 '백인 패스'와의 유비를 통해 '계급-이행'(passe-classe)이라고 부를 수 있는 현상을 표현하기 위해 계급 패싱(class passing)이라는 표현이 만들어진 바 있다. 실제로 패싱이라는 단어는 영미 사회학에서 ── 인종, 민족, 사회 계급, 성별 혹은 젠더 그리고 연령 등에 따른 ── 자신의 집단과 다른 사회적 집단의 일원으로 행세하는 개인의 소질(aptitude)을 가리키기 위한 용어로 사용되고 있다. 혹은 이 패싱이라는 단어는 단순히 누군가 더 높은 사회로 편입되기 위해 그 사회의 옷을 차려입었을 때의 외관의 변화를 가리킬 때 사용되기도 한다. 이러한 용법은 위조품이 진품으로 **뒤바뀌거나**(pass for) 사기꾼이 다른 사람 **행세를 하는**(pass as) 경우를 일컫는 동사구 'pass for'와 'pass as'로부터 정립되었다. 패싱이라는 용어가 모든 형태의 이행을 포괄하고 있다는 것은 상당히 흥미로운 사실이다. 이행은 **아메리칸드림**의 경우처럼 정당한 것으로 인정받는 형태로 이루어지는 경우이든 또는 일종의 사칭으로 여겨져서 (혹은 최소한 사칭으로 시작되었기 때문에) 십중팔구 배척의 대상이 되기 마련인 성적 혹은 인종적인 변화의 경우로 이루어지든 모두 '패싱'이라는 용어를 통해 기술될 수 있을 것이다.

여기서 우리는 모든 나라의 역사를 통틀어 사회 계급의 변화를 좋은 시선으로 보았던 적은 존재하지 않았으며 오히려 계급의 변화는 예외 없이 상당한 리스크를 동반했다는 점을 강조할 필요가 있다. 때로 계급횡단자는 그의 존재를 건방진 침입자로 간주하면서 그가 조금이라도 실수하면 물어뜯기 위해 집요하게 뒤를 쫓아다니는 자들의 제재와 보복의 대상이 되었다. 쥘리앵 소렐은 재판장에서 자신이 자신의 동포가 아니라 '분개한 부르주아지들'이 내리는 판결을 기다리고 있으며 자신이 저지른 범죄의 잔혹함을 인정하면서도 자신에 대한 판결이 편향될 것이라고 주장한다.[23]

사람들은 아직 젊은 나이를 고려하여 동정을 베풀 필요가 있다는 점은 아랑곳없이, 나를 징벌함으로써 나와 같은 계층의 청년들을 징벌하고 그들의 용기를 영원히 꺾어 놓고자 하니까요. 낮은 신분으로 태어나 가난에 짓눌리면서도 운 좋게 좋은 교육을 받고, 부유한 사람들의 오만함이 사교계라고 이름 붙인 사회에 대담하게도 끼어들고자한 청년들 말입니다.[24]

계급 패싱은 여론의 낙인(stigmatisé)으로부터 상대적으로 벗어나 있으며 **인종** 혹은 **젠더**와 관련한 패싱이 지는 일종의 밀입국과 같은 성격의 위험을 지니고 있지는 않지만 그럼에도 계급 패싱 역시 위장의 측면을 지니고 있다. 계급횡단자는 원래의 사회적 출신과 그에 따른 행동 양식 및 아비투스의 배열이 최종적 변화에 의해 한 꺼풀 가

---

23 [역주] 소설의 후반부에서 쥘리앵은 라 몰 후작의 딸 마틸드와 결혼을 통한 신분 상승을 목전에 두고 있었다. 하지만 그의 꿈은 레날 부인이 다른 사람의 협박으로 인해 작성한 자신과 소렐 사이에 있었던 과거의 내연 관계를 폭로한 한 통의 편지 때문에 좌절된다. 이에 분노한 소렐은 충동적으로 레날 부인을 찾아가 총격을 가하는데 그는 이 살인미수 사건으로 인해 재판을 받게 된다. 원래대로라면 쥘리앵은 아직 그를 사랑하는 레날 부인 그리고 마틸드 라 몰과 주변 사람의 도움으로 가벼운 처벌을 받고 끝날 수 있었다. 하지만 최후 변론에서 그가 갑작스럽게 터뜨린 연설로 인해 결국 쥘리앵이 사형당하는 것으로 소설은 끝이 난다.
24 Stendhal, *Le Rouge et le Noir*, ch. XLI, Paris: Gallimard, "Bibliothèque de la Pléiade", 1956.

려져 직접적으로는 나타나지 않게 된다는 점에서 그렇다. 그러나 기존의 행동 양식들은 표면 위로 슬쩍 노출되거나 혹은 갑작스레 불쑥 튀어나와 버리기도 한다. 그러한 노출이 의도된 방식으로 이루어지든 아니든 이는 그에게 특정한 요소들이 부분적으로 감춰진 채 있었다는 것을 의미한다. 이처럼 **계급 패싱**(class-passing)은 실제로 일종의 변신 및 사회적 적응의 노동을 포함하고 있다. 그렇다면 이제 우리의 문제는 과연 그러한 적응을 통한 새로운 환경으로의 통합이 과연 어느 정도 수준까지 이루어질 수 있는지 알아보는 것이다.

적응과 도태 사이의 계급-이행

계급횡단자들은 단지 남들과 다르다고 느끼는 수준이 아니라 자신에게는 아예 안정되고 고정적인 정체성이 없으며 이리저리 유동적으로 떠돌아다니는 기질만 지니고 있을 뿐이라는 느낌을 받는다. 이러한 측면에서 본다면 계급을 바꾼 이들을 가리키기 위한 엄밀한 용어가 부재하는 이유가 반드시 그들의 존재에 대한 은폐 혹은 비난 때문만은 아닐 것이다. 이러한 부재는 이 현상을 사유하는 어려움과 이 현상에 안정적인 실재성을 부여하고 또한 일시적인 것 외의 지위를 할당하는 작업의 어려움을 가리키는 증거로 해석될 수도 있다. 왜냐하면 계급횡단자의 구성은 계속 변화하며 그의 가장 큰 특징이라면 바로 그가 자신의 계급적 규정성으로부터 떨어져 나갔다는 점이기 때문이다. 그의 기질은 상당한 수준의 가소성과 대립되는 두 환경 사이의 어마어마한 격차를 견디는 소질, 이 두 가지로 특징지어진다. 요컨대 계급횡단자는 신체적·정신적 유연성의 주목할 만한 한 형태를 증명하는 사례이자 일반적이라고 할 수 없는 이례적인 적응 능력을 보여 주는 것이다.

적응한다는 것은 무엇보다 이전의 아비투스를 해체하는 법을 익히고 또한 낯선 세계로 들어가기 위해 기존의 관습들을 버리는 것이다. 다시 말해 과거를 내려놓고 그동안 얻은 것들을 처분하는 것, 요컨대 자신이 물려받은 유산들을 청산하는 것이다. 아니 에르노는 『남자의 자리』에서 이를 압축적으로 보여 주고 있다. "나는 내가 지금까지 교양 있는 부르주아 세계로 들어갈 때마다 그 문턱 앞에서 내보여야만 했던 나의 유산을 드러내는 것을 그만두었다."[25] 적응은 내려 두는 과정을, 심지어는 새로운 자리를 잡기 위해 기존의 것을 내팽개쳐 버리는 과정을 포함한다. 적응은 예전의 가치와 방식을 버리는 것으로 이루어진다. 따라서 적응은 자신의 허물로부터 벗어나는 일종의 탈피 과정을 의미하는데 이러한 변신은 결코 한순간에 일어나는 것이 아니다. 그렇기 때문에 계급횡단자들은 필연적으로 자신에게 맞지 않는 옷(habits)을 입고 살아가게 된다. 새로운 습속(habits)에 곧바로 부합하게 된다는 것은 있을 수 없는 일이기 때문이다. 이 점에서 계급횡단자들은 적응한 존재인 동시에 도태된 존재이다. 그들은 아무것이나 그 즉시 채워 넣을 수 있는 빈 서판(table rase) 같은 존재가 아니며 그들이 데카르트적인 극단적 회의를 수행함으로써 자신의 행동 양식을 일순간에 중지시킨다는 것도 가능하지 않은 일이다. 또한

---

25 Annie Ernaux, *La Place*, Paris: Gallimard, 1983, p. 111.

계급횡단자는 자신이 가지고 있는 아비투스와 행동 양식의 부적당함을 아예 의식조차 하지 못할 수도 있다. 왜냐하면 그에게는 그것이 당연한 것이기 때문이며 또 한편으로는 그가 아무리 현명하다고 해도 부르주아 세계의 예절 규칙과 에티켓의 미묘한 의미까지는 알지 못하기 때문이다. 아니 에르노는 자신이 직접 겪었던 사례를 통해 부르주아 세계에서 통용되는 예절의 형식을 이해하고 그 관습을 해석하는 일의 어려움을 우리에게 들려주고 있다.

> [부르주아 가정에서의] 부모 자식 사이 예절은 여전히 내게 하나의 미스터리로 남아 있다. 교육을 잘 받고 자란 사람들이 소소한 안부 인사 속에서마저 보여 주는 극도의 친절함을 '이해'하는 데까지 내겐 몇 년의 시간이 걸렸다. 나는 부끄러웠다. 내가 그러한 존경을 받을 자격이 없었으며, 그들에게 나의 처지에 대해 매우 특별한 공감을 받았다고 상상하기까지 했다. 그러던 어느 날 나는 그들이 매우 열렬한 관심을 보이는 얼굴로 던진 질문들과 그 미소들이 식사할 때 입을 다물고 먹거나 코를 풀 때는 안 보이는 곳에서 푸는 것과 별로 다르지 않은 의미를 지닌다는 것을 깨닫게 되었다.[26]

기호를 해독하는 작업은 매우 까다롭다. 왜냐하면 중간중간 출신 환경의 코드가 끼어들고 가로막아 해독 작업에 훼방을 놓기 때문이다. 민중 계급에는 직접적 화법, 날것 그대로의 솔직함, 간결한 인

---

26 *Ibid*, p. 72.

사말의 문화가 일반적이고 따라서 이러한 환경에서는 겉치레를 차리지 않고 말하는 데 모두가 익숙해져 있다. 따라서 그러한 환경에서는 극도의 상냥함을 보여 주는 화법이 일반적 예의의 규범으로서 자연스럽게(spontanément) 받아들여지는 경우는 있을 수 없다. 상냥한 말투는 실제로 그러한 시선을 받아 마땅한 특별한 사람에 대한 예외적인 관심과 인정의 표현으로만 사용된다. 그렇기 때문에 단순한 인사치레와 친근한 태도가 우정의 확실한 표현으로 해석될 수 있다. 이러한 착각은 곧 오해와 기만의 원천이 된다. 왜냐하면 정중한 무관심의 표현이 상상 속에서는 특별한 대우의 기호로 변형되기 때문이다. 그러므로 계급횡단자는 무관심한 경의에 익숙해지는 법과 지루함을 열렬한 관심으로 위장하는 법 그리고 설령 속으로는 완전히 딴생각을 하고 있을지라도 공감이나 친절의 환상을 베푸는 법을 배워야 할 필요가 있다. 계급횡단자는 자신의 몸에 밴 무례의 태도를 벗어던지고 자신을 다듬고 또한 가면을 써야 한다.

이것은 결코 쉽지 않은 과제다. 왜냐하면 위선의 거부, 솔직하게 말하기 혹은 직접적 태도와 같은 이전의 존재 방식의 관성과 부딪히기 때문이다. 민중 계급에서는 약하다고 해서 그 누구도 봐주지 않으며 남들보다 뛰어나다고 해서 치켜세워 주지도 않는다. 장갑 따위를 끼는 일은 있을 수 없다. 이러한 환경의 아비투스를 가진 사람이 어떻게 가면을 쓰고 행동할 수 있겠는가. 민중 계급에서 솔직하게 날것 그대로 말하는 것, 직접적으로 이름을 호명하고, 욕지거리를 뱉거나, 투덜거리기 혹은 고성 지르기 같은 화법을 쓰는 건 딱히 누구의 기분도 상하게 하는 행동이 아니며 이를 대수롭게 생각하는 사람도 없다.

오히려 이러한 행동 방식이 사회성의 형식 일부를 이루고 있다.[27] 하지만 그렇게 가볍게 던지는 말과 행동들이 대부르주아지의 세계에서는 상당한 논란을 빚게 되며 굉장한 모욕으로 받아들여진다. 그만큼 태어날 때부터 무척이나 금지옥엽으로 자라난 귀한 집안의 자제들은 자신들의 인격과 존엄성에 상당히 부풀려진 가치를 부여하는 데 무척이나 익숙해져 있다. 그러므로 계급횡단자들은 솔직함이 공격성으로 받아들여질 수 있으며 심지어는 악의를 지닌 행동으로 비쳐질 수 있다는 것을 이해해야 한다. 계급횡단자는 자신의 생각을 베일 속에 감추어야 하며 그 작은 후작들에게 혹시라도 그들을 죽이게 될 수도 있는, 몹시도 치명적인 상처를 입히고 싶은 것이 아니라면 진실을 말하려는 유혹을 억눌러야 한다. 계급횡단자는 자기애가 왕으로서 군림하는 세계로 들어온 것이다. 이 세계에서는 바늘로 아주 약간 찔리는 일조차 거의 국가원수 모독죄를 범한 것처럼 다뤄진다. 새로운 사회적 변화의 배경이 무엇인지에 따라 계급횡단자는 그가 관계하고 있는 부르주아지가 어떤 유형에 속하는지, 그러니까, 대부르주아지인지 아니면 쁘띠 부르주아지인지 혹은 신흥 부르주아지인지 구(舊)부르주아지인지 식별하는 방법을 배워야 하며 더 나아가 재계의 **에토스**, 지적이고 예술적인 세계의 **에토스** 등등을 구별하는 방법 역시 배워야 한다.

---

27 아니 에르노는 『남자의 자리』에서 자신의 부모님이 서로를 걱정하면서도 끊임없이 비난조로 말했다고 술회한다. "'"외출할 때는 머플러 좀 두르란 말이야!" 아니면 "좀 앉아 있으라고!" 누가 들으면 욕하는 줄로 알았을 것이다." 덧붙여 아니 에르노는 그녀의 부모님이 끊임없이 말다툼하고 소리치고 서로를 모욕했다고 말한다. "격주의 교환: 무능한 놈! - 미친년! - 한심한 놈! - 늙은 걸레 등등이 아무렇지도 않게 오갔다." *Ibid.*, p. 71.

가령 부르디외는 쁘띠 부르주아지와 최상층 부르주아지가 각각 문화와 맺는 관계를 다음과 같이 구별한다.

쁘띠 부르주아지들은 문화 게임을 게임으로서 플레이하는 법을 모른다. 그들은 문화를 너무 진지한 것으로 생각한 나머지 허세나 사기 혹은 더 단순하게는 오히려 진정한 친밀성을 보여 주는 문화와의 거리두기나 문화에 대한 건방진 태도를 취하지 못한다. 이처럼 그들은 너무 진지하기 때문에 무지나 실수를 저지를 수 있다는 두려움에서 영원히 벗어날 수 없으며 문화적 수준을 겨루는 경쟁에 아예 참여하지 않거나 자신의 결점을 고백하는 데 거리낌이 없는 사람들, 심지어 그럴 권리가 있다고 생각해 경쟁에 대해 초연한 태도를 보이며 교양의 수준을 묻는 시험 자체를 거부하는 사람들과 달리 그러한 시험에서 벗어날 수 없다.[28]

쁘띠 부르주아지들은 행여라도 잘못을 저지르지는 않을까 하는 공포에 사로잡혀 행동하는 유형의 인간에 속한다. 그들은 교양 (culture)을 마치 축적과 축재의 대상으로 생각한다. 반면에 대부르주아지들에게 교양은 "모든 것을 잊어버린 후에 남는 것"이다. 그들은 낭비의 방식으로 문화 속에서 살아가며 문화와 더욱 천연덕스럽고 유희적인 관계를 유지한다. 그래서 대부르주아지는 자신의 결점과 사소한 거짓말들, 자신의 지적 불성실성을 마치 겉멋을 부리는 것

---

28 Pierre Bourdieu, *La Distinction*, Paris: Minuit, 1979, p. 381.

과 같이 고백할 수 있다. 그것은 애초에 그가 유복하게 태어났기 때문이다. 그는 자신이 즐기는 문화보다 훨씬 상위에 위치하며 그렇기 때문에 그의 존재는 교양의 수준으로 정의되지 않는다.[29] 이와 마찬가지로 재산과 부와 관련해서도 쁘띠 부르주아지와 대부르주아지 각각의 관계 방식은 매우 상이한 에토스에 기초한다. 쁘띠 부르주아지는 자신의 성취와 재산을 증명해야 한다는 논리에 따라 행동한다. 그는 과시할 수 있는 재화와 자본을 중심으로 축적한다. 예컨대 부동산을 매입하고, 자신의 부유함과 재화를 전시하는 등등. 반대로 금전적인 측면과 관련해서 대부르주아지는 무척 신중하며 자신의 부를 공개하는 것을 무척이나 꺼리기까지 하는 윤리를 발전시켰다. 그래서 대부르주아지는 부동산보다는 유가 증권을 선호하며 자신의 정확한 재산 총액을 결코 누설하지 않는다.

　　삶의 양식과 에티켓의 베리에이션이 얼마나 상이하든지 간에 부르주아 문화는 감정을 자제하는 능력을 중시하는 경향이 있으며 사람들 사이의 유쾌한 교류에 장애물이 되는 각종 요인들을 아예 삼가는 방향으로 발전되었다는 점은 확실하다. 부르주아지들에게 분노나 누군가에게 동의하지 않는다는 의견을 강력하게 표현하는 것은 그들의 예의범절과 상충한다. 어떤 상황이든 품위를 유지해야 할 필요가 있다. 다시 말해서 잔잔하고, 흔들림 없이, (이 용어의 첫 번째 의미에서) **공손한**(poli)[30] 표정을 유지한 채로 스스로를 제어하고 통제할

---

29 다음을 참조하라. *Ibid.*, 특히 3부 "계급의 취향과 생활양식"(Goûts de class et style de vie).

30 [역주] '반들반들하게 닦다', '윤내다'라는 동사 polir에서 파생된 이 단어는 갈고 닦아서 매끄럽다는 의미를 지니고 있다.

수 있어야 한다. 람페두사의 사례는 이 점을 아이러니한 방식으로 보여 주고 있다. "상류층 사람들은 상당한 호감을 준다. 왜냐하면 무엇보다 그들이 인간 조건의 매우 큰 부분을 차지하고 있는 불평과 불만의 토로를 아예 제거해 버리고 누구에게나 유익한(profitable) 이타주의 — 형용사의 효과가 그 명사의 무용성을 벌충해 준다 — 의 일환에 따라 실천하기 때문이다."[31] 이 유익한 규범들에 대한 위반은 경제적으로는 물론이고 사회적으로도 지탄받아 마땅한 나쁜 행실이며 그런 말도 안 되는 짓은 교육의 부족을 드러내는 증거다.

만약 상류 사회로 편입되기를 원한다면 계급횡단자는 그 거친 성미를 감춰야 할 것이다. 그의 태도는 전혀 그럴 의도가 없을 경우조차 폭력적인 행동으로, 그렇지 않더라도 적어도 상황에 맞지 않는 행동으로 간주되기 때문이다. 물론 계급횡단자로서는 겨우 그 정도의 말을 선정적이라고 느끼고 심지어는 그로 인해 상처를 입거나 화를 낼 수도 있다는 것에 놀라겠지만 말이다. 그런데 이러한 변신은 필연적으로 일정한 시간과 긴 숙성의 과정을 요구한다. 왜냐하면 일단 자신의 화법에서 사람들이 거슬려 하는 것이 무엇인지 발견하고 난 뒤에야 비로소 변신이 이루어질 수 있기 때문이다. 부르디외는 『자기-분석을 위한 초고』에서 그러한 자각에 이르는 데에 기나긴 과정이 필요하다는 점을 강조하고 있다. 부르디외 역시 자신의 대수롭지 않은 행동들과 표현 방식이 부유한 파리지앵 상속자들의 여유로운 태도와 상당히 대조적이며 특히 자신의 아주 사소한 행동조차 파리의 상속

---

31 Tomasi di Lampedusa, *Le Guépard*, Paris: Seuil, 2007, p. 145.

자들과는 대단히 상반되는 표현 방식으로 인해, 다시 말해서 "공격적 소심함과 투덜거리는 난폭함이 뒤섞여" 있는 자신의 말투와 제스처 그리고 몸짓으로 인해 그러한 표현 이면에 숨겨진 진의가 무시된 채 액면 그대로 받아들여지고 심지어는 상당히 폭력적인 언사로 잘못 해석되기 일쑤였다는 사실을 깨닫는 데 상당히 오랜 시간이 걸렸다고 고백하고 있다. 비록 그의 행동이 일정 부분은 지식인 및 학자들의 세계의 관습에 대한 반사적인, 심지어는 의례적인 위반인 경우였을 때에도 말이다.[32] 더 나아가 부르디외는 비록 자신이 그러한 코드들을 익히고 그것에 순응하고자 상당한 노력을 기울였음에도 자신의 행동에는 여전히 이전 에토스의 흔적들, 예컨대 아무 사람이나 붙잡고 아무것이나 이야기하는 무례함 같은 에토스가 남아 있었다는 것을 시인한다.

사실 이 모든 것은 단지 방식의 문제일 수도 있다. 소설 『표범』의 부유한 농부 돈 캐로지로 세다라와 탕크레드 제후의 만남은 이 점을 보여 주고 있다. 돈 캐로지로는 '세다라'에서(à la Sedàra)에서 잔혹한 짓을 서슴없이 저지르는 데 이골이 난 자였으며 언제나 귀족들을 등쳐 먹을 궁리만 하던 자였다. 어느 날 그는 젊은 귀족 역시 자신과 마찬가지로 탐욕스러우며 자신과 똑같은 목표를 지향한다는 것을 그러나 자신과 달리 완력이 아니라 매력을 통해서 그 목표를 달성한다는 것을 깨닫게 되었다. 그 역시 자신도 모르는 새에 이 매력에 빠지게 되었고 그 매력의 효과를 직접 확인하게 된다.

---

32 Pierre Bourdieu, *Esquisse pour une auto-analyse*, Paris: Raisons d'agir, 2004, p. 115.

천천히, 돈 캐로지로는 사람들과 함께 식사하는 일이 반드시 음식 씹는 소리가 요동치고 기름 얼룩이 범벅 되는 것은 아니라는 점을 이해하게 되었다. 마찬가지로 모든 대화가 개들이 짖어 대는 것 같은 분쟁 같은 것은 아니라는 사실을, 여성에게 길을 양보하는 것이 예전에 굳게 믿었던 것처럼 나약함을 드러내는 증거가 아니라 오히려 힘의 증거일 수도 있다는 사실을, 이 세상에는 "너 귀가 먹은 거야 뭐야?"라고 말하지 않고 "잘 이해하지 못했습니다"라고 말하는 사람도 있다는 사실을 알게 되었다. 그리고 그러한 수법을 사용함으로써 음식, 여자, 논증, 대화 상대를 사로잡을 수 있으며 자신이 상대에게 잘 대해 줄수록 상대도 자신에게 잘 대해 준다는 점에서 그러한 수법이 무척이나 유익하다는 것을 이해하게 되었다.[33]

그러나 이러한 교훈을 누구나 곧바로 써먹을 수 있는 것은 아닐 것이다. 왜냐하면 일단 그 방식에 숙련되어야 하기 때문이다. 이는 오랜 시간을 필요로 하는 길들이기와 세공의 고된 노동을 포함한다. 소설의 화자는 이렇게 쓰고 있다.

돈 캐로지로가 자신이 배운 모든 것을 곧바로 사용할 수 있었다고 말하는 것은 터무니없는 일일 것이다. 그는 면도하는 법을 조금 더 잘 알게 되었고 씻을 때 사용하는 비누의 양을 덜 걱정하게 되었다. 그게 전부다. 그러나 바로 이때부터 삼대의 시간을 거쳐 그와 그의 후

---

33 Lampedusa, *Le Guépard*, pp. 145~146.

손들이 우악스러운 시골 사람에서 백면서생의 집안으로 변모하기 시작했다.[34]

즉 다른 계급으로의 이행은 단순히 그 계급의 관례와 아비투스에 이론적으로 동화되는 것으로 끝나지 않으며 부르디외가 신체를 통한 학습(apprentissge par corps)이라고 불렀던 아비투스와의 실제적인 혼연일체를 이루는 것이 요구된다.

계급을 바꾼다는 것은 곧 낯선 세계로 진입한다는 것을 의미한다. 이 세계에서 우리는 일단 언어부터 새로 배워야 하며 또한 온갖 기호들을 해독하는 방법을 익히고 새로운 행동 양식들을 받아들여야 한다. 적응은 곧 그 이질성으로 인해 우리를 방황하도록 만드는 세계의 언어를 받아들이는 것이자 그 세계의 가치와 표상을 체화하고 자신의 것으로 만드는 것을 의미한다. 이것은 새로운 태도를 습득할 수 있을 때까지 변화를 거부하는 이전의 몸과 정신에 배인 아비투스에 대립하는 방식으로, 자신의 몸과 정신을 강제로 구부리고 펼치는 것을 반복하는 일이다. 그것은 거의 고문이나 다름없을 것이다. 계급의 변화는 새롭게 해석해야 할 미지의 영토의 발견일 뿐만 아니라 개척해야 할 영토의 발견이기도 하다. 그곳에 살기 위해 필요한 교양을 쌓는 일은 그 세계가 부과한 파종의 규범에 따라 밭고랑을 파는 일과 같다. 이 점에서 계급 변화는 매우 특별한 유형의 민속학적 경험처럼 보인다. 계급횡단자는 어떤 부족 안으로 들어가려고 시도하는 동시에

---

34 *Ibid.,* p. 146.

그 부족으로부터의 거부에 노출되기 때문이다. 즉 계급횡단자는 관찰자인 동시에 관찰의 대상이며 평가의 시선하에 살아간다. 이러한 맥락에서 계급횡단자는 레비스트로스처럼 인류학자인 동시에 파리에 살고 있는 한 명의 남비콰라족 원주민 혹은 한 명의 페르시아인이다. 계급횡단자는 통행과 통합의 의식을 따라야만 한다. 그에게 부르주아 세계에서 첫 번째로 치르게 되는 식사 의식은 유쾌한 민속학적 체험이라기보다는 고통스러운 입문 의식이다. 수많은 유리잔들과 식사 용품들은 그 사용법을 모르는 사람에게는 세련미와 화려함을 보여 주는 증표라기보다는 오히려 식사 중 결례를 범할지도 모르는 횟수의 증가를 의미할 뿐이다. 그래서 계급횡단자들은 자신을 둘러싼 사람들만이 아니라 물건들까지도 두려워하게 된다. 그는 언어의 법정 앞에 서 있을 뿐만 아니라 또한 사물들의 법정 앞에 서 있다. 이 법정 안에서 그는 어떻게 말을 해야 하고 어떻게 물건들을 사용해야 하는지를 깨우쳐야만 한다.

실제로 부르주아 세계로 파고드는 일은 단지 자신과 다른 예절관을 가진 존재들과 마주하는 것에 그치지 않으며 계급횡단자의 침투는 부유함과 교양 그리고 차별성에 자연스럽게 수반되는 부속품의 대상 세계로 틈입하는 것이기도 하다. 계급횡단자는 이 대상 세계 속에서 도르래에 매달린 채 혼란스러운 어둠 속에 빠진다. 이 심연은 그의 출신 환경이 궁핍할수록 더욱 광막하게 느껴진다. 바로 그만큼 계급횡단자는 더 많은 적응의 노력을 들어야 하며 또 그만큼 헤아릴 수 없을 정도로 그를 모욕할 거리가 생겨난다. 예컨대 전화를 걸 줄 모른다는 것, 변기 물을 내릴 줄 모른다는 것, 화장실을 쓸 줄 모른다는 것, 텔레비전을 켤 줄 모른다는 것을 어떻게 고백할 수 있겠는가? 부유한 저택을 장식하고 있는 더 정교한 장치들과 수많은 기술적 발명품들은 더 말할 것도 없을 것이다. 그러한 물건들을 사용할 줄 모른다는 무능력은 문자 그대로 생각될 수조차 없으며 그 사실을 들킬 경우에는 어리석고 뒤떨어진 사람으로 보이게 될 것이다.

그러므로 계급횡단자는 자신의 부적격함(inaptitude)을 감추고 사물들에 맞서 싸우며 또한 그 사물들의 함정을 피하기 위해 노력한다. 이로써 계급횡단자는 일종의 조기 노화를 겪는다. 그는 근대 세계에 완전히 뒤처진 노인들처럼 살아가고 그렇게 다른 사람들로부터 단절된다. 왜냐하면 그는 어떤 집단 내의 공동생활의 새로운 형태들을 규정해 주는 최신 발명품들의 사용법을 모르는 데다 그 집단 내로의 통합의 조건이 되는 기술적 숙련도를 보여 줄 수 없기 때문이다. 요컨대 한 계급의 사물들 자체가 적응의 노력을 방해한다. 사람들의 거부와 사물들의 거부의 틈바구니 속에서 계급횡단자는 새로운 세계에 발붙이기 위해 무진 애를 쓰게 된다.

그러므로 계급횡단자는 언제나 긴장 상태에 놓여 있다. 왜냐하면 언제 실수를 하게 될지 모르고 또 그 실수로 인해 실패하거나 열등의 낙인이 찍힐 수도 있는 상황에 처했기 때문이다. 따라서 계급횡단자에게는 비밀스러운 불안 혹은 자기 의심의 한 형태가 생겨난다. 그러한 불안은 자신의 성공을 떠벌리거나 혹은 사회적 금기를 깨거나 아니면 지나친 자기 검열을 수행하는 등의 성향으로 발휘되곤 한다. 물론 어쩌면 그렇게 나타나는 성향이 계급횡단자를 선두에 서게 하고 또한 사회적 상승을 가로막는 문턱들을 넘을 수 있도록 해 주는 것일지도 모른다.

계급횡단자에게 사건은 자신의 여유로움을 보여 줄 수 있는 기회라기보다 그의 불만족스러움을 이겨 내야 하는 시험이다. 이 점에서 그의 행복한 궁핍 상태는, 스피노자적 용어를 빌려 온다면 **자족감** (satisfaction de soi, acquiescentia in se ipso)보다는 만족(contentement, gaudium)을 낳는다. 자족감이 자기 자신과 스스로의 행위 역량을 관조하는 것으로부터 생겨나는 기쁨이라면,[35] 만족은 바랐던 것보다 상황이 더 낮게 이루어진 일에 대한 관념을 수반하는 기쁨이다.[36] 그러므로 만족은 예상되었던 슬픔을 이겨 낸 기쁨의 형식이다. 요컨대 만족은 단순히 주어진 것에 대한 자족감이 아니라 힘겹게 싸워 획득한 기쁨이라고 할 수 있다.

그로 인해 계급횡단자의 기질은 무모함과 소심함 그리고 호전성과 유순함의 혼합으로 이루어져 있다. 이러한 기질적 특성은 긴장 속에서 살아온 계급횡단자의 역사를 반영하는 산물이자 적응과 도태 사이에서 그가 겪은 영속적인 동요를 증언해 주고 있다. 이러한 감정적 기질은 성격적 특징과는 관련이 없다. 그것은 계급 이동의 결과물이며, 조건들 사이의 격차가 얼마나 큰지에 비례하여 나타난다.

이 점에서 계급횡단자들의 기질(complexion)은 일종의 '복합물'(complexation) 혹은 화학적 합성물(complexe)처럼 형성된다고 할 수 있다. 그의 기질의 형성은 화학적 분자 구조와 유사하다. 반-이온 입자가 그것과 상반되는 이온 핵 또는 이온 입자에 첨가될 경우 반-이온 입자는 자신과 상반되는 것들과 연합하여 하나의 존재

---

35 Baruch Spinoza, *Éthique*, "Définitions des affects", III, XXV, trans. Bernard Pautrat, Paris: Seuil, 1998.

36 *Ibid.*, XVI.

를 형성하게 되고 그 과정에서 반-이온 입자와 이온 입자 가운데 둘 중 하나의 성질은 사라져 버린다. 이처럼 계급횡단자의 기질은 단일한 정체성과는 거리가 멀다. 실제로 우리는 계급횡단자의 기질에 관해 사유할 때 길항하는 것들 사이의 조합들이 혼합되어 있는 패턴(contexture)을 사유하게 된다. 그러나 이때 그러한 구성과 조합이 반드시 완벽한 통합의 결과로 나타나는 것은 아니다.

계급횡단자들은 실제로 두 얼굴을 지니고 있다. 얼굴 중 한쪽은 과거를 향해 있고 다른 쪽은 미래를 향해 있는 문의 신, 두 얼굴의 **야누스** 신의 이미지처럼 말이다. 통행 문이 얼마나 열려 있는지 혹은 얼마나 닫혀 있는지에 따라 계급횡단자의 과거의 얼굴은 그림자 속에 잠겨 있을 수도 있으며 혹은 또다시 수면 위로 나타나기도 한다. 문은 과거가 드러날 때 움직이고 과거가 배척될 때는 고정되어 있다. 유동성과 계속적인 움직임, 그것이 계급횡단자의 특징이다. 따라서 계급횡단자는 관貫정체성(transidentité)을 통해 정의될 수 있으며 틈새(entre-deux)의 논리에 따르고 있다.

II. 틈새

계급횡단자는 자신이 건너온 두 세계 사이에 놓인 다리를 끊어 버리고 싶어 한다. 하지만 그는 결국에는 언제나 자신의 출신지로 되돌아가게 될 것이다. 그가 원하든 원하지 않든 말이다. 혈연이 아무리 묽어지고 흐려질지라도 출생 관계는 결코 완전히 단절될 수 있는 것이 아니다. 거부와 위장에도 불구하고 계급횡단자는 자신이 태어난 곳에서 태어났다는 사실 자체를 부정할 수는 없다. 마찬가지로 다른 세계로의 통합은 되돌아올 수 없는 강을 건너는 것으로는 설명될 수 없다. 왜냐하면 우리는 언제나 우리의 출신으로 되돌려 보내지기 때문이다. 예컨대 부모의 죽음이라는 순간은 우리 모두 누군가의 아이였다는 사실을, 또한 그 누군가의 밑에서 태어나 자랐으며, 원했든 원치 않았든 자신은 어쩔 수 없이 어느 집안의 역사 속에 새겨져 있고 그곳에서 자신의 최초의 기질을 형성하였으며 그 기질이 여전히 자신 안에서 살아 숨 쉬고 있다는 사실을 상기시켜 주지 않는가. 고아가 되는 데 필요한 나이란 없는 것이다. 부모의 죽음은 인간 안에 잠들어 있는 아이의 흔적을 일깨운다. 부모의 죽음은 우리가 거부할지라도 어떤 식으로든 처리해야 할 죽은 부모의 유산을 손에 쥐여 주는 것이다. 아니 에르노가 『남자의 자리』에서 자신의 아버지의 죽음 이후에 관한 이야기를 쓰고 디디에 에리봉이 『랭스로 되돌아가다』에서 자기 아버지의 죽음 이후의 이야기를 쓰는 것은 결코 우연이 아니다.

그렇기 때문에 몽테뉴의 말을 빌리자면 비록 계급횡단자들이 마치 카멜레온처럼 자신이 위치하는 곳에 따라 자신의 색을 바꾸는 것은 맞지만 그들의 색감(contexture)은 항상 얼룩져 있다. 그는 점차 변해 가는 자신의 모습을 부인할 수 없지만, 그렇다고 자신이 출신 환경의 색깔을 완전히 유지하고 있다고 주장할 수도 없다. 조국으로의 귀환은 모두 기나긴 해외 체류로 녹이 슬어 버린 채 이루어지기 마련이다. 혹은 그동안 겪은 온갖 굴곡의 흔적이 보이지 않도록 그 위에 옻이 덧칠된 채로 이루어진다. 따라서 계급횡단자의 특성은 바로 그의 이중 귀속에 있다. 그는 여러 환경의 중심지이자 교차점의 장소, 다시 말해서 틈새(entre-deux)에 존재한다.

이러한 이중 귀속은 스탕달의 『적과 흑』에서 그려지는 의복의 교체 의식에서 생생하게 드러난다. 『적과 흑』에서 라 몰 후작은 야심과 사랑을 수단으로 삼아 자신과 같은 자리까지 올라선 쥘리앵 소렐이 비록 자신의 하급자이나 동시에 가정 교사였기에 자신과 동등했던 그와의 미묘한 관계를 의복을 통해 조정하고자 했다. 라 몰 후작은 품위 없는 검은색 옷만을 입어 왔던 쥘리앵 소렐에게 푸른색 원단의 고급 의복을 선물했고 쥘리앵이 어떤 옷을 입는지에 따라 완전히 다른 방식으로 대했다. 쥘리앵이 귀족의 상징 색인 푸른 옷을 입을 때 그는 명문가의 혈통(un sang bleu)을 지닌 것과 마찬가지였고 따라서 후작은 쥘리앵을 자신과 동등한 위치의 사람으로서 극진한 예의를 갖춰 대우해 주었다. 반면 쥘리앵이 하급 성직자의 상징 색인 검은 옷을 입을 때 그는 하급자의 신분에 있는 고용인(雇傭人)이자 비서에 불과했다.

어느 날, 후작은 쥘리앵을 곧잘 안절부절못하게 했던 예의 그 과도하리만치 공손한 말투로 이렇게 말했다. 친애하는 소렐 군. 자네에게 푸른색 정장을 한 벌 선사하고 싶은데 부디 받아 주기 바라네. 언제든 마음이 내킬 때 이 옷을 입고 내게 그 모습을 보여 주게. 자네가 푸른색 정장을 하면 레츠 백작의 막냇동생, 그러니까 내 친구인 노공작의 아들로 보일 걸세. 쥘리앵은 후작이 그러는 이유에 대해 고개를 갸웃하면서도 바로 그날 저녁 푸른색 정장을 입고 후작에게 갔다. 후작은 그를 자신과 같은 신분으로 대우해 주었다. 쥘리앵은 자신이 정말로 정중한 대접을 받고 있다는 걸 알아차릴 수 있는 감수성의 소유자였지만, 그런 예절에도 미묘한 뉘앙스의 차이가 있다는 건 모르고 있었다. 그는 자신이 후작에게 이렇게 정중한 대접을 받으리라고는 꿈에도 생각해 보지 못했다. […] 다음 날 아침 쥘리앵은 서명받을 편지들을 서류철에 잔뜩 끼워 가지고 검은 옷을 입고 후작에게 갔다. 후작은 원래 방식대로 쥘리앵을 대했다. 하지만 저녁에 푸른색 정장을 입고 가자 이번에는 아침과 영 다른 태도로, 지난밤처럼 지극히 정중하게 그를 대했다.[1]

---

1 Stendhal, *Le Rouge et le Noir*, "Une attaque de goutte", Paris: Gallimard, "Bibliothéque de la Pléiade", 1956, p. 302.

그렇지만 기질은 단지 색상의 변화 정도에 그치는 것이 아니다. 쥘리앵은 푸른 옷을 입을 때도 검고, 검은 옷을 입을 때도 푸르기 때문이다. 균열(clivage)이 분할(partage)의 유일한 형식인 것은 아니다. 얼룩덜룩한 혼합 자체가 하나의 태도로서 나타날 수 있다. 흐릿함 자체가 그의 고유한 이미지로, 혼성이 그의 고유한 특성으로 나타날 수 있는 것이다. 따라서 그 형태와 모습 혹은 그것을 물들인 염료가 무엇이든지 간에 계급횡단자의 기질은 잡종적이라고 할 만하다. 그의 짜임새(tissage)는 이종교배를 통해 나왔다(metissage). 계급횡단자는 태어난 그대로 존재하는 것이 아니라 숱한 전정 작업과 수선 작업을 통해 구성된다. 그 작업이 잘 이루어졌다면 겉으로는 그에게서 푸른색만이 보이겠지만 말이다. 계급횡단자의 구성은 한 편의 역사와 변천의 과정 속에서 구성되며 이 구성 과정은 단순한 누적이나 하나의 층위의 다른 층위로의 대체가 아니다. 다시 말해서 계급횡단자의 구성은 출신 환경으로부터 점점 멀어지면서 점차 도착 환경에 가까워지는 식의 연속적 시간성의 법칙에 따라 일어나지 않는다.

물론 출신 환경과의 거리 두기, 새로운 삶의 방식에의 적응, 도착 환경 속으로의 동화 등의 과정을 시간적 순서에 따라 단계별로 구별하는 일은 당연히 가능하다. 그렇지만 한 상태에서 다른 상태로의 이행이 결코 선형적인 진보의 궤적을 그린다고 볼 수는 없다. 과거는 현재 속으로 끊임없이 되돌아오며 그때마다 현재의 삶에 변형을 일으키는 밀물과 썰물을 동반한다. 출신 환경의 경험이 정확히 유년 시절에 국한되고, 새로운 세계로의 변화와 입문의 과정은 오직 청소년기에만 일어나는 것이며, 새로운 세계로의 완벽한 통합은 은퇴 후 마침내 되돌아갈 자리를 찾게 되는 성인기에 이루어진다고 믿는 것은 환상에 불과하다. 각각의 상이한 국면들은 결코 체계적으로 연결되어 있지 않다. 각각의 단계들은 서로 중첩되어 있으며 또한 각각의 단계는 긴밀하게 얽혀 있는 상호 관련 속에서 전개된다.

그러므로 새로운 삶의 방식의 발견은 출신 환경과 점차 거리를 둔 결과인 동시에 마찬가지로 그것과 거리를 두게 되는 원인일 수 있다. 과거의 출신 환경이 결코 극복할 수 없는 부메랑이 되어 돌아온다면 통합은 위기를 맞이하게 된다. 바로 그렇기 때문에 완전한 통합은 결코 있을 수 없다. 이러한 귀환이 반드시 부르디외[2]가 『농촌 독신 남성 연구』*Le Bal des célibataires*에서 말한 오디세우스적 형식을 갖춘 재전유의 방식으로 이루어지는 것은 아니다. 가족 관계가 완전히 단절된 경우가 아니라면 혹은 가족사에 자발적으로든 강제적으로든 완전히 무관심할 수 없을 경우 귀환은 끝없는 왕복의 형식으로 나타날 수도 있다.

거리의 에토스

체험의 주관적 양상이 어떠하든지 우리는 계급횡단자들이 겪는 이행과 틈새의 실천이 보이는 객관적 특징을 거리의 **에토스**라고 칭할 수 있을 것이다. 두 세계의 교차점에 서 있는 계급횡단자들은 출신 환경과 도착 환경 둘 모두와 관련한 이중의 거리를 경험하게 된다. 이 거리가 반드시 두 환경 사이의 완벽한 중간 지점 또는 이상적인 균형점

---

2 *Awal. Cahiers d'études berberes*, no. 18, Paris: Maisons de sciences de l'homme, 1998을 참조하라.

을 발견하는 것으로 끝나는 것은 아니다. 이 거리는 개인들의 차이와 저마다의 출신 환경과 도착 환경 사이의 격차에 따라 다양한 수준의 가까움과 멂의 형태로 드러날 수 있다. 계급횡단자가 밟아 온 이력의 범위와 거리의 본성이 반드시 동일한 것은 아니다. 이 점은, 어떤 계급횡단자는 특정한 문화적 코드 안에 소속되고 스스로를 차별화하기 위해 멀리 떨어진 대도시나 근처의 교외를 찾아 상속권을 포기하거나 혹은 박탈당한 채로 시골을 떠나기도 하고 또 다른 계급횡단자의 경우는 유복한 백인들의 세계에서 살기 위해 흑인 게토를 떠나기도 한다는 사실을 고려해 본다면 명백하다. 마찬가지로 이 거리는 한 개인에게도 그의 역사적 과정(histoire)에 따라 다르게 표상될 수 있다. 그의 이야기(histoire)가 이전의 관습들과 행동 양식들을 벗어던지고 새로운 환경의 태도를 2차 본성으로서 받아들이는 연속적 진보보다는 그가 걷는 궤적이 혼란스러운 잡종화(hybridation caothique)의 과정에 훨씬 가깝다는 점에서 더욱 그러하다.

에토스는 무엇보다 우선 내밀하고 내적이라고 규정할 수 있을 거리로부터 생겨난다. 이 거리는 '나'라는 존재의 간극(je(u))의 도입으로서 나타나는데 이것은 최초의 조건과의 일종의 분리 혹은 탈중심화로 번역될 수 있으며 혹은 그러한 반역을 저지르는 것이라고 할 수도 있는데, 이는 또한 이동과 깊이 관련되어 있다. 단, 이때의 이동은 물리적인 것이라기보다는 정신적인 것과 관련한다. 폴 니장은 『앙투안 블로이에』에서 이러한 거리의 발생이 일어나기 위한 전제들을 그려 내고 있다.

그렇게 앙투안은 그날 저녁 집 대문 앞에 앉아, 자신이 순진무구한 야심을 갖고 입문한 학문의 세계가 부모님과 함께 보냈던 그의 청년기의 세계와 상당히 멀리 떨어져 있다는 것을 어렴풋하게나마 경험하기 시작했다. 그는 어떤 분리가 시작되고 있음을 느꼈다. 그는 자신의 부모와 같은 피, 그들과 같은 조건을 가지지 않게 되었다. 그는 이미 일종의 상실을 겪은 것처럼 다시는 돌이킬 수 없는 배반을 저질렀다는 듯이 고통스러워했다.[3]

출신 환경과의 분리와 계급의 변화가 실제로 일어나기 전부터 이 거리는 이미 감정적 분리의 형태로 먼저 나타난다. 이것은 아니 에르노가 『남자의 자리』에서 사회적 궤적의 메타포이자 상징인 기차여행의 장면에 관해 쓰면서 포착하고 있는 것이기도 하다. 일등석 객실에 앉아 저자는 자신이 다시는 되돌릴 수 없는 변화를 겪었다는 사실을 반추하며 자신이 출신 계급과 완전히 다른 계급 속으로 편입되었다는 점을 의식하게 된다.

불현듯 어안이 벙벙해지면서 깨달았다. 지금의 나는 정말로 한 명의 부르주아지였다. 너무나도 늦게 그렇게 되었지만 말이다. 그리고 훨씬 나중에 나는 첫 발령을 기다리던 여름, "내가 이 모든 것을 설명해야만 한다"고 느꼈다. 아버지와 그의 삶에 대해 그리고 청소년기에 나와 그 사이에 생긴 이 거리에 관해 쓰고 싶었다. 마치 이별한 사랑처럼 특별하지만 이름은 가지고 있지 않은 계급의 거리에 관하여.[4]

---

3 *Ibid.*, p. 72.

4 Annie Ernaux, *La Place*, Paris: Gallimard, 1983, p. 23.

'계급의 거리'라고 표현된 객관적 명칭은 이 거리에 대한 주관적인 체험의 독특한 감정적 부채를, 가슴을 옥죄는 이별한 사랑을 그리고 이제 더 이상 회복할 수 없는 한때 하나였다는 감각과 뒤섞여 있는 애착관계의 상실이 가져오는 심적 부하를 제대로 설명할 수도 없을 뿐만 아니라 자신이 가족들과는 다른 존재라는 혹은 극단적으로 다르다는 느낌에서 비롯되는 가족에 대한 거부감과 배척감 역시 포착해 주지 못한다.

물론 계급의 거리에 대한 주관적 체험이 반드시 고통을 동반하는 멀어짐(éloignement)의 형태로 나타나는 것은 아니다. 때로 멀어지는 것은 자발적으로 일어나기도 하는데 이 경우 멀어짐은 오히려 자신의 형제들과 같아지는 것을 경멸하는 욕망의 표현인 동시에 자신은 다르다는 자긍심의 표현이며 또한 자신의 성공과 우월성을 확인시켜 주는 보증물이다. 존 에드거 와이드먼이 『형제와 보호자』에서 자신의 형제에게 다음과 같이 고백하는 것이 바로 그러한 사례다. "우리 사이의 거리가 내가 얼마만큼 성공했는지의 척도였어."[5] 디디에 에리봉 역시 마찬가지였다. 그는 자신이 형제들 가운데 한 명을, 결코 되고 싶지 않은 멀리 떨어져야 하는 사람의 표본으로 남몰래 생각했다고 고백한다. 그에게는 바로 그 형제가 보이지 않는 곳까지 달아나는 것이 그가 더 이상 노동자의 세계에 속하지 않는다는 것을 보여 주는 표식이었다.[6] 그러나 멀어짐이, 가족들과의 분리와 그들에 대한 거부를 통해 결코 사랑할 수 없는 자신의 삶으로부터 지워 낸 자신의 일

---

5 John Edgar Widemand, *Suis-je gardien de mon frère?*, Paris: Gallimard, "Folio", p. 56.
6 Didier Éribon, *Retour à Reims*, Paris: Fayard, 2010, pp. 114~115.

부와 관련되어 있는 만큼 이러한 멀어짐은 아마 여전히 이별한 사랑의 한 형태라고 할 수 있을 것이다.

이러한 내적 거리는 외적 거리를 통해 급속도로 늘어난다. 내부의 불편함으로 머나먼 곳으로의 이주를 실행하는 순간 내적 거리는 단순한 정신적 거리에서 공간적인 거리로 전환된다. 두 세계가 하나의 동일한 공간에서 공존할 수 없다는 것, 요컨대 동일한 영역에 함께 자리할 수 없다는 불가투입성의 원리가 참인 한 계급 이탈(déclassement)은 이동(déplacement)의 형태로 가장 자주 나타나기 마련이다. 그렇기 때문에 계급의 역사적 변화는 지리적 멀어짐으로, 도시와 시골, 수도와 지방, 도심과 변두리, 신도시와 베드타운, 선진국과 개발도상국 등을 가르는 경계의 이동으로 나타난다. 예컨대 쥘리앵 소렐은 그가 태어난 베리에르를 떠나 브장송으로, 브장송에서 다시 파리로 전진한다. 아니 에르노가 이브토에서 루앙 그리고 다시 파리로 이사한 것처럼 파리로의 길은 많은 경우 사회적 신분 상승의 징표다. 그러니 라스티냐크의 외침은 계급횡단자들을 집결시킬 만하다. 물론 이 현상이 프랑스에서만 나타나는 것은 아니다. 존 에드거 와이드먼이 자신과 그의 형제 사이에 둔 심리적 거리는 피츠버그의 흑인 게토와 필라델피아의 펜실베이니아대학 사이의 물리적 거리로 드러나게 된다. 계급의 변화는 자리의 변화다.

계급횡단자는 변화를 겪은 후에 새로운 거주지에 자리 잡는 것으로 보인다. 그는 말 그대로 계급의 이동(transport de classe)을 경험한다. 그의 모험은 유목 혹은 이주의 한 형태에 가까워 보인다. 아마 그렇기 때문에 계급횡단자는 탈주자(transfuge)로 혹은 더 정확하게는, 아니 에르노의 표현을 빌리자면 내부의 이민자로서 나타난다.[7] 작가가 프랑스 사회의 중심부로 틈입한 자신의 궤적을 사유하기 위해 외적 이민의 비유를 통해 사용하는 이 표현은 계급횡단자가 한때 자신의 것이었던 것들로부터, 때로는 공간적으로 아주 멀리 떨어지는 동시에 분리되기 때문에 겪는 지리적 멀어짐과 정신적 유배 그리고 내적 추방을 모두 아우르는 거리의 이중적 차원을 포착하는 데 성공하고 있다.

실제로 거리의 에토스는 단지 출신 계급과 관련할 뿐만 아니라 도착 계급에도 관련되어 있다. 마틴 에덴의 사례는 이 점을 단적으로 증언해 준다. 실제로 그는 부르주아 세계로 들어간 이후로 매 순간마다 그 세계의 이질성을 마주하게 되었고 그렇게 마주치는 이질성은 그 세계의 모든 것이 자신과 그가 사랑한 부르주아 계급 출신 여인 루스를 갈라놓는 깊은 구멍의 기호로 보이게 만들었다. 한 가지 예를 들자면 어느 날 그는 은행에서 나오는 루스의 어머니를 보게 되었고 이 경험은 마틴 에덴에게 그와 루스를 떼어 놓는 '막대한 거리의 또다른 증거'가 되었다. 그녀의 어머니는 은행장들과 직접 관계하는 계급에 속하는 것이다.[8] 이 거리는 심연의 구렁텅이로 상당히 여러 번 표현된다. 선원의 잔뼈가 굵은 세계와 세련되고 합당한(légitime) 교양의 세계를 갈라놓는 구렁텅이 말이다. 계급횡단자들은 이 구렁텅이를 넘어서기 위해 대체 어떤 교두보를 놓아야 할지 알지도 못하는 채로 다만 그 구렁텅이를 넘어서기를 욕망한다. 이때 계급횡단자들의 제한

---

7 Annie Ernaux, *L'Écriture comme un couteau*, Paris: Stock, 2003, p. 35.

8 Jack London, *Martin Eden*, Paris: Phéus, "Libertto", 2001, p. 61.

된 상상력에 돌파구를 열어 주는 것은 바로 세계들의 충격이다. 이 충격은 계급횡단자가 순진하게 욕망하고 있는 이상화된 세계를 전유하고 자신과 그 세계 사이의 차이를 지우기 위해 뛰어넘어야 할 거리를 그제서야 제대로 볼 수 있게 만든다.

　　처음으로 부유한 세상 속으로 들어가 그곳에서 받아들여지는 경험은 대부분의 경우 역설적이게도 각 세계의 삶의 방식들 사이에 놓인 상상조차 할 수 없는 격차를 실감할 수 있는 기회를 의미한다. 이 경험은 어떤 점에서는 벼락과도 같은 계시의 순간과 같다고 할 수 있다. 왜냐하면 이 순간 계급횡단자는 두 세계의 차이를 발견하게 되고 두 눈으로 보고도 믿기 힘든 그 차이가 과연 무엇인지 직접 대면함으로써 서서히 알아 가게 되기 때문이다. 이러한 맥락에서 마틴 에덴의 이야기는 범례적이며 상당히 많은 계급횡단자들이 비슷한 경험을 한다. 다른 세계에 환상을 품은 그들은 처음에는 비교와 식별 도구의 부재로 정확히 알 수 없었으나 부유함과 문화 그리고 교양의 막대한 수준 차이를 차츰 깨닫게 된다.

> 나는 이와 같은 집을 결코 가져 본 적이 없었어. […] 물론 나는 사람들이 그런 집에 관해 이야기하는 것을 듣기도 했고 그런 집에 관한 글들을 읽기도 했지. 하지만 내가 당신의 집을 본 순간에 비로소 그 책들은 현실이 됐어. 내가 하려는 말은 이제는 나도 그걸 바라게 됐다는 거야. 아니, 나는 언제나 그런 것들을 바라 왔지. 나는 바로 이 공기 속에서 숨 쉬고 싶어. 나는 책들과, 테이블과, 아름다운 물건들 그리고 단정한 몸가짐과 생각조차 단정한, 내게 나긋나긋한 목소리로 말을 거는 사람들에게 둘러싸인 환경 속에서 살고 싶다고. 반대로 내가 여

태까지 맡아 왔던 공기에서 비열함과 궁핍, 독주와 방탕의 냄새가 났었다고.[9]

학습의 시간과 변화의 노동은 격차를 시공간적으로 만회하려는 시도로서 정의될 수 있을 것이다. 왜냐하면 노력은 단지 구멍을 메우는 데 그치지 않고 지연을 뒤따라 잡으려 하는 것으로 이루어지기 때문이다. 계급횡단자는 마치 헛헛증에 걸린 사람처럼 각종 서적들을 닥치는 대로 집어삼키곤 하며 교양을 쌓을 수 있는 장소라면 어디라도 분주하게 찾아다닌다. 거리의 소멸은 위상학적인 동시에 연대기적 모델에 입각하여 이루어진다. 그리하여 계급횡단자의 이력은 일분일초를 다투는 달리기 경주이며 또한 장애물 달리기라고 할 수 있는데 지식을 매우 **빠른** 속도로 획득하는 동시에 지적 공백을 메우는 것이 중요하기 때문이다.

그러나 계급횡단자가 새로운 세계에 안착하여 격차가 점차 줄어들고 가장 큰 결여가 채워지더라도 거리의 에토스는 여전히 그의 행동 양식을 지속적으로 지배한다. 그는 새로운 **아비투스**를 습득했지만 그 아비투스는 여전히 그에게 결코 자연스러운 것이 아니다. 계급횡단자가 새로운 계급의 아비투스를 갖추기 위해서는 의식적 훈련이 필요한데 왜냐하면 그것을 어린 시절에 자연스럽게 익혀 본 기억이 없기 때문이다. 이 점은 외부의 시선에서 관찰했을 때는 보이지 않을 수도 있다. 하지만 그 내부를 들여다보면 계급횡단자는 언제나 상황

---

9 *Ibid.*, p. 76.

속으로 곧장 참여하지 못한 채 오히려 한 발짝 물러서 있기 일쑤라는 사실을 알 수 있다. 말하자면 계급횡단자는 언제나 경계 주변에서만 맴돌고 있다. 왜냐하면 사회적 코드에 알맞게 행동하고 상황에 어긋나는 실수를 저지르지 않기 위해서 그에게는 잠시 물러나 생각해 보는 시간이 필요하고, 따라서 그의 생각과 실천 사이에는 항상 거리가 생겨나기 때문이다. 그렇기 때문에 계급횡단자는 언제나 신경을 곤두세운 채 경계 태세 속에서 살아가는 것으로 보이기도 한다. 그는 상황과 자연스럽게 동화될 수도, 일치될 수도 없기 때문이다. 그 상황이 바로 자신을 위해 만들어졌다고 믿는 데 익숙해진 사람들과는 다르게 말이다. 관찰자로서의 이 거리는 계급횡단자를 행위자보다는 구경꾼으로 만들곤 한다. 그는 다른 사람들이 하는 것을 지켜보고 난 뒤에 행동한다. 계급횡단자의 행동은 상황에 대한 즉각적인 반사 행위라기보다는 긴 반성 끝에 알맞은 행동 양식을 채택한 결과이며, 그는 한 박자 늦게 행동하고 있는 자신을 지켜보게 된다. 서투름 또는 어설픔으로 여겨질 수도 있을 이러한 계급횡단자의 행동 방식은 사실 망설임과 자신과의 불일치가 번역되어 드러난 결과이다. 계급횡단자의 이러한 망설임과 불일치는 역설적이게도 그를 경계에 더욱 강하게 붙들어 놓음으로써 악순환 속으로 밀어 넣는다.

계급횡단자는 파스칼이 가르친 이상적인 공작과 같다. 자신의 존재와 자신의 상태를 혼동할 수 없는 그는 항상 이면의 생각을 가지고 있으며 어쩔 수 없이 자신의 존재와 상태에 대해 늘 자각하고 있다. 심지어 그가 자기 자신에 관해 굳이 성찰하고 있지 않을 때조차도 자신이 이 세계에 속해 있지 않다는 것만큼은 혼돈스럽게나마 알고 있다. 그는 자신의 정당성에 대한 사람들의 의심을 일소해야 한다. 계급횡단자가 자신의 출생 신분에 예정되지 않은 직위에 임명되거나 혹은 이미 상당한 권한을 가진 직위에 있다고 하더라도 그는 자신의 역할에 온전히 몰두할 수 없으며 자신의 업무를 편안하게 수행하지 못한다. 이 점에서 계급횡단자는 자신이 맡은 업무가 응당 자신의 일이라고 여기거나 혹은 천성의 발현이라고 생각하는 존재나 소유를 구별하지 않은 채 자신의 지위와 혼연일체를 이루는 상속자들과는 다르다. 이로 인해 계급횡단자는 보통 기대되는 것과 정반대로 행동하는 경우도 있는데 그것은 계급횡단자가 새롭게 속하게 된 모델과 맺는 양가적 관계 때문에 그 모델과 완전한 일치를 이룰 수 없기 때문이다. 그는 지배받는 세계에서 왔다. 모종의 망설임과 비판적 의식 없이 그가 자신을 지배하는 자의 위치와 동일시하는 일은 있을 수 없다.[10]

지식인 사회에서 그 누구도 범접할 수 없는 위치를 차지했던 부르디외 역시 이 영역의 지배적 모델과는 정반대로 행동하곤 했다. 그는 지식인 사회에 대한 자신의 양가적 입장을 다음과 같이 토로한다.

나는 근본적으로 지식인 사회에 **이중의 거리**(double distance)를 느낀다. 먼저 프랑스 지식인들의 위대한 놀이, 예컨대 세상의 온갖 일들에 관한 그들의 문제 제기, 그들의 현란한 선언들 그리고 예술가들의 카탈로그를 위한 긴 서문 따위에 나는 거리를 느낀다. 또 한편으로 교수

---

10 이 점은 디디에 에리봉 역시 자신이 맡은 역할에 대해 느끼는 이러한 거리감이, 자신의 직업적 혹은 사회적 지위에 완벽하게 부합하는 위치를 맡는 경우보다, 그 역할을 수행하는 것을 틀림없이 훨씬 더 불편하게 만든다는 점을 강조하고, 그것을 우리에게 확인시켜 주고 있다. 다음을 보라. *La Société comme verdict*, Paris: Fayard, 2013, p. 43.

로서의 막대한 역할, 예컨대 논문 심사나 선발 시험에 서로가 서로를 위해 심사위원으로 돌고 도는 일에 참여하거나 재생산과 관련한 게임 혹은 논쟁들에 참여하는 일 따위에도 거리를 느낀다. 이 거리는 정치적이고 문화적이며 동시에 엘리트주의와 포퓰리즘 양쪽 모두와 관련하는 것이다.[11]

자신의 사회적 역할과의 불일치에서 비롯하는 이 불편한 태도는 그 역할로부터 한 발짝 물러나 비판적 거리를 취할 수 있는 귀중한 가능성을 제공한다. 그 경우 힘 있는 지위는 권력의 외피를 벗겨 그 민낯을 폭로하고 지배의 노선을 변경하는 데 기여할 수도 있을 것이다. 그러나 그의 약한 지위는 또한 사칭 신드롬에 시달리는 희생자로서의 계급횡단자가 자기 자신과 불화하고 자신의 일에 열중하는 것을 스스로 가로막게 만듦으로써 계급횡단자가 스스로 몰락하도록 이끌 수도 있다. 말하자면 그는 자기 자신으로서 있기 위해 투쟁해야 한다. 이것은 틀림없이 어떤 계급횡단자들이 때로는 일종의 반사적인 체제순응주의자로서 왕보다도 더욱 충성스러운 왕당파가 되어 자신의 가치를 증명하고자 역할과 임무를 과도하게 수행하는 이유 가운데 하나일 것이다. 자신들이 상류층에 속하며 새로운 사회적 계급에 정당하게 안착했다는 것을 보여 주려는 욕망은 상류층의 규칙과 가치에 대한 일종의 독실한 숭배로 나타나며 이는 그 규칙들과 가치들을 문자 그대로 조금의 융통성도 없이 고수하려는 태도로 이어진다.

---

11 Pierre Bourdieu, *Esquisse pour une auto-analyse,* Paris: Raisons d'agir, 2004, p. 136.

이러한 경우에 해당하는 계급횡단자들은 그들이 진입하고자 욕망하는 세계의 시스템을 떠받치는 대들보이자 순응주의적 모델의 체현이며 또한 그 세계를 보여 주는 의도치 않은 풍자화가 된다. 그들은 너무나도 엄격한 귀족적 예법을 지키려 들기 때문에 오히려 비웃음을 사는 부르주아 신사의 경우와 같다고 할 수 있다. 베르뒤랭 부인의 살롱이 게르망트 가문 사람들의 귀족적 코에는 상스러운 분위기만 풍길 뿐인 것처럼 말이다.[12]

태어날 때부터 해당 세계의 코드를 알고 있는 사람은 아주 유연한 방식으로 이를 수행하며 사소한 일탈에는 별로 개의치 않는데 격식에 어긋난 그러한 자유분방한 행동은 오히려 그 호방함에 대한 경탄을 불러오기도 한다. 반면 그런 여유를 가지고 있지 못한 계급횡단자들은 엄격하게 코드를 준수하고 자신의 엄격함을 증명하는 쪽으로 행동하게 된다. 그래서 계급횡단자는 역할에 집착하게 되는데 역설적이게도 그렇게 함으로써 결국 그 역할이 자신에게 알맞지 않다는 것을 만천하에 보여 주게 된다. 왜냐하면 그들이 보여 주는 코드의 수행에서는 특정한 면모가 부자연스럽게 부각되어 드러나고 그들의 행동은 일종의 패러디처럼 여겨지게 되기 때문이다. 이러한 맥락에서 지배계급의 교만은 태어나면서부터 부르주아지였던 사람들보다는 오히려 사회적으로 신분 상승한 평범한 사람들에게서 더욱 쉽게 발견된다. 이 사람들은 자신들의 출신을 떠올리게 만들 수 있는 모든 것과 거리를 두고 싶어 하고 또한 철저하게 경계를 나누는 급진적 구획

---

12 [역주] 마르셀 프루스트의 『잃어버린 시간을 찾아서』에는 쇠락해 가는 귀족 계급과 상승 중인 부르주아 계급 사이의 대립이 자주 나타나는데 이를 염두에 둔 서술이다.

전략의 구사를 통해 새로운 환경에 귀속되어 있다는 증거를 제시하고 싶어 하기 때문이다. 따라서 그들의 태도는 고상한 무관심과는 전혀 다른 형태로 나타나 증오의 눈길을 띠거나 노골적으로 경멸을 보낼 수도 있다. 그런데 이는 사실 계급횡단자가 언제나 두 세계 사이의 알맞은 거리를 찾아내기 위해 고군분투하고 있다는 것을 의미한다. 하지만 그들이 취하는 거리는 결국 언제나 너무 멀거나 너무 가깝기 마련이다. 계급횡단자는 결코 알맞은 자리에 있을 수 없다. 그는 언제나 자신이 존재할 장소를 찾아 이동하고 이탈한다.

게다가 거리는 단지 내면의 재판소에서만 경험되는 것은 아니다. 이 거리는 태생적 부르주아지들의 태도에 의해 외적으로 그어지고 그 의미가 결정된다. 거리는 단지 거리감에 불과한 것이 아니다. 거리감이 느껴진다면 그렇게 느껴지도록 만드는 무엇인가가 있는 것이다. 마틴 에덴으로서는 루스에게 매혹되었음에도 불구하고 그녀와 거리를 유지할 수밖에 없었던 이유가 있었다. 다음의 양가적인 장면이 그 이유를 알려 준다. "피아노 앞에 앉아 그녀는 그를 위해 또한 그에 맞서 두 사람 사이를 갈라놓는 구멍의 깊이를 그가 가늠할 수 있도록 매우 신경질적으로 피아노를 연주했다."[13] 계급횡단자가 거리를 부수기 위해 노력한다면 정당한 상속자들은 왕좌를 탐내는 서출을 멸시하고 짓밟음으로써 혹은 벼락출세한 이들의 우스꽝스러운 결점들을 조롱함으로써 거리를 유지하기 위해 노력한다. 지배계급의 교만은 차이를 열등함으로 해석해 버리고 사회적 상승에 대한 욕망

---

13 London, *Martin Eden*, p. 35.

을 그로테스크한 교만의 형태로 치부하는 것이다. 이러한 구별 짓기의 의지는 니체가 '거리의 파토스'라고 부른 것, 위계를 세우고 신분에 따라 차별화하는 것을 목표로 하는 것과 관련되어 있다.[14] "우월한 것이 열등한 것의 도구가 되는 데까지 추락해서는 **안 되며**, 거리의 파토스 역시 그 일로부터 영원히 떨어져 **있어야만 한다.**"[15] 구별 짓기의 의지는 상징적 거리를 도입함으로써 상상적 분리를 유지하려는 노력 외의 다른 것이 아니다. 다시 말해서 구별 짓기는 사회적 지위의 숭고함을 보존하고 평범한 사람들에게 특권이 확대되는 일과 관련한 가치의 하향 평준화를 방지하기 위해서 일종의 차단막을 치는 것과 다르지 않다.

심지어 계급횡단자가 상류 사회에 기꺼이 받아들여지는 때조차 그의 예외적인 이력에 쏟아지는 경탄과 그의 능력과 도전 정신에 대한 찬양은 오히려 계급횡단자로 하여금 거리를 느끼게 만든다. 그 경탄과 찬양이 계급횡단자로 하여금 '오직 태어나는 고생만 했던' 사람들과 힘겨운 투쟁으로 그 자리를 쟁취해야만 했던 사람들 사이의 거리를 느끼게 만들기 때문이다. 그는 후발 주자로서 선두를 따라잡아 같은 대열로 올라왔다는 것을 인정받지만 그저 한 명의 아웃사이더로서 인정받을 뿐이다. 그의 통합 가능성 여부는 전적으로 그에게 호의를 베풀지 말지를 결정하는 해당 서클의 후한 인심에 달려 있다. 이때 계급횡단자란 해당 모임이 그릇된 계급의식을 타파하고 관용과

---

14 Friedrich Nietzsche, *Généalogie de la morale*, 첫 번째 논고, 2, *Œuvres philosophiques complètes*, VII, Paris: Gallimard, 1971, p. 225.
15 *Ibid.,* p. 314.

사회적 다양성에 열린 정신을 가질 수 있는 기회에 불과하다. 계급횡단자는 기껏해야 한 명의 생존자 혹은 이례적인 현상으로 여겨질 뿐이며 심지어는 다른 화제로 넘어가기 전에 딱 질리지 않을 정도로만 활용될 뿐인 흥미로운 이야깃거리를 던져 주는 비범한 사람 혹은 이국적 호기심의 대상일 뿐이다. 이 세계에서 그는 불안정한 자리만을 가질 수 있기 때문에 그가 정말로 이 세계에 속하는 존재라곤 할 수 없다. 그는 태어나면서부터 그 세계에 속한 것이 아니다. 그저 어쩌다 요행으로 그렇게 된 것이다. 요컨대 그에게 주어진 안락의자 따위는 없다. 그에게 허락된 것은 단지 간이 의자뿐이다.

하지만 설령 계급횡단자가 자신의 뿌리를 되찾고자 시도한다고 할지라도 그가 다시 자신의 출신 환경에 속할 수 있는 것은 아니다. 그는 더 이상 예전과 동일한 존재가 아니며 그의 기질은 변했기 때문이다. 멀어짐에서 생겨난 출발 지점과의 거리는 그 거리를 다시 거슬러 가 보는 귀환 과정 속에서 오히려 더욱 고착된다. 그의 귀환은 눈물겨운 재회와는 거리가 멀다. 예전 세계와의 만남은 대개 파투 난 만남과 같다. 이제 만남은 단지 간극이 얼만큼 벌어졌는지 측정하게 되는 기회에 불과하다.

작가로서의 성공 이후 두 세계 사이에 놓이게 된 마틴 에덴은 밑바닥 세계의 동료들, 기술자, 정원사와 그 조수, 마구간 시종들을 다시 만났을 때 그들이 식사하면서 별다른 대화도 나누지 않고 그저 허겁지겁 먹는 데만 열중하는 모습을 본 경험에 대한 쓰라린 술회를 남기고 있다. "마틴은 자신들을 갈라놓은 간극의 깊이를 알 수 있었다. 동료들의 보잘것없는 정신적 품격은 그를 실망시켰고 동료들이 자신이 하는 말이면 무엇이든 경탄을 늘어놓는 것을 참지 못했다."[16] 물론 마틴 에덴은 책들이 파 놓은 구덩이를 그렇게 힘들이지 않고 넘어설 수 있었다는 사실을 기꺼이 인정하고 있는데 왜냐하면 노동자의 세계에서 "계급 연대가 자신의 2차 본성"[17]이라는 사실을 경험했기 때문이다. 하지만 그러한 경험이 무색하게도 그는 예전에 어울렸던 무리와 관계를 회복하고 그들과 건배하면서 되살아나는 감각 그리고 다시 인간이 되었다는 감각을 가지는 그 순간에 오히려 이미 자신이 다시 어쩔 수 없을 정도로 바뀌었으며 돌아올 수 없는 강을 건넜다는 사실을 더욱 뼈저리게 의식하게 됐다. "맥주는 더 이상 예전만큼 좋지 않았다. 맥주의 맛이 예전과 같지 않았던 것이다. 브리센덴 (Brissenden)이 내 입맛을 망쳐 두었군. 그렇게 말하면서 혹시 그는 자신이 그간 읽은 책이 자신의 젊은 날의 친구들과의 우정을 망쳐 둔 것은 아닌지 자문해 보았다."[18]

역설적이게도 다가가는 일이 멀어짐의 거리를 정확히 측정하는 일이 된다. 지리적 거리가 뛰어넘을 수 있는 것이라고 한다면 역사적 거리는 결코 완전히 사라질 수 없다. 지리적 거리는 되돌아갈 수 있는 것이지만 역사적 거리는 그렇지 않기 때문이다. 계급횡단자들은 더 이상 한때 친숙했던 세계에서도 온전히 발붙일 수 없다. 그곳에서조차 그는 어디에선가 옮겨 온 사람이기 때문이다. 계급횡단자와 다른 사람들 사이에는 여전히 떠난 자와 머무른 자라는 차이가 남아 있다.

---

16 London, *Martin Eden*, pp. 160~161.

17 *Ibid.*, p. 159.

18 *Ibid.*, p. 383.

그렇게 계급횡단자는 모국으로 돌아온 이민자의 운명이 무엇인지 알게 된다. 긴 체류를 마치고 돌아온 이민자는 자신의 나라에서도 외국인이나 다름없는 것이다.

아마 계급횡단자는 돌아온 곳에서 그럭저럭 다시 거의 완벽하게 적응할 수도 있을 것이며 거리의 **에토스**를 거리의 파토스로 변화시키는 데까지 스스로를 도야할 수도 있을 것이다. 결과적으로 출신 환경으로의 금의환향은 결국 자신의 출신 환경에 남아 있는 사람들을 우월성의 증인으로 세움으로써 도착 환경에 더욱 잘 스며들고 자신이 획득한 지위에 더욱 잘 안착하기 위한 우회에 불과하게 된다. 출신 환경 앞에서 자신의 경제적 혹은 문화적인 성공을 보여 주는 징표들을 내세우면서 기세등등하게 활보하고 다니는 벼락부자는 부르주아 신사의 뒤집어진 형태이다. 한쪽에서는 귀족들 앞에서 "저는 당신들의 편입니다"라고 주장한다면 다른 편에서는 "저는 당신들의 편이 아닙니다"라고 평민의 면전에서 쏘아붙인다.

만약 계급횡단자가 혹시라도 이 점을 잊어버린 채 모험하고 있다면 동향 사람들이 나서서 최선을 다해 그 사실을 상기시켜 줄 것이다. 그는 한때 이곳에 있었으며 지금은 단지 다른 곳에서 살고 있을 뿐이다. 체류증을 발급받기 위해서 그는 자신이 유년 시절에 이곳에서 지냈다는 사실을, 그가 자신의 나라를 배신하지 않았다는 사실을 증명해야 한다. 그러므로 계급횡단자는 자신의 소속의 증거를 제시해야 하며 예전의 관습 속에 자신을 맞추어야 한다. 예컨대 다시 쥘리앵 소렐로 돌아가기 위해서는 갖춰 입었던 푸른 정장을 감추고 자신이 레츠 백작의 막냇동생이 될 뻔했다는 사실 따위는 잊어버려야 한다.[19] 이러한 일은 결코 쉽지 않다. 왜냐하면 계급횡단자는 매 순간 시험 속에 놓이며 그가 여전히 가족의 일원인지 혹은 출신 환경의 일원인지 묻는 질문에 답해야 하고 그의 일거수일투족은 과연 그가 정말로 이곳의 소속을 유지하고 있는지 아니면 배신했는지 감시하는 시선하에 놓여 있기 때문이다.

이러한 관점에서 프란츠 파농이 『검은 피부, 하얀 가면』에서 분석하고 있는 대도시로 떠났다가 다시 본국으로 돌아온 앙티유인의 사례는 계급횡단자의 체험을 이해하기 위한 범형(paradigme)으로서 쓰일 수 있다.

식민 본국에서 돌아온 앙티유인은 자기는 달라진 게 없다고 알리고자 방언으로 의사 표현을 한다. 부모와 친구들이 기다리는 부둣가의 분위기가 그걸 말해 준다. 그들이 그를 기다리는 것은 단지 그가 돌아와서가 아니라, 어찌 변했나 지켜보려는 뜻이기도 하다. 한순간이면 진단이 나온다. 만약 그 귀향자가 친구들에게, "여러분과 다시 만나니 정말 기쁘군요. 맙소사, 이 나라는 어찌 이리 더운지. 여기에 오래 머물지는 못하겠어요" 하면, 사람들은 그가 유럽 사람 다 되어서 돌아왔다고 지레짐작한다.[20]

---

19 [역주] 『적과 흑』에서 라 몰 후작은 쥘리앵을 비서로 고용하는데 후작은 쥘리앵이 자신을 보좌할 만한 자격을 갖춘 자로 보이게 하기 위해 쥘리앵이 후작과 친한 어느 귀족의 사생아라는 소문을 이용하기로 한다. 이 소문은 쥘리앵과 결투한 기사 보부아지와 그 일당이 자기들이 목수의 아들과 결투를 벌였다는 사실이 달갑지 않아 의도적으로 퍼뜨린 것이다. 이 소문에 기대어 후작은 쥘리앵에게 자신과 막역한 어느 공작의 아들이자 레츠 백작의 막냇동생으로 행동할 것을 당부하며 귀족의 상징색인 푸른 정장을 선물한다.

20 Frantz Fanon, *Peau noire, Masques blancs*, Paris: Seuil, 1952, p. 29.

계급횡단자의 귀환 소식은 출신 환경에 남아서 그를 애타게 기다리던 사람들에게 좋은 먹잇감을 제공해 주는 셈인데 왜냐하면 그를 기다리던 사람들이 그를 물어뜯기 때문이다. 계급횡단자는 사람들을 두고 떠났고 남은 사람들은 그를 내심 불신하고 있다. 사람들이 던지는 모든 질문은 돌아온 계급횡단자가 과연 출세주의자인지 아니면 여전히 자신들과 엮여 있는지 혹은 여전히 자신들 중 한 명으로 남아 있는지 알아보기 위한 것이다. 요컨대 사람들은 아주 단단히 벼르고 있었던 셈이다. 만약 계급횡단자의 떠남이 자신들에 대한 부인 혹은 거절 아니면 버림으로 느껴졌을수록, 그를 떠나게 하는 데 많은 대가를 치렀을수록 더욱 그럴 것이다. 그래서 역설적이게도 계급횡단자가 그들에게 다가올 때 그들은 그가 자신들로부터 멀어졌다며 비난한다. 이 점에서 계급횡단자의 재통합은 조건부로 이루어지며 그는 자신의 언어와 행동이 적들의 언어와 행동에 물들었다는 비난을 듣지 않기 위해 스스로를 감시해야 한다. 따라서 계급횡단자는 자기 자신과 거리를 두고 사람들에게 인정을 받을 수 있는 자신의 일부의 모습만으로 위장해야 한다.

　　위장을 위해 스스로와 두게 되는 이 거리는 매우 깊은 불만이 자라나는 자양분이 된다. 왜냐하면 이 거리로 인해 계급횡단자들은 그가 한때 살았던 세계와 더 이상 일치될 수 없기 때문이다. 그 세계로 들어가려면 자신이 겪은 변화에 대해 침묵을 지키면서 이제는 타인이 되어 버린 옛날의 자기 자신 역할을 연기해야 하거나 유년기 혹은 청소년기의 자신으로 다시 태어난다고 할 수 있을 정도로 현재의 자기 자신을 구부러뜨리는 수밖에 없다. 따라서 여기에는 거대한 격차가 존재한다. 온갖 변화를 겪어 버린 현재의 자신과 사람들에게 받아들여지기 위해 그러한 자신의 일부를 삭제하여 다른 인물로 변장한 자신 사이의 격차 말이다. 만약 계급횡단자가 좋은 연기자라면 그는 자기 자신마저 속인 채 옛 습관 속으로 슬며시 돌아가는 즐거움을 발견할 수 있을 것이다. 그러나 만약 그렇지 않다면 그는 가면 속에서 질식해 갈 것이다. 아마도 그는 현재의 자신으로서 자연스럽게 행동한다고 느끼기보다는 과거의 삶을 연기하고 있을 뿐이라고 느낄 것이고 그 결과 자기 자신을 잃어버렸다고 생각하게 될 것이기 때문이다.

수많은 계급횡단자들의 이야기가 증언해 주듯이 재통합은 자기 검열 혹은 자신이 겪은 변화를 출신 환경의 관점에서 부인하는 것을 대가로 하여 이루어진다. 특히 이 부인은 계급횡단자가 변화를 겪은 새로운 환경에 대해 출신 환경의 사람들이 보여 주는 심각한 무지를 통해 더욱 선명하게 부각된다. 이때의 무지란 오인(méconnaisance)과 경멸(mépris)의 이중적 의미를 모두 지니고 있다. 사람들은 새로운 환경에 대해 정말로 궁금해서 묻는 것이 아니다. 그저 원래 가지고 있는 이미지를 확인하기 위해서 질문하는 것이다. 심지어는 르상티망이 뒤섞여 있는 즐거움을 충족시키기 위해 자신들이 위치한 세계가 더 우월하다는 아첨과 새로운 세계에 대한 비방을 듣고 싶어서 질문하는 것이다.

그러므로 이번에는 출신 세계가 계급횡단자를 꺼리고 있는 셈이다. 이처럼 자신의 계급을 되찾겠다는 향수 어린 욕망은 실상 이민자들이 자신을 보살펴 줄 것이라고 믿는, 존재하지도 않는 고국으로의 귀환을 꿈꾸는 것만큼이나 신화적이다. 예를 들어 디디에 에리봉은 랭스로 되돌아온 것이 아니라 그저 랭스에 다시 왔을 뿐이다. 그러므로 계급횡단자는 비유적인 의미가 아니라 문자 그대로의 의미에서 낮도깨비(revenant) 같은 존재라고 할 수 있다. 남겨진 사람들에게 그는 더 이상 존재하지 않는 사람이기 때문이다. 그는 그곳을 이미 떠난 지 오래인 누군가의 유령이라는 형태로 존재할 뿐이다. 그의 존재 형식은 이따금씩 홀연히 나타나서 잠시 옛 땅을 배회하다가 다시 자취를 감추는 낮도깨비와 같다고 할 수 있다. 과거의 망령은 새로운 세계에서 자신의 몸을 찾을 수 없어 잃어버린 자신을 찾아 이전의 장소들을 배회한다. 하지만 그가 아주 먼 거리를 돌아왔기 때문에 그는 이곳에서도 발붙일 곳 없이 떠돌아다닐 수밖에 없다. 그는 언제나 이동 중이며 마치 에피쿠로스학파의 신들처럼 두 세계의 사이에서 살아간다. 다만 계급횡단자는 신들과 달리 아름다운 무관심의 태도를 취할 수는 없을 것이다. 그의 기질 자체가 바로 긴장 속에 있기 때문이다.

마음의 동요: 긴장 속에 있는 기질

거대한 격차의 경험 이면에는 이러지도 저러지도 못하는 사분오열된 몸과 마음이 있다. 계급횡단자는 서로 갈라진 두 개의 사회적 세계 사이에 매달려 있는 존재이다. 따라서 그는 매우 빈번하게 둘 사이에서 부침을 겪으며 스피노자가 fluctuatio animi, 즉 마음의 동요라고 부른 상태의 먹잇감이 된다.[21] 마음의 동요란 상반되는 두 감정으로부터 생겨나는 정신의 상태를 말한다. 이 상태는 양면성의 표현이다. 두 감정

---

21 Baruch Spinoza, *Éthique*, III, XVII, scoile, trans. Bernard Pautrat, Paris: Seuil, 1988.

의 대립이 해소되지 않는 한 이 상태에서는 계속되는 망설임 혹은 이 감정과 저 감정 사이를 오가는 끝없는 진자 운동이 생겨난다. 계급횡단자는 자신 안에 두 가지의 세계를 품고 있기에 대립물들의 변증법적 운동을 통해 두 세계를 계속 왕복하게 되지만 그가 양극단의 세계를 종합하거나 혹은 동요를 멈추고 평형 상태에 이를 수 있다는 확신을 가질 수는 없을 것 같다. 길항하는 것들의 이러한 병존은 부르디외가 균열된 아비투스[22]라고 명명한 것과 근본적으로 동일하다. 민중 계급 출신이라는 사실과 귀족적 학교 시스템에 합격한 이중의 경험에서 생겨나는 이 균열된 아비투스가 설령 두 극단이 화해를 이루는 방향으로 이어진다고 할지라도, 높은 지위와 낮은 사회적 출신 사이의 괴리와 관련한 긴장은 결코 줄어들지 않은 채 남아 있다. 대개의 경우 양립 불가능한 두 세계 사이의 틈새에 놓여 있는 계급횡단자는 필연적으로, 두 세계 사이의 거대한 격차로 인해 명백히 드러나는 형태의 모순이든 감춰져 있는 모순이든 어떤 모순을 통해 구성된다. 계급횡단자는 계급 장벽의 한 측면에서 다른 측면으로 넘어간 존재이다. 바로 그 순간부터 피지배자들의 역사를 경험했던 계급횡단자가 이제는 그 역사를 여전히 공유하고 있는 채로 지배자들의 세계에 속하게 된다. 그는 자신 안에서 계급 투쟁을 경험한다. 계급횡단자의 적은 바로

---

22 Bourdieu, *Esquisse pour une auto-analyse*, p. 127 이후 전개되는 논의를 보라. 또한 *Sicence de la science et réflexivité, Cours du Collège de France 2000-2001*, Paris: Raisons d'agirs. p. 214 역시 참조하라. "분석을 무한정하게 늘리는 것을 피하기 위해 저는 오늘 강의에서 제가 본질적이라고 생각하는 것이 될 귀족학교로의 합격과 (제가 지금 여기서 말하려고 하는 것은 특히 지방 출신과 관련되어 있습니다) 지방의 민중 계급 출신의 모순적인 병존이 근본적으로 **균열된 아비투스**(habitus clivé)를 구성하는 것이자 또한 모든 종류의 모순과 긴장을 생산하는 것이라는 점으로 되돌아가겠습니다."

자기 자신이다. 주변 환경과의 마주침의 영향하에 계급횡단자의 욕망은 두 쪽으로 분열된다. 이쪽이냐 저쪽이냐, 그것이 문제다.

계급횡단자는 두 진영 가운데 하나를 딱 잘라 선택하여 소속을 정하는 식으로 문제를 해결할 수 있다며 자신을 속일 수는 없을 것이다. 왜냐하면 문제는 '이것 아니면 저것'의 선택지라기보다는 '이것도 저것도 아닌' 혹은 '이것이기도 하고 저것이기도 한' 논리 속에 던져져 있기 때문이다. 계급횡단자는 프롤레타리아트도 아니고 부르주아지도 아니다. 그는 더 이상 예전의 자기 자신이 아니며 그렇다고 해서 자신이 앞으로 되어 갈 것과 완벽하게 일치될 수도 없기 때문이다. 설령 계급횡단자가 계급 연대를 부르짖고 한 치의 망설임도 없이 자신의 예전 조건 혹은 새로운 조건과 스스로 동일시하고자 시도할지라도 그는 자신의 잡종적인(hybride) 지위를 인정해야 하며 자신의 상황을 의식할 필요가 있다.

예를 들어 계급횡단자는 자신이 여전히 전적으로 민중의 편에 서 있다고 주장하면서 그들의 편에서 싸운다고 믿지만 정작 민중이 원하는 것을 완전히 놓치고 있을 수도 있다. 이것은 민중의 이름을 외치면서도 실제로는 그들의 요구를 묵살하고 도리어 침묵시키면서 그들을 가르치려고만 했던 많은 민중 계급 출신의 지식인들이 빠졌던 함정이기도 하다. 실제로 계급횡단자는 다른 사람들이 서 있는 위치에 대해 상당히 경솔하게 말하는 경향이 있다. 심지어는 더 이상 그 사람들과 같은 위치에 서 있는 것도 아니면서 말이다. 설령 그 의도가 정당하다고 할지라도 계몽된 소수의 열망과 민중 전체의 열망 사이의 입장 차이를 전혀 고려하지 않고 양자를 혼동하는 것 혹은 진정한 연대와는 정반대되는 훈계조와 명령조의 태도에 매몰되는 것은 위험

한 일이다.[23]

물론 자신의 위치성에 대해 의식하는 것을 통해 일정 부분 오해를 해소할 수 있을 것이다. 하지만 긴장은 여전히 해소되지 못한 채로 남아 있을 것이다. 길항하는 것들이 합쳐져 만들어진 기질은 도착 환경과 출신 환경 모두와 관련한 양가적인 태도들을 표출하는 모순을 보인다. 자신이 떨어져 나갔던 환경과 관련하여 계급횡단자는 모순적인 감정에 휘둘리는데 그는 출신 환경을 완전히 거부하거나 혹은 복권시키기를 원하게 된다. 그는 출신 환경에 대한 수치심과 경멸감을 느끼는 동시에 모종의 자긍심과 신뢰를 느끼는 양극단의 감정 사이에서 요동치고 있으며 증오에서 사랑으로 그리고 사랑에서 증오로의 격렬한 부침을 반복한다.

설령 계급횡단자가 자신의 환경과 전적으로 단절하여 철저하게 분리 상태를 유지하고자 시도하더라도 그는 결국 자신의 환경으로 돌아가게 되어 있다. 그것은 어쩌면 도망자가 가지고 있는 일종의 죄책감 때문일 수도 있다. 억압된 것의 귀환을 막을 수는 없다. 채무에 대한 완전한 변제 같은 것은 결코 치러질 수 없다. 왜냐하면 계급횡단자는 늘 아슬아슬하게 쫓기고 있는 상태이기 때문에 애당초 최종 정

---

23 위치의 차이에 대한 무지는 파업이나 혁명에 참여하기보다는 쥐꼬리만 한 월급이라도 올리고자 기업가들에게 스스로를 파는 노동자들을 비난하거나 혹은 그들의 뿌리 깊은 인종 차별주의, 정치적 방황의 원인을 이해하고 이를 치료하기 위한 효과적 수단을 강구하는 것보다는 그저 훈계만을 일삼는 것으로 이어진다. 일반적으로 계급횡단자는 먹여 살려야 하는 식솔들과 숨을 죄어 오는 빚더미 그리고 부대끼고 살아가야만 하는 짜증나는 이웃 등과 같은 아주 생생하기 짝이 없는 가족과 사회 그리고 경제적 짐의 무게에 짓눌리고 있는 상황 속에 있지 않다. 계급횡단자는, 아름다운 영혼이 되어, 언제나 전투적이면서도 관대한 이상적인 인민의 이미지를 공상하게 되기 쉽다.

산 같은 것은 할 수 없기 때문이다. 극단적인 학대나 완전히 버림받은 정도의 경우가 아니라면 계급횡단자들은 자신들의 학비를 감당하느라 때로 고된 노동을 해야 했던 가족들의 희생 위에서 경력을 쌓을 수 있었다. 미셸 에티에방이 그랬던 것처럼 말이다.

나는 어머니께서 매일 자식들의 미래를 책임지고 계신 것을 보았다, 라고 뒤라스는 쓴다. 나는 어머니께서 아주 잠시라도 앉아 계신 것을 결코 본 적이 없다. 농부이자 가정부였던 어머니께서는 우리가 미래를 꿈꿀 수 있도록 하기 위해 팔을 걷어붙여 올리고 우리를 부양했다. 나는 얼음물로 몇 시간이나 빨래를 하던 어머니의 모습을 기억한다. 그렇게 하루도 빠짐없이 빨래를 한 어머니의 두 팔은 동상에 걸려 퉁퉁 불어 버렸고 그 대가로 나는 서점에서 몇 마디의 말이 적힌 책을 살 수 있었다. 오늘날에도 여전히 책을 고를 때면 나는 어머니를 생각한다. 어머니의 두 팔이 내 눈앞에 그려진다. 책 한 권을 펼쳐 볼 시간도, 그럴 힘도 없었던 그 두 팔이. 오늘 내가 쓰는 몇 마디 말은 어머니의 것이다. 나는 갚기 위해 쓴다.[24]

희생에 대한 의식은 무척이나 날카롭고 그래서 잊힐 수 없다. 우리가 진 빚은 타자의 신체에, 노동자의 닳고 닳은 두 팔에, 농부의 기진맥진한 몸뚱어리에, 얼굴에 그어진 그 모든 주름 속에 각인되어 있기 때문이다. 타인의 신체에서 우리는 거칠고 비참한 노동의 역사를

---

24 Michel Étiévent, *Aux silences de l'aube*, Éditions Gap, 2006, p. 86.

읽어 낼 수 있다. 계급횡단자의 자기기만이 절대적인 수준에 이른 것이 아니라면 그는 자신의 삶을 충당하기 위해 소모되었던 물건들의 값과 그 비용을 치르기 위해 감내해야 했던 고통을 모를 수 없다. 미셸 에티에방이 환기하고 있는 경험에는 뼈가 있다. "어느 날 나는 어머니에게서 5프랑을 훔쳤다. 어머니는 내게 아무 말도 하지 않았다. 그저 두 팔을 보여 주었을 뿐이다. 당시 5프랑은 차디찬 물로 여섯 시간 동안 빨래를 해야 벌 수 있는 돈이었다."[25]

이것이 특이한 사례인 것은 아니다. 대부분의 계급횡단자는 자신을 짓누르는 거대한 빚과 관련한 이 죄책감의 감정을 겪는다. 심지어 자신의 출신 환경으로부터 거부되었던 디디에 에리봉조차 스스로를 자신이 성장했던 환경에 빚지고 있는 채무자라고 느낀다. 그는 특히 자신이 고등학교에서 몽테뉴와 발자크에 관한 강의를 듣고 대학생 시절에는 방에 처박혀서 아리스토텔레스나 칸트의 몇 문장을 해독할 수 있게 되기 위해서 매일 여덟 시간 동안 공장에서 기진맥진할 정도로 일해야만 했던 어머니의 희생을 강조한다.[26] 에리봉의 사례는 아니 에르노가 『한 여자』에서 자신의 어머니와 관련해서 묘사한 죄책감의 한 형태를 떠올리게 한다. "나는 어머니의 사랑과 그것의 부당함(injustice)을 확신했다. 어머니는 내가 대형 강의실에 앉아 플라톤에 관해 말하는 것을 들을 수 있도록 아침부터 저녁까지 감자와 우유를 날랐다."[27]

---

25 *Ibid.*, p. 86.

26 Éribon, *Retour à Reims,* pp. 84~85.

27 Annie Ernaux, *Une femme,* Paris: Gallimard, 1983, p. 66.

가족에 대한 사랑이 확실하든 확실하지 않든 희생한 사람에 대한 운명의 채무와 그 부당함의 무게는 필연적으로 계급횡단자의 의식을 짓누른다. 배은망덕하게도 그 희생을 애써 잊어버리려고 하든지 혹은 그에 대해 기억하고 감사의 마음을 갖든지 계급횡단자는 죄책감이 주는 중압감에 사로잡혀 있다. 이러한 죄책감으로부터 헤어나는 것은 무척이나 어려운 일이다. 많은 경우 계급횡단자는 기적적인 생존자로서 살아간다. 계급횡단자가 자신의 과거로 돌아갈 때면 그는 자신이 부당한 혜택을 받은 특권층에 불과하고 자기 혼자서만 불행에서 벗어났다는 죄책감으로 가슴에 못이 박히는 느낌을 받게 된다. 그와 마찬가지로 충분히 뛰어났던 같은 반 친구들이 사회적 선별에 희생되어 배제당했다는 사실을 잘 알기 때문이다. 계급횡단자는 이런 식으로 떠남과 돌아옴 사이의, 기억과 망각 사이의 왕복 운동 속에 빠져 있다.

한편 도착 환경과 관련한 계급횡단자의 이러한 감정들은 서로 대립될 수 있으며 그러면서도 서로 뒤섞여 있을 수도 있다. 세련됨을 향한 매혹과 경박함에 대한 반감 사이에서 그리고 여유로움에 대한 시기와 경망스러움에 대한 멸시 사이에서 또한 우월성(distinction)에 대한 경탄과 오만함에 대한 분노 사이에서 계급횡단자는 분열되어 있으며 그는 매력과 동시에 적개심을 느끼는 채로 서로 대립되는 방향의 운동들이 만드는 난류 속에서 허우적거리고 있다. 계급횡단자는 역설적이게도 상당한 겸손과 극도의 오만함을 동시에 지니고 있을 수도 있다. 왜냐하면 계급횡단자는 자신의 능력으로 자신의 자리를 차지했으나 타고난 특권을 가지고 있지는 않기에 부적격함의 느낌과 진정한 정당성을 소유했다는 확신을 동시에 겪고 있기 때문이다. 이러한 점에서 계급횡단자는 자신이 그저 상속자에 불과한 사람들보다 위에 있는 동시에 아래에 있다고 생각하게 되는데, 그 결과 그는 스스로를 가장자리로 내몰리게 하는 계속 견지하기 어려운 태도를 지닌 채 살아간다.

그러나 경계를 넘나듦으로써 계급횡단자는 규칙을 준수하는 동시에 위반하려는 모순된 욕망에서 유래하는 내부와 외부의 변증법의 고통으로부터 벗어날 수 없다. 계급횡단자는 그렇게 반항적인 순응주의자라는 형용 모순적 형태를 체화한다. 계급횡단자는 상류 사회에 받아들여지고 그 속에서 인정받기를 원하지만 그와 동시에 그 속에 완전히 통합되는 것은 그에게 견디기 어려운 일이 된다. 마틴 에덴은 오랜 시간에 걸쳐 부르주아 문화의 요구들과 문학적 언어의 규범에 적응하였지만 결국 자신의 성공을 스스로 걷어차 버린 다음 그가 사랑했던 여인 루스에게 한때나마 자신이 이상화했던 세계를 맹렬하게 비난한다.

> 부르주아지는 겁쟁이야. 삶을 두려워해. 너희들은 나를 규격화하고, 모든 삶의 가치가 뒤틀려 있는 가짜에 불과한 저속한(vulgaire) ── 이 표현에 루스는 언짢아했다 ── 너희들 세계의 굴레 속으로 날 밀어 넣기를 원하지. 그래, 그래, 저속하다! 그 저속함이 세련된(chic) 것임은 인정하겠어. 그런데 그 저속함이야말로 부르주아지의 세련미와 교양의 토대지. 아까 말한 것처럼 너희들은 나를 자신들의 이상과 가치, 계급적 편견에 맞게 재단하고 너희들 계급의 틀 속에 나를 집어넣기

를 원할 뿐이야.[28]

　마음의 동요가 가져온 결실로서의 반항적 순응주의자라는 모순적 태도는 단지 소설 속에만 볼 수 있는 것이 아니다. 부르디외는 『자기-분석을 위한 초고』에서 순종과 불순종을 동시에 보이는 모순적이며 양면적인 자신의 행동 양식이 어떻게 균열된 아비투스로부터 기원했는지를 보여 주고 있다. 한편으론 모범생으로서 적응(application)과 복종(soumission)의 태도는 부르디외가 학술장의 게임 규칙을 잘 따라갈 수 있도록 해 주었다. 그러나 다른 한편으론 반항적 성향, 특히 학교 시스템에 삐딱한 그의 성향으로 인해 모교(Alma Mater)는 어쩌면 과도한 애정의 대상인 동시에 자신의 출신 환경과 관련하여 지고 있는 부채감과 기만에 대한 인식으로 인한 저항의 대상이기도 했고, 결국 그는 자신의 동료들을 이중적인 애증의 대상으로 바라보게 되었다. 이러한 애증의 감정은 부르디외가 학계 내에서 불화를 일으키고 수상식이나 교수 취임 강연, 학위 논문 심사 같은 엄숙한 상황에서 제도적 의식을 망가뜨리거나 '게임을 망치려는 시도'를 돌발적으로 하도록 만들었다.[29] 이 같은 현상은 부르디외 개인의 감정적 성향의 수준에서도 반복된다. 한편으론 '갑자기 화제가 된 책들로 벼락출세한 자로서의 불안(insécurité)'과 깊이 연관되어 있는 겸손의 한 형태가 있다. 이로 인해 부르디외는 두서없는 연구조차 쉽게 깔보지 않게 되고 이론적 모델의 발전에 힘을 쏟는 만큼 인터뷰 같은

---

28 London, *Martin Eden*, p. 420.

29 Bourdieu, *Esquisse pour une auto-analyse*, p. 128.

조금 더 대중적인 활동에도 상당한 신경과 관심을 쓰게 되었다. 다른 한편으론 그는 "'기적적인 생존자'(miraculé)로서 오만과 확신에 차서 자신이 '기적과도 같은 자'(miraculeux)로 나서서 바로 지배자들 자신의 땅에서 그들을 물리치며 살겠다는 의지를 품게 된다".[30] 이처럼 부르디외는 자신이 고등사범학교에 입학한 후로 내린 선택의 대다수는 '오만하기보다는 좌절된 귀족주의의 한 형태'에 따라 이루어진 것임을 고백한다. 이러한 그의 좌절된 귀족주의는 경쟁의 과정에서 누군가를 희생시켰다는 회고적인 수치심, 그가 '모범생주의'라고 부르는 것에 대한 반감 그리고 대학 위계질서의 정점에 올라서 **학인**(homo académicus)의 완벽한 모델이 된 그의 몇몇 동료 교수들이 체현하고 있는 쁘띠 부르주아지의 출세주의에 대한 거부와 관련된 일종의 증오에서 생겨난 것이다.[31]

틈새의 상황 속에서 유래한 이러한 상반된 감정들을 모든 계급횡단자가 반드시 기계적인 방식으로 경험하게 되는 것은 아니다. 계급횡단자들은 그들이 현실화될 수 있는 조건들이 주어졌을 때 그 순간의 상황에 따른 일련의 반응 속에서 생산되며 따라서 모두 동일한 강도의 감정을 경험하게 되진 않는다. 경험의 강도는 계급횡단자들 자신과 일치하거나 혹은 대립하는 감정들이 어떻게 조합되는지에 달려 있다. 계급횡단자들이 마음의 동요를 특징으로 하는 특수한 기질을 지니고 있다는 사실을 고려한다면 계급횡단자는 남들에게 쉽게 상처를 입거나 혹은 오히려 남들에게 상처 입히는 쪽이 되기 쉬우며

---

30 *Ibid.*, pp. 129~130.
31 *Ibid.*, p. 130.

만약 그가 주의를 기울이지 않는다면 그는 상당히 예민하거나 공격적인 사람으로 비쳐질 위험을 안게 된다. 이 점에서 계급횡단자는 예를 들어 화를 내야 마땅한 상황에서 화를 내는 것과 같이 상황에 맞는 성향을 드러내고 있을 때조차 마치 원래 다혈질적인 성격에 성미가 무척 까다로운 사람인 것처럼 인식된다.

이처럼 성격과 관련한 오해(malentendus)는 두말할 것도 없으며 만약 이 착각(méprise)이 경멸(mépris)과 관련한 것이 되어 계급횡단자가 도발을 일삼고 부르주아 세계에서 자신의 프롤레타리아적 성격을 보여 주거나 혹은 프롤레타리아트 사이에서 부르주아지 행세를 할 때면 긴장은 절정에 달하게 된다. 이런 식으로 계급횡단자는 양극단을 모두 자극하면서 자신을 반골(mouton noir)로 포장하려고 하지만 그러한 표현 형식이 긴장을 막아 주지는 못한다. 오히려 이는 긴장을 감추기는커녕 그것을 만천하에 드러내고, 긴장을 진화하는 것이 아니라 긴장을 완전히 불타오르게 한다.

계급횡단자 각자의 기질이 형성되는 역사적 과정의 독특성과 각자가 처한 상황의 일회적 성격을 고려한다면 그들의 기질에 내재하는 대립 형태의 총체를 선험적으로 탐구하려는 시도는 헛수고에 그치게 될 것이며 그러한 탐구는 애초부터 실패하도록 예정되어 있을 뿐이다. 하지만 계급횡단자가 겪는 경험적 잡다의 양태가 어떠하든지 그의 '자아' 구성 역학에서 본질적 역할을 수행하는, 틈새로부터 생겨나는 긴장이 지니고 있는 몇 가지 공통 요인에 주의를 기울여 볼 수는 있을 것이다.

가장 먼저 눈에 띄는 긴장의 형태는 바로 사회적 수치심이다. 우리가 앞에서 이미 보았던 대로 이 감정은 비-재생산의 역학에서 계급횡단자가 반항하거나 굴종하도록 만듦으로써 비-재생산을 억제하거나 또는 반대로 추동하는 역할을 수행하거나 심지어는 두 역할을 동시에 수행할 수도 있다. 수치심은 계급횡단자의 이력에서 가장 흔하게 나타나는 감정적 표식 가운데 하나다. 이 수치심의 감정은 마치 불명예가 잊히지 않는 흔적으로 남는 것처럼 계급횡단자 속에서 지속한다. 심지어 그가 태어난 환경으로부터 빠져나와 어떤 막대한 성공을 거두든지 이 감정의 상흔은 결코 완전히 지울 수 없다.[32] 이 감정은 자기 자신으로부터 끊임없이 자양분을 얻기 때문에 결코 시들지 않는 뿌리 깊은 다른 모든 감정의 원형을 이룬다. 수치심은 자신의 대립물을 산출하는 역량을 지니고 있다. 따라서 수치심을 느끼는 주체의 긴장은 극에 달하고 그 결과 주체는 분열되고 만다. 왜냐하면 우리는 수치심을 느낄 뿐만 아니라 수치심을 느낀다는 것에 수치심을 느끼기 때문이다.

카뮈는 자전적 소설 『최초의 인간』에서 계급 간 차이를 발견한 꼬마 자크(petit Jacques)[33]가 자신의 어머니가 가사도우미라는 불명예스러운 범주하에서 물화되는 것을 지켜보는 순간을 그려 내면서 수치심으로 인해 수치스러워하는 경험을 충실히 묘사하고 있다. 자크는 학교에 양친의 직업을 적어서 제출해야 했지만 카뮈처럼 아버지를 잃은 고아였던 그는 어머니의 직업만을 적을 수밖에 없었다.

---

32 물론 디디에 에리봉이 『랭스로 되돌아가다』에서 강조한 것처럼 동성애와 관련된 수치심과 같은 다른 형태의 수치심 역시 존재한다. *Retour à Reims*, p. 228.
33 [역주] 『최초의 인간』의 주인공 자크는 작가 카뮈의 자전적 분신이다.

그는 우선 '주부'라고 적었고, 피에르는 '우체국 직원'이라고 적었다. 그러자 피에르는 자크에게 주부는 직업이 아니라 그냥 집 보면서 살림살이를 하는 여자를 말하는 것이라고 지적했다. 자크는 "아니야. 우리 엄마는 남의 집 집안일을 해 줘. 특히 우리 집 앞에 있는 잡화점에서 일해"라고 말했다. 그러자 피에르가 약간 주저하면서 말했다. "음, 내가 생각하기에는, 그럼 가사도우미라고 적어야 할 것 같아." 가사도우미라는, 너무나도 생소한 이 말은 자크의 집에서는 단 한 번도 쓰인 적이 없었기 때문에 자크의 머릿속에는 그런 생각이 한 번도 떠오른 적 없었다. 또한 자크의 집에서는 아무도 어머니가 남을 위해 일한다고 느낀 적이 없었다. 어머니는 아이들을 위해서 일하고 있는 것이었다. 자크는 가사도우미라는 표현을 적다가 갑자기 멈추었고 바로 그 순간에 수치심을 느끼면서, 수치심을 느꼈다는 그 사실에 수치심을 느꼈다.[34]

어머니가 세상의 시선에서는 '가사도우미'로 인식되며 고용인(雇傭人) 신분에 속한다는 사실을 의식하게 된 순간 자크에게 갑자기 어머니가 보잘것없는 존재로 보이기 시작했고, 자크는 자신의 어머니가 가사도우미라는 사실에 수치심을 느꼈다. 하지만 이 나쁜 감정은 이내 그를 향해 다시 돌아왔다. 사랑하는 자신을 위해 희생한 어머니의 위치에 대한 사회적 판단을 단지 서류상에서뿐만 아니라 자기 자신 안에서 받아들여 버린 스스로에 대해 경멸감이 들었기 때문이다.

---

34 Albert Camus, *Le Premier Homme*, Paris: Gallimard, "Folio", 1994, p. 222.

즉 자크는 자신의 수치심에 대한 수치심을 느끼게 되었고 그의 고통은 자신을 향한 분노로 더욱 배가되었다. 만약 수치심이 멀어짐의 증거라고 한다면 수치심에 대한 수치심은 가까움을 드러내 보여준다. 틀림없이 이러한 이유에서 카뮈는 마치 자크가 이제 더는 어머니를 사랑할 수 없게 된 것처럼 그리고 어머니의 명예에 대한 실추와 자신의 명예에 대한 실추라는 이중의 잘못을 범한 후에 어머니를 영영 잃어버리기라도 한 것처럼 **"비록 절망적으로밖에 사랑할 수 없다 할지라도** 그의 어머니는 그가 세상에서 가장 사랑했던 어머니의 모습 그대로였다"[35]라고 쓰고 있다.

　카뮈가 이러한 묘사를 한 까닭은 아마도 역시 수치심에 대한 수치심이 지닌 특성 때문일 것이다. 수치심에 대한 수치심, 이 감정의 힘은 마치 한번 중심을 잃게 되면 아무리 평형을 되찾으려 해도 넘어지게 되는 것처럼 자신으로부터 타인에게로 기울었다가 이윽고 타인으로부터 자신에게로 다시 한번 되돌아오면서 최초의 수치심을 배가시킨다. 자크는 수치심과 수치심을 느꼈다는 수치심을 **동시에** 경험한다. 왜냐하면 카뮈가 우리에게 말하고 있는 것처럼 자크는 세상의 판단과 "또 자신의 악한 마음에 대한 스스로의 판단"[36]을 발견하고 있기 때문이다. 이렇게 해서 수치심은 자가 증식의 폐쇄 회로 속에서 계속 재생산된다. 왜냐하면 수치심을 느꼈다는 죄책감을 비롯한 모든 것이 수치심을 떠올리게 하는 계기가 되기 때문이다. 수치심은 끝이 없어 보이는 마음의 동요가 시작되도록 만든다. 자크는 수치심으로

---

35 *Ibid.*, p. 223, 강조는 저자.
36 *Ibid.*, p. 222.

부터 빠져나오지 못한다. 그는 수치심을 자기 자신 안에서 계속해서 다시 마주칠 뿐이다.

사회적 수치심과 관련한 계급횡단자의 기질의 구성과 해체 이유들을 이해하기 위해서는 이 끈질긴 감정의 생산 양식과 그 고유의 역학, 그로부터 기인하는 형태들에 대한 분석이 필요하다. 일반적으로 수치심은 생각, 행동 또는 자신이 보여지는 방식이 나쁜 것으로 지적 ― 그 지적이 옳건 틀렸건 간에 ― 받는 데서 생겨나는 모욕감이다. 수치심의 원천은 다양할 수 있겠지만[37] 이 감정은 언제나 평가하고 판단하는 자의 시선 ― 이 시선이 외부의 것이든 혹은 내면화된 것이든 ― 에 대한 표상을 함축하고 있다.

사실 수치심이 반드시 타인이 실제로 제기한 도덕적 비난에 관한 내적 반향인 것은 아니다. 오히려 수치심은 자신과 대립하는 외부 시선을 상상하는 것에서 가장 빈번하게 생겨난다. 따라서 주체는 타인의 시선으로 스스로를 바라보게 되는데, 그로 인해 설령 쥐구멍으로 달아나 숨고 싶을 때조차 그 시선으로부터 벗어나는 것은 불가능해진다. 왜냐하면 주체 자신이 판단하는 자와 판단되는 자로 분열되어 있기 때문이다. 자기 자신으로부터는 그 누구도 벗어날 수 없는 법이다. 이것이 스피노자가 수치심을 우리에 대한 외부의 비난의 결과로 국한시키지 않고 "다른 사람들이 비난한다고 우리가 **상상하는** 우리의 어떤 행동에 대한 관념을 수반하는 슬픔"[38]으로 정의하는 까닭

---

37 이 점에 관련해서는 다음을 참조하라. Vincent de Gaulejac, *Les Sources de la honte*, Paris: Desclée de Brouwer, 1996.

38 Spinoza, *Éthique*, III, 31. 강조는 저자.

이다. 요컨대 스피노자의 정의에 따르면 수치심은 어떠한 사실적 기반도 가지지 않은 순전히 상상적인 것일 수도 있는데 다만 이러한 상상은 가족과 사회로부터 주입되어 몸에 새겨진 도덕적 판단과 관련한 이미지와 그 흔적에 기초하고 있으며 이러한 이미지와 흔적은 우리 안에서 계속해서 일련의 결과들을 부산스럽게 산출하며 외부의 비난이 없는 경우조차 끊임없이 재활성화된다.

그렇기 때문에 아무리 다른 사람들이 수치심을 느낄 이유가 전혀 없다고 확실히 말해 주고 존중의 증표를 보여 줄지라도 그것은 수치심을 사라지게 하기에는 충분하지 않다. 왜냐하면 수치심을 느끼는 사람은 자신이 훼손되었다는 상상에 사로잡혀 있으며 그 상상은 다른 상상으로 대체되지 않는 한 지속되기 때문이다. 어떠한 합리적 근거(raison)로도 단지 그것만으로는 감정을 억누르는 데 충분하지 않다. 왜냐하면 감정은 신체와 정신에 새겨진 흔적들에 기초한 신체적·정신적 변화이기 때문이다. 이러한 이유에서 스피노자는 실제로 좋거나 혹은 나쁜 것에 대한 참된 인식도 단순히 참이라는 이유로 감정을 제거할 수는 없다고 주장한다.[39] 만약 참된 인식이 다른 감정을 제거할 수 있는 효력을 가진다면 그것은 그 인식 자체가 하나의 감정인 경우일 때뿐이다. 간명한 논증을 통해 누군가를 무가치한 인간이 아니라고 변호해 주는 것은 헛수고에 불과하다. 우리는 논증만으로는 감동을 받지 않기 때문이다. 모든 감정이 그런 것처럼 수치심 역시 그것보다 더 강력한 다른 상반된 감정을 통해서가 아니라면 억제될

---

39 *Ibid.*, IV, XIV.

수도 파괴될 수도 없다.[40]

사회적 수치심의 경우에도 이와 동일한 도식이 나타난다. 계급 횡단자는 자신의 출신을 부끄러워하는데 왜냐하면 다른 사람이 자신의 출신을 열등한 것으로 판단할 것이라고 상상하고 있으며 그러한 판단을 내재화하고 있기 때문이다. 그러한 상상이 옳은 것인지 틀린 것인지는 이 경우 중요하지 않다. 계급횡단자는 비록 자신의 환경으로부터 빠져나와 그 환경의 외부자가 되었음에도 그 환경과 대면하게 되는 상황 자체에 깊은 불편함을 체험하는데 왜냐하면 타자로부터 유래한 비난의 시선으로 사태를 파악하고 있기 때문이다. 그러나 사실 오히려 부르주아지에게는 문제의 환경과의 대면은 전혀 관심을 끌지 않는 것일 수도 있다. 사실 그에게는 애초에 이 세계가 전적으로 낯선 것인 데다 그는 이 세계에서 무엇과 무엇이 연관되어 있는지 전혀 감조차 잡지 못하기 때문이다. 그럼에도 계급횡단자는 혼자 가시방석에 앉아 있게 되는데 비록 그가 자신의 예전 환경과 단절했을지라도 본인 스스로가 그 환경과 자신을 동일시하고 있으며 또한 타인이 자신을 그렇게 동일시할까 봐 두려워하고 있기 때문이다. 계급횡단자는 부르주아지가 자신을 바라본다고 상상하는 방식으로 스스로를 바라보며 그들이 자신의 출신 환경을 열등한 것으로 판단한다는 생각뿐만 아니라 자신이 더 이상 속하지 않지만 여전히 동화되어 있는 그 세계로 인해 자신 역시 열등하다고 판단한다는 생각에 수치심을 느낀다. 수치심은 수치스러운 것과 혼합될지 모른다는 공포를

---

40 *Ibid.*, IV, VII.

먹고 자라나 자기 자신과 거리를 두고 싶다는 불가능한 욕망을 피워 낸다.

사회적 수치심은 역설적인 감정이다. 왜냐하면 이 감정이 출신 환경에 대한 무관심(détachement)과 애착(attachement)을 동시에 포함하고 있기 때문이다. 무관심은, 주체가 우월하다고 가정된 환경에 자신을 위치시키고 그 코드들을 받아들이면서 그 환경의 관점에서 출신 환경과 거리를 둔 채 사태를 바라보기 때문이다. 애착은, 주체가 자신이 출신 환경과 부모에 대한 책임을 져야 한다고 느끼며 부모 혹은 환경의 결함과 잘못을 마치 자신의 것인 양 혹은 마치 사회적 페스트와 같은 씻어 낼 수 없는 질병인 양 여기며 떠맡기 때문이다. 수치심의 애착은 얼룩 혹은 오점의 모습으로 드러난다. 수치심은 자신과 자신의 것이 비하됐다는 이미지와 자유의지에 관한 잘못된(confuse) 표상에 근거한다. 다시 말해서 수치심은 모든 행위가 한 개인의 의지의 수준을 넘어서 작동하는 필연성의 법칙에 따라 이루어진다는 것을 부정하고 우리가 오직 스스로의 자유로운 선택만으로 행위할 수 있기 때문에 우리는 자기 자신의 처신에 책임을 질 수 있는 행위자라고 여기게 만듦으로써 단순한 사실을 우리가 책임을 져야 할 잘못으로 뒤바꾸는 잘못된 생각에 기초하고 있다. 이러한 죄책감의 고백으로서의 수치심은 자유의지에 대한 믿음과 자기-질책을 통하여 유지된다.

하지만 바로 그러한 이유에서 계급횡단자는 비록 스스로 완전히 의식하고 있는 것은 아닐지라도 자신의 환경을 종종 비난하게 되기도 한다. 이 때문에 그들의 자서전은 계급횡단자 본인의 가족과 그와 가까웠던 사람들에게 매서운 비판과 격렬한 항의의 대상이 되곤 한다. 그들은 자신들 삶의 조건을 사회적 비참함을 묘사하는 틀 속에서 그려 낸 작품 속 자신들의 초상이 그다지 매력적이지 않다는 사실을 인정하려고 하지 않는다. 하지만 계급횡단자가 자기 자신에 대해 가지게 되는 다소 비뚤어진 왜곡에도 불구하고 이는 감정의 진실을, 자신이 직접 느꼈던 수치심과 지울 수 없는 모욕감의 진실을 표현하고 있다.

사실 그 누구도 사회적 수치심을 느껴서는 결코 안 될 것이다. 자신의 출신에 대해서는 아무도 책임이 없기 때문이다. 누군가를 단지 '부르주아지' 가정에서 태어났다는 이유로 혹은 '프롤레타리아트' 가정에서 태어났다는 이유로 비난하는 것은 키가 크거나 작다는 이유로 상대를 낙인찍는 것(stigmatiser)만큼이나 부조리한 일이다. 그러나 이러한 상식적인 주장이 자신이 수치스러운 존재라고 확신하고 있는 사람의 고통을 덜어 줄 힘을 지니고 있지는 않다. 왜냐하면 사회적 수치심은 객관적인 멸시의 상황에 대한 반사적 감정이 아니기 때문이다. 이 감정은 치욕의 원인이 사라졌을 때조차 계속해서 실재적인 결과들을 생산하는 허구적 표상들을 먹고 자라난다. 사회적 수치심의 감정은 이 점에서 다른 형태의 수치심들과 동일한 규칙을 따르고 있다. 이 감정을 제압하기 위해서는 일련의 상상이 어떻게 증식되는지 이해하고 '사회적 수치심의 발생론'(hontogenèse sociale)이라고 부를 법한 이론을 전개하면서 수치심 형성의 메커니즘을 분석해야 한다.

사회적 수치심의 상상계(imaiginaire)는 본질적으로 계급적 차이와 피지배자들의 종속성을 구성원에 대한 열등함과 저속함을 덧씌워 해석하는 데 있다. 수치심의 상상계는 삶의 방식과 사회적 실천들 사이의 격차를 존재에서 가치로 이행시키는 절차로부터 생겨난다. 다시 말해서 존재론적 판단의 가치론적 판단으로의 전환이 수치심을 낳는다. 요컨대 사회적 자긍심이나 수치심은 특정한 환경의 삶의 조건에 관해 단지 어떤 삶은 이러저러하다고 사실을 묘사하는 데 그치지 않고 그것이 저속하다느니 고상하다느니 비난하거나 규정할 때 생겨난다. 이제 존재는 단순히 있거나 없는 것이 아니라, 있어야 하는 대상 혹은 있어서는 안 되는 대상이 되어, 있을 가치가 있는 것 혹은 그럴 가치가 없는 것으로 나뉘게 된다. 이제 차이는 그저 이것과 저것이 다를 뿐이라는 심드렁한 사실에 불과하게 되지도 않고 정의를 실현함으로써 평등(disparité)을 확립시켜야 할 상태로 인식되지도 않는다. 차이는 불평등(inégalité)이 되고 우월함과 열등함으로 변화한다. 비교의 효과로 인해 차이는 차별(distinction)과 위계질서의 기호로 변형되는 것이다. 만약 그러한 비교가 없다면 단지 가난과 결핍에 대한 수치만 있을 뿐 사회적 수치심이란 있을 수 없었을 것이다.

결국 문제는 세상의 모든 차별(différence)을 만들어 내는 존재에서 가치로의 이 은밀한 미끄러짐이 어디에서 연원하는지 알아내는 것이다. 어떤 점에서 그러한 이행은 이루어질 수밖에 없다. 존재에서 가치로의 이행은 역관계들의 이데올로기적 표현이다. 따라서 이것은 한 계급의 다른 계급에 대한 지배의 결과이며 그러한 지배 관계를 피지배자의 잘못으로 떠넘기고 심지어 간계와 설득을 통해 피지배자들의 동의까지 이끌어 내는 기만적 의식과 결합되어 있는 영속적 지배에 대한 욕망의 결과이기도 하다. 그러므로 사회적 수치심의 상상계는 계급에 따른 사회 분업의 역사적 생산물이자 바로 이 점에서 그것은 개인적 의식의 차원을 넘어선다. 이 점은 계급횡단자나 그 밖의 개인들이나 모두 마찬가지다. 그렇기 때문에 사회적 수치심의 상상계는 이론적 영역에서 계급 투쟁의 분신(avatars) 가운데 하나라고 할 수 있다. 더 정확히 말하자면 수치심의 상상계는 사회적 위계질서를 사상의 영역에서 지탱하고 유지시켜 주며 그러한 위계질서가 표현하고 있는 이데올로기적 형성물이기도 하다. 정치적 위계질서는 교육과 문화, 언론 및 의견을 조작할 수 있는 동원 가능한 모든 수단들을 통해 자연적 질서로 변모된다. 그로 인해 피지배자들은 자신들이 열등하기 때문에 혹은 게으르거나 적어도 재능을 타고나지는 못했기 때문에 타인에 복종해야 하고 지시를 받아야 하는 '아래 세계'에 속하게 되었다는 생각을 내면화하게 된다. 부유하지 않고 교양도 없으며 권력마저 없이 사는 것이다!

이러한 초석 위에서 계급적인 편견과 민중 계층에 대한 낙인이 생겨난다. 열등하다고 말해지는 계급들에는 각종 모욕의 딱지가 주렁주렁 붙는다. 예를 들어 농부에게는 '촌놈'(cul-terreux), '시골뜨기'(péquenaud), '깡촌 출신'(pagus), '촌뜨기'(ploucs), '농투성이'(bouseux) 같은 멸칭이, 노동자에게는 '공돌이'(prolos), '막일꾼'(pue-la-sueur) 같은 멸칭이 붙는다. 반대로 과거에 천민과 농민 그리고 다른 평민들과 대비되는 표현으로 사용되었던 귀족이라는 호칭은 오늘날 VIP 혹은 거물 같은 표현으로 이어지고 있으며 정치적 용어로서 **인민**(people)이 아니라 계급의식을 결여한 채 대중의 일부를 이루고 있을 뿐인 이 평범한 사람들을 일컫는 말로서 '소시민들'(petites gens)이라는 표현이 이어지고 있다. 한편 '더러운 하층민'(populo cracra)이라는 고대의 표현은 도시 빈민(populace crasse)으로 대체된다. 말들은 바뀌었어도 모욕은 그대로다. 계급과 관련된 용어의 사용을 피하려고 하거나 노동자계급이 중산층이 됨으로써 사라졌다고 주장하는 오늘날의 경향은 단지 이러한 대립을 은폐할 뿐 대립 자체를 제거하지는 않는다. 이러한 관점에서 보았을 때 비록 계급의 존재는 여러 이해관계에 따라 부정될 수 있겠지만 어떠한 이해관계에서 그러한 것이든 이러한 부정은 전적으로 지배자들이 자신들의 권력을 유지하기 위해 사용하는 간계의 극치일 뿐이며 피지배자들의 관점에서는 가장 음흉한 폭력의 한 형식일 뿐이다.[41]

따라서 수치심의 상상계는 역사적 우연에 의한 결과인 지배 관계를 마치 실존에 앞서는 본질인 것처럼 둔갑시키고 누군가의 운명이 원래부터 하천(下賤)한 것처럼 만드는 형이상학적 바꿔치기 속임수에 의해 구축된다. 피지배자들은 지배 관계가 마치 자연적인 것처럼 보일 정도로 또한 자신들의 열등성을 타고난 결함이자 영원히 씻을 수 없는 치욕의 표식으로 여길 정도로 지배 관계를 내면화하게 된다. 수치심은 변하지 않는 본질이 된 모멸감의 체화에 기초한다.

이렇듯 우리의 존재가 우리에 앞서 존재하는 본질에 의해 규정된다는 식의 설명은 사회적 수치심에만 국한되어 나타나지 않는다. 이러한 본질화는 인종적 수치심이나 성적 수치심과 관련했을 때 훨

---

41 설령 사회적 계급의 존재를 부정하는 것이 인간 조건의 보편성이라는 이름하에 주장된다고 할지라도 그러한 주장이 계급 간 차이와 갈등에 무지한 특권층이나 할 수 있는 입장이라는 것은 분명한 사실이다. 디디에 에리봉은 계급의식의 실재성은 증명되지 않았다고 주장하는 레이몽 아롱을 비판하면서 "우리가 노동자일 때 우리는 계급에 속해 있다는 것을 피부로 직접 체감한다"는 사실과 "하나의 계급에 속해 있다는 느낌의 부재는 부르주아지 아동들의 특징이다. 지배자들은 그들이 특수한 세계에 속해 있다는 것을 (백인이 자신이 백인이라는 것을 의식하지 못하고 이성애자들이 자신이 이성애자라는 것을 의식하지 않는 것과 동일한 방식으로) 지각하지 못한다"는 사실을 지적하고 있다. *Retour à Reims*, pp. 100~101.

씬 더 심화된 방식으로 생겨난다. 프란츠 파농은 흑인이 겪는 경험은 언제나 인종적 피부의 도식에 갇힌 채 이루어진다는 것을 보여 준다. 흑인으로 산다는 것은 다른 무엇보다도 '깜둥이'라는 형상이 가장 앞서서 인식된다는 것을 의미한다. 흑인은 모욕의 낙인 아래서 스스로의 존재를 발견한다. "더러운 깜둥이!" 또는 "받아라, 이 깜둥아!" 등 등. 그는 백인에 '대한' 존재라는 짓눌린 대상성 속에 갇혀 있다. 파농은 『검은 피부, 하얀 가면』에서 이 경험을 아이러니한 방식으로 기술한다. "나는 내 신체에 책임이 있는 동시에 내 인종, 내 조상들에 책임이 있다. 나는 객관적인 시선으로 나 자신을 살폈고 내 흑색, 내 인종적 성격을 발견했다 ── 그리고 식인 풍습, 정신적 지체, 물신 숭배, 인종적 결함, 노예 상인들 그리고 무엇보다, 무엇보다 '야 봉 바나니아'의 이미지가 나를 부숴 버렸다."[42] 디디에 에리봉도 동성애 성향의 발견 및 게이가 되는 것에 관해 이와 동일한 이야기를 해 주고 있다. 동성애자로 스스로를 정체화한다는 것은 우선 모욕을 통해 정의되는

---

42 Fanon, *Peau noire, Masques blancs*, p. 90. [역주] 프랑스 기업 바나니아사에서 제조·판매한, 바나나 가루를 첨가한 초콜릿 분말에 사용된 상표를 말한다. 화가 지아코모 데 안드레이스 (Giacomo de Andreis)가 그린 이 상표에는 나무 그루터기에 앉아 '바나니아' 캔을 즐기고 있는 세네갈 보병의 모습이 그려져 있었는데, 그는 이국적인 퍼레이드 복장에 멍청한 미소를 짓고 있었다. 이 이미지는 제1차 세계대전 당시 아프리카에서 충원된 세네갈 보병과 군수 물자를 납품한 바나니아사의 관계 ── 부상당한 세네갈 보병이 바나니아사의 코코아 분말을 먹고 "좋다"(Y'a bon)라고 외쳤다는 설이 있다 ──에서 유래한 것이지만 실제 세네갈 군인의 모습보다는 인종 차별적 편견이 담긴 이미지들(검은 피부와 흰 치아의 지나친 대조, 치아를 훤히 드러내는 웃음, 짝눈 등)을 차용하고 있다는 점과 세네갈의 청년들을 식민지 본국의 필요에 따라 언제든 충당할 수 있는 인력으로 간주하는 식민주의적 관점이 녹아 있다는 점에서 많은 비판을 받았다. 이러한 맥락에서 세네갈의 초대 대통령 레오폴 세다르 상고르 역시 "바나니아의 웃음을 찢어 버려야 한다"라고 목소리를 높인 바 있다. 야 봉 바나니아는 1970년대 말 사라졌다가 2005년에 '추억'을 가장하여 다시 나타났지만 거센 비판을 받고 2011년에 다시 사라지게 되었다.

범주에 속하게 되는 것이며 "어떻게 해도 벗어날 수 없고 받아들여야 하는 그러나 언제나 모욕의 낙인이 찍혀 있는 정체성"[43]을 지닌 채 존재하는 것이다.

수치심은 '얼룩진 수태'(maculée conception)[44]와 관련한 상상력을 통해 전파되며 이 감정은 궁극적으로는 원죄(faute orginelle) 개념을 특징으로 하는 세계에 대한 신학적 시각에 속한다. 사회적 수치심이란 부모로부터 내려온 원죄(péché d'origne)다. 지울 수 없는 낙인이자 그 누구도 보고 있지 않을 때조차 언제나 보여지고 있는 얼룩과도 같은 원죄.

수치심은 모든 행동에 묻어난다. 수치심을 지우고자 하는 행동들조차 예외는 아니다. 수치심은 수치심 자체로부터 무한하게 확장되고 자라난다. 『남자의 자리』에서 아니 에르노가 이야기하고 있는 에피소드는 이를 뒷받침해 준다. 그녀의 잘 교육받은 대학 친구 두 명이 놀러 왔을 때 그녀의 아버지는 딸의 친구들을 잘 대접하기 위해 무진 노력을 했다.

평범한 방문에 지나지 않았는데도 아버지는 마치 축제 분위기를 내려고 했고 나의 친구들을 잘 대접하기 위해 노력하면서 아주 예의 바른 사람으로 보이려고 했다. 하지만 친구들은, 예를 들면 "안녕하세요, 선생님. 잘 지냈수?"(bonjour monsieur, comment ça va-*ti*?)라고 말하는

---

43 Éribon, *Retour à Reims*, p. 202. 이 점과 관련해서는 또한 다음을 참조하라. *Réflextions sur la question gay*.

44 [역주] 성모 마리아의 원죄 없는 잉태를 의미하는 무염시태(immaculée conception)를 뒤집은 표현이다.

데서, 아버지의 열등감을 알아차렸다.[45]

고상하게 보이고자 하는 아버지의 노력은 딸이 수치심을 느끼는 것을 막아 주지 못했으며 오히려 그 노력에도 불구하고 수치심을 더욱 키웠다. 혹시나 친구들의 높은 기준에 미달할까 봐 에르노가 미리 "우리 집은 수수해"라고 말해 둔 것이 오히려 그녀를 더욱 수치스럽게 만들었는데 왜냐하면 그녀의 아버지가 자기 자신으로 있지 않고, 평소처럼 수수하게 행동하는 대신에 부르주아지를 흉내 내면서 다른 존재가 되고자 했기 때문이다. 그 흉내 때문에 우스꽝스럽게 여겨지고 있는 것조차 모른 채 말이다. 고상하게 보이고자 하는 서투른 노력은 오히려 되돌릴 수조차 없는 저속함으로 추락하게 된다. 왜냐하면 그것은 열등감을 의식조차 하고 있지 못한다는 사실을 의미하기 때문이다. 사실 열등감을 의식하기 위해서는 다른 환경을 마주쳐 본 경험이 필요하며 그 세계의 코드들 전유하기 위해서는 그에 대한 심도 깊은 지식이 전제되어 있어야 한다.

이 점은 바로 다음 구절에서 확인할 수 있다. 어느 날 그녀의 아버지는 딸 앞에서 자랑스럽다는 표정으로 "나는 너에게 절대 부끄럽지 않게 행동했어"[46]라고 강조했다. 이러한 아버지의 자기-선언은 —— 이것은 사실 일종의 자기 의심이자 그에 대한 부정(dénégation)이기도 한데 —— 딸의 동의와 그녀가 수치심을 느꼈었다는 사실의 억압(refoulement)을 불러온다. 수치심을 느꼈다는 것만큼 수치심을 일

---

45 Ernaux, *La Place*, p. 93. [역주] ça va-ti는 노르망디 방언이다.
46 *Ibid.*, p. 93.

으키는 것도 없으며 수치심만큼 끝없는 운동 속에서 스스로와 대립하는 감정도 없다. 왜냐하면 수치심이 수치심을 부르고 그러한 수치심은 쉴 새 없이 아니 에르노를 짓눌렀던 것과 같은 느낌을 주기 때문이다.[47]

　수치심은 새로운 계기들을 먹고 끊임없이 자라나며 과거는 물론 앞으로의 모든 행동까지 감염시킨다. 실제로 수치심은 회상을 하는 동안에도 혹은 앞으로 다가올 일을 예상하는 동안에도 느낄 수 있다. 게다가 이 감정의 영향은 최초의 환경을 바라보는 시선에 국한되지 않고 도착 환경에도 그 여파를 미친다. 한편으로 계급횡단자는 부르주아 세계에 끼게 된 자신을 변명하면서 민중 계급을 옹호하는 대신, 부르주아 세계와 공모하고 침묵하며 울름가(街)를 통해 소르본에 가는 길로 향하는 과정[48]으로 공히 요약될 수 있는 폐쇄적인(aveugle) 카스트의 일원이 되면서, 한마디로 배신하면서, 자신에 대한 수치심을 느낀다. 다른 한편으로, 계급횡단자는 상류 사회에서 우연히 맺게 된 다정하고 친밀한 관계를 자신의 출신 환경에 소개할 때면 마음이 편치 않고 불편함을 느끼게 되는데 왜냐하면 그 관계들로 인해 자신이 부르주아지가 되었다고, 다시 말해서 배신자가 되었다고 비난받을까 봐 두려워하기 때문이다.

　그러므로 계급횡단자는 사회적 판단의 십자포화에 굴복하게 된다. 가끔씩 계급횡단자는 평범한 가족과 평범하지 않은 새로운 친구

---

47 Ernaux, *La Honte*, Paris: Gallimard, 1987, p. 113.

48 [역주] 프랑스 지식인의 가장 정석적인 성공 가도는 울름가에 있는 고등사범학교를 나와 소르본대학의 교수로 취임하는 것이다.

들과 관련하여 이중의 수치심을 겪는다. 상류층과의 교제에서 느끼는 수치심은 말하자면 뒤집어진 수치심, 거울 속에 비친 수치심인데 이 감정은 민중 계급에서 통용되는 사회적 코드들에 대한 상류층의 무지와 그들의 부적절한 행동 양식에서 유래한다. 그들은 너무 격식을 차린 채 말하기 때문에 오히려 상황에 알맞은 단어를 찾을 줄 모른다. 음식 낭비도 심한데 살코기가 남아 있는데도 음식을 버리거나 식사 때는 한 그릇도 채 비우지 못한다. 손으로 파스타를 집지도 못하고 음식을 내놓을 때 행여나 손을 더럽힐까 겁내기도 한다. 이러한 결점투성이의 취향과 생활 능력(savoir-vivre)의 부족 때문에 그들은 깍쟁이로 불리게 되며 기생충 같은 응석받이 아이로 자라나게 된다. 수치심은 결코 끝나지 않고 바닥에 남은 한 방울까지 삼켜야만 하는 것이다!

각자에게는 자신만의 고유한 역사가 있고 그 속에는 자신만의 개인적인 나르시시즘적 상처들이 있다. 그 상처들이 수치심을 저마다의 방식으로 강화시키기 때문에 우리 각자가 체험하는 수치심의 유형과 그 밀도는 상이할 것이다. 그렇지만 이 감정은 특히 출신 환경과 관련한 검열·회피·부정·부인 행동과 같은 특징적 결과들을 생산한다. 상당히 많은 경우에 계급횡단자들은 자신의 과거에 대해서 침묵을 지키거나 제대로 말하지 않으려고 한다. 그들은 자신의 부모가 무슨 일을 하는지 말하는 것에 상당한 반감을 가지며 가족이나 형제를 주제로 한 이야기를 애써 피한다. 간혹 우연히 예전에 알았던 사람을 만나기라도 한다면 설령 그 만남을 피할 수도 없고 과거를 완전히 모른 체할 수 없는 상황일지라도 상당히 거북해하면서 그 상황을 최대한 빨리 끝내 버리려고 한다. 그러한 성향은 만약 계급횡단자가 도착 환경에서 새롭게 사귄 사람들과 동행하고 있다면 특히 더 두드러지게 드러난다. 디디에 에리봉은 누군가 그의 형제가 무엇을 하는지 물어보았을 때 아주 끔찍하게 당황한 적이 있으며 아직까지도 이 주제에 관해서는 진실을 말하지 않고 둘러대는 식으로 대처하고 있다고 고백한다.[49] 또한 에리봉은 언젠가 파리 시내에서 환경미화원으로 일하는 외할아버지를 마주쳤을 때 도망쳤던 순간의 경험에 관해 말하기도 한다. 그 순간을 두고 에리봉은 "[…] 당혹스러웠다. 특이한 기자재 위에 올라타 있는 그와 함께 있는 모습을 누가 볼지도 모른다는 생각에 덜컥 겁이 났다"[50]라고 고백한다.

　　여기서 다룬 모든 고백은 질 나쁜 친구와 함께 있다는 것이 목격될지 모른다는 공포와 관련하고 있다. 이 공포는 **패싱**의 주요한 특징 가운데 하나로서 끊임없이 "너는 누구냐"라고 묻는 암구호를 통과하기 위해 자신을 위장하도록 만든다. 넬라 라슨의 소설, 『패싱』에서 클레어는 자신의 인종을 부인하고 백인 행세를 하면서 살아가지만 그와 동시에 자신의 끝없는 거짓말이 들통나고 고발당할지 모른다는 공포에 시달린다. 비록 그녀가 불장난을 좋아하는 성격이기는 하지만 옛 흑인 친구들을 대놓고 만날 수는 없었기 때문에 클레어는 언제나 은밀하게 자신의 옛 흑인 친구들과 만났다. 어떤 의미로는 계급횡단자는 밀항자(clandestin) 그 자체라고 할 수 있다. 계급횡단자는 그의 가족을 보기 위해서 혹은 보지 않기 위해서 그리고 자신의 연약하고 위협받는 정체성을 지키기 위해서 자기 자신을 감춘다. 따라서 출

---

49 Éribon, *Retour à Reims*, p. 110.

50 *Ibid.*, p. 72.

신에 대한 수치심과 출신이 발각될지 모른다는 공포는 진실을 이리저리 짜깁기하여 아예 한 편의 소설을 발명하거나 거짓말로 에둘러 말하는 것으로 이어진다.

수치심의 형태는 셀 수 없이 많다. 그 형태들을 낱낱이 분석하지는 않더라도 가장 빈번하게 출현하는 수치심의 양상이자 수치심의 아바타라고 할 만한 특징적 요소를 강조하는 것만으로 충분히 흥미로운 분석을 이끌어 낼 수 있을 것이다. 바로 신생(nouvelle naissance) 전설이다. 이것은 출신에 대한 부정의 극단적 형태다. 생략을 통한 거짓말은 계급횡단자가 자신의 사회적 출신을 숨기기 위해 사용하는 가장 흔한 수법이다. 그런데 간혹 그 거짓말의 수준이 아예 매우 신비롭고 비범한 아우라를 풍기는 가족 소설을 발명하는 경지에 이르러 자신의 출신 자체를 위조하는 경우도 있다. 환경의 변화는 두 번째 삶 혹은 진정한 탄생으로 경험되는 수준을 넘어서고 때로 이 변화는 간혹 계급횡단자가 사실은 주워 온 아이라거나, 천애 고아라거나, 저명한 인물의 숨겨진 친자라거나, 혹은 부친도 모친도 없이 자기가 자기 자신을 스스로 만듦으로써 태어났다는 탄생 신화 따위와 결부되기도 한다. 허언(mythomanie)에서 시작된 거짓말이 신화(myth)가 되는 것이다.

출신과 관련해서 현실을 가능한 한도까지 가공하고 연마해 내는 이 상상계의 조각보 같은 모습은 스탕달의 『적과 흑』에서 현학적인 방식으로 탐구되고 있다. 쥘리앵 소렐은 자신을 "아버지, 형제, 모든 가족이 미워하는 주워 온 아이"[51]라고 상상한다. 그러나 이 환상적 관념이 단지 그의 머릿속에서만 피어난 것은 아니다. 소렐의 보호자 이자 그의 출신을 의심하는 피라르 수도원장 역시 그런 생각에 사로 잡혀 있다.[52] "사람들은 그가 우리 산동네 목수의 아들이라고 말하는 데 […] 제 생각에는 부유한 누군가의 사생아인 것 같습니다."[53] 이러 한 혈연 관계에 대한 의혹은 브장송의 관리자가 소렐의 양부가 됨으 로써 고귀한 혈통으로 인정받는 절차를 통해 원래 출신을 완전히 부 정하는 전략에 의해 사그라든다. 자신의 딸이 평민과 결혼하는 것을 가만히 두고 볼 수 없었던 라 몰 후작과의 공모 끝에 쥘리앵은 자신의 이름마저 바꾸게 된다. 그는 이제 베르네이의 기사가 되기 위해서 소 렐이라고 불리는 것을 그만두었다. 입양 가족과 새로운 성(姓)의 선 택은 쥘리앵을 다른 가계 속에 기입시킨다. 이러한 인정은 재-탄생 이자 역사의 결을 거스르는 재-기입인데 이로써 쥘리앵의 친부는 그 저 보살핌의 값만 치르면 되는 단순한 양육자가 되고 그의 아버지는 완전히 사라지게 된다. 라 몰 후작은, 쥘리앵에게 2만 프랑을 선물로 쥐여 준 뒤 다음과 같이 계약 조건을 정했다. "쥘리앵 드 라 베르네이 는 이 돈을 자신의 부친에게서 받은 것으로 하되, 그 부친이 누구인지

---

51 Stendhal, *Le Rouge et le Noir*, p. 41.
52 [역주] 피라르 신부가 단지 쥘리앵 소렐의 외모와 지적 능력, 성품만 고려해서 이러한 생각 을 하게 된 것은 아니다. 그의 착각은 쥘리앵의 먼 친척을 자처하는 '폴 소렐'이라는 어느 한 인물이 쥘리앵 앞으로 500프랑짜리 환어음을 송금한 사건을 배경으로 한다. 그러나 이 돈의 진짜 출처는 사실 라 몰 후작이다. 후작은 프릴레르 신부와의 소송전에서 피라르 신부에게 은혜를 입었는데 조금의 답례도 받지 않으려고 하는 피라르 신부에게 간접적으로나마 감사 를 표하고자 그의 애제자 쥘리앵 소렐에게 가명으로 500프랑을 송금한 것이다. 하지만 이러 한 사정을 몰랐던 피라르 신부는 쥘리앵이 어느 귀족의 사생아일 것이라고 착각하게 된다.
53 *Ibid.*, p. 232.

에 대해서는 밝힐 필요가 없을 것이오. 라 베르네이 씨는 유년 시절에 그를 돌보아 주었던 베리에르의 목수 소렐 씨에게 소정의 답례를 주는 게 합당할 것이며…"[54] 쥘리앵은 귀족으로서 서임을 받는 이러한 절차가 단지 정체성을 빌려 오는 것이 아니라 자신의 진정한 출신을 되찾아 주는 것이라고 혹은 적어도 자신이 자기 아버지의 아들이 아니라 더 고상한 혈통에서 나왔다고 자신의 출신을 고침으로써 만족감을 주는 절차라고 스스로를 설득하는 데 이르렀다.

> 쥘리앵은 속으로 말했다. 혹시 어쩌면 내가 저 끔찍한 나폴레옹에게 추방되어 우리 산간 지방으로 피신한 어느 대영주의 친자일 수도 있지 않았을까? 시간이 지날수록 이 생각이 아주 불가능한 것은 아닌 것처럼 보였다… 아버지를 향한 나의 증오가 어쩌면 그 증거일지 몰라… 그렇다면 나는 더 이상 불효자식은 아니겠군….[55]

다른 출신지의 발명 혹은 새로운 출생지의 발명이 소설 속에서만 일어나는 일은 아니다. 때로는 현실 속에서도 단순히 망상을 품거나 동료를 속이기 위해 둘러대는 차원을 넘어서 그러한 발명이 입양이나 개명 등의 사법적 절차를 거쳐 실체를 갖기도 한다. 어떤 계급횡단자는 자신의 친부모가 여전히 살아 있음에도 자신이 직접 새로운 부모를 선택하여 자신의 입양을 결정하기도 한다. 그러한 유형의 입양은 분명 실존주의적 운동의 일환이라고 할 수 있는데 이러한 운동

---

54 *Ibid.*, p. 495.
55 *Ibid.*, p. 496.

은 선택의 자유를 극단까지 인정하여 심지어는 부모를 고를 자유까지 주장한다. 만약 정말로 어떤 사람이 자기 자신을 스스로 만들어 낼 수 있는 존재라면 그는 자신의 과거에 규정되지 않을 것이다. 그는 자신이 누구인지를 스스로 선택하고 자신의 가족까지 발명해 낸다. 참된 가족은 자연이 그에게 부과한 가족이 아니다. 자신이 가족으로서 합당하다고 생각하여 고른 사람들이 진정한 가족이다. 이러한 시각에서 본다면 생물학적 가족이란 유명무실한 것이며 단지 철학적 가족만이 있을 뿐이다. 이러한 생각이 순수하게 이론적인 것으로만 머물렀던 것은 아니며 실제로 법적 입양을 통해 사법적 형식으로 실현된 적도 있다. 예를 들어 장 폴 사르트르와 시몬 드 보부아르는 이미 성년이었던 알레트 엘카임과 실비 르봉을 입양했으며 입양된 두 딸은 당시에 친부모들이 살아 있었음에도 알레트는 사르트르의 성을, 실비는 보부아르의 성을 따랐다.

물론 이러한 주의주의적 실천이 법의 테두리 내에서 실현되는 것이기는 하지만 계급횡단자들의 입양이 과연 어느 선까지 적법한 (légitime) 것인지 충분히 의문을 제기해 볼 수 있을 것이다. 어쩌면 그러한 실천은 수치심의 간계 혹은 출신을 부정하는 미묘한 형태가 아닐까? 대체 어째서 새로운 가족을 만들어 내는 선택을 할 필요가 있는가? 자신이 직접 관계를 만들어 나갈 수 있는 순간이 되면 나이가 많든 적든 본받을 만한 모델 혹은 충실한 우정의 모델이 될 관계를 형성할 수도 있을 텐데 말이다.

이와 마찬가지로 우리는 **자수성가한 사람**(self-made-man)의 이데올로기가 어쩌면 — 비록 핵심적인 근원은 아닐지라도 — 출신의 흔적을 삭제하려는 수치심의 의지로부터 발원한 것이 아닌지 고려해

볼 수 있을 것이다. 사실 제아무리 뛰어난 역량을 갖춘 사람일지라도 자기 혼자서, 다시 말해서 자기 자신만으로는 스스로를 온전히 만들어 낼 역량을 가지고 있지 않다. 설령 자기 창조 혹은 최근 유행하고 있는 자기 계발과 관련한 담론이 비록 스스로의 존재를 자신의 손으로 직접 개척하고 가꾸어 나가려는 긍정적인 형태의 욕망을 표현하고 있을지라도 만약 그러한 담론이 주변 환경과 자신의 외부에 있는 요인들과의 관계를 백지화하거나 모든 것을 무위(zéro)로 되돌리려는 시도로 나타난다면 그것은 매우 미심쩍은 것이 된다. 그러나 진실은 그 어떤 것도 무로부터 나오지는 않으며 모든 것은 항상 역사를 지니고 있다는 것이다. 스스로를 **무로부터** 조형해 내려는 관심은 어쩌면 수치심이 예술의 경지로까지 승화된 궁극적 형태일지도 모른다. 물론 사람들이 모두 여기에 속을 만큼 바보는 아닐 것이다. 사실 그러한 자기 창조는 이미 주어지고 형성되어 있는 재료를 가지고 작업될 수밖에 없다. 따라서 자기 창조는 자기 해체이기도 하다. 자신의 짜임새(texture)를 변형시키고자 한다면 우선 그것을 인정하는 것이 중요하다. 예술가들이 가난과 빚에 허덕이는 것처럼 계급횡단자들도 어렴풋하게나마 언젠가 자신이 진 빚을 갚아야 한다는 사실을 알고 있다. 그렇기 때문에 계급횡단자는 수치심과 수치심의 수치심 — 이것은 자긍심이 생겨나는 데 필요한 인정의 최초의 형태 가운데 하나를 구성한다 — 사이에서 동요한다. 그렇다면 이제 문제는 과연 어떻게 수치심을 물리치고 머릿속에서 폭풍처럼 치고 있는 마음의 동요로부터 빠져나올 수 있는지 알아보는 것이다.

옛 세계로부터의 뿌리 뽑힘과 그에 대한 애착 사이에서 그리고 새로운 세계에 대한 충성과 저항 사이에서 계급횡단자는 분열되어 있으며 언제나 그 틈새에서 몰아치고 있는 파도의 부침을 겪는다. 그렇다면 과연 어떻게 동요하는(flottante) 기질이 긴장이 비교적 완화된 상태의 유동적(fluide) 기질로 전환될 수 있을까?

타자를 통해 자기 자신으로 존재하기

틈새의 태도는 결코 편안할 수 없다. 몇몇 계급횡단자들은 기나긴 의심에 지친 나머지 혹시 예전의 자신으로 머물러 있는 것이 더 행복하지는 않았을지, 자신이 겪은 변화가 자기실현이라기보다는 오히려 파멸의 한 형태가 아니었을지 자문하게 된다. 사회적 신분 상승은 성장이나 승급 같은 것과는 거리가 멀다. 어쩌면 그것은 지옥으로의 기나긴 추락의 체험일지도 모른다. 마틴 에덴은 그러한 체험의 범례적인 형상이라고 할 수 있다. 두 세계 모두로부터 추방된 그는 더 이상 어떤 곳에도 진정으로 속하지 않게 되었고 **무인 지대**(no man's land) 속에서 살아가게 되었다. 그곳에서 마틴 에덴은 스스로조차 자신을 낯설어했으며, 자신은 이미 죽어 버렸고 다른 사람이 되었다고 느낄 정도였다. "마틴 에덴은 흐리멍덩한 눈으로 고개를 숙인 채 난봉꾼들 사이에 끼어들더라도 그곳을 더 이상 자신의 집이라고 느끼지 않게 되었다. 그는 파멸했다. 상류 사회에서는 누구도 마틴 에덴 자체로는 마틴 에덴에게 관심을 가져 주지 않았다. 하지만 그렇다고 해서 그는 한때 자신을 사랑해 주었던 하류 세계로 다시 내려올 수도 없었다. 마틴 에덴 자신이 더 이상 그들을 원하지 않았다. 그는 점차 호화 여객선에 탄 일등석의 시시한 승객과 상갑판의 젊은 한량들을 견디기 힘들어 하는 것보다 뱃사람들을 더 견딜 수 없게 되었다."[56] 마틴 에덴은 자신의 에덴을 잃은 것이다. 그는 타락했고 또한 버림받았다. 신화 속 낙원으로부터 떨어진 사람들처럼 그는 자신이 상실한 다시는 돌아갈 수 없는 에덴을 헛된 노스탤지어로밖에 소비할 수밖에 없었다. "그는 잃어버린 천국을 좇아 선원실과 기관실로 헛되이 돌아갔다. 하지만 그는 그가 찾고 싶었던 사람 가운데 그 누구도 발견할 수 없었고 자신이 떠났던 사람 가운데 그 누구도 다시 볼 수 없었다."[57] 그의 자살은 결코 되찾을 수 없는 혹은 영영 잃어버리고 만 자기 자신에 대한 탐색이 실패한 순간에 비로소 일어났을 뿐이다. 마틴 에덴은 그 자신으로서는 이미 죽어 있었다. 삶이 오래전부터 그를 저버렸기 때문이다.

이러한 비극적 종말은 잭 런던에게 비판을 불러올 만한 것이었고 특히 마야콥스키는 이 소설을 원작으로 하는 영화 「돈을 위해 태어난 것이 아니다」[Pas né pour l'argent]의 시나리오를 쓰면서 아예 결말을 바꿔 버리기까지 했다. 영화는 주인공의 죽음으로 끝나지 않는다. 그 대신 "자신을 감싼 황금의 무게에 굴복하지 않는 데 성공한 이반 노브[Ivan Nov], 그러니까 마틴 에덴의 모습을 보여 주는"[58] 것으로 끝이 난다. 마야콥스키 — 훗날 그 역시 스스로 생을 마감하게 된다 — 는 큰 논란을 불러일으킨 잭 런던의 자살을 두고 "반항자 마틴 에덴과 그의 쌍둥이, 사회주의자 잭 런던은 허무주의적 절망의 행위에 빠져들 정도로 혁명적 신념이 부족했던 것일 수도 있다"[59]라고 평하기도 했으

56 London, *Martin Eden*, p. 433.

57 *Ibid.*, p. 433.

58 Lili Brink, *Avec Maiakovski*, Sorbier, 1980, Linda Lê가 *Martin Eden*에 쓴 서문 p. 12에서 재인용.

59 Linda Lê, *Martin Eden*, 서문 p. 13.

나 잭 런던이 자살한 후 2년이 지난 뒤에는 더 이상 그와 같은 생각을 고수할 수 없게 되었다. 정치적 회유에 대한 두려움은 틀림없이 계급 횡단자들이 지닌 심원한 불편함을 침묵 속에 방치시켜 두는데, 이는 자살이라는 형태로 드러날 수도 있으며 또한 심각한 우울감과 인격적 문제를 초래할 수 있다. 실제로 우리는 때로 매우 비극적인 계급횡단자의 운명이 계급 투쟁을 향한 열정을 사그러들게 하거나 사회적 부동성을 정당화하는 데 쓰이지 않는지 우려하기도 한다. 쥘리앵 소렐 역시 단두대에서 생을 마감하지 않았는가? 이러한 염려는 단지 공산주의자나 진보주의자 사이에서만 널리 퍼진 것이 아니다. 사회적 유동성을 체제 안정을 위한 안전밸브로 이용할 것을 고려하는 자유주의자 또는 보수주의자들 역시 이러한 염려를 공유하고 있다. 만약 아메리칸드림이 정말로 악몽이 되어 버린다면 그때는 도대체 어떻게 해야 하는가?

어찌 됐든 분명한 것은 계급 변화가 반드시 삶의 조건의 향상으로 이어지는 것은 아니며 긍정적 발전으로 이해될 수도 없다는 것이다. 오히려 계급의 변화는 크나큰 고통의 원천일 뿐만 아니라 소외의 원천이기도 하다. 어떻게 하면 이행의 과정에서 자기 자신을 잃지 않을 수 있을 것이며 그 과정에서 찢기고 파열된 기질의 상처를 어떻게 극복할 수 있을 것인가? 모든 어려움은 소외되지 않으면서도 타자로서의 자기 자신이 되는 것에 있다. 타자성(altérité)이냐 소외(aliénation)냐. 이것이 계급의 변화를 거치면서 일어나는 자기-변형(altération)에 걸린 판돈(enjeu)이다.

미슐레는 분명 이 문제를 직접적으로 제기한 최초의 사람들 가운데 한 명이다. 그는 "계급 사다리를 오르는 자는 오르는 도중에 변화하기 때문에 거의 언제나 자신을 잃게 되며, 그들이 혼종(mixte) 또는 잡종(bâtard)이 된다는 것, 다른 계급성을 온전히 획득할 수 있는 것조차 아닌데 정작 자신의 계급의 오리지널리티를 상실한다는 것"[60]을 우리에게 확인시켜 준다. 이 점에서 사회적 신분 상승이라는 표현은 그 이름부터 잘못되었다고 할 수 있다. 왜냐하면 이것이 성장 혹은 성과와 체계적 동의어를 이루기는커녕 오히려 대부분의 경우 잃기만 하는 것으로 끝나기 때문이다. 계급 변화에 함축된 변형은 진보로서 나타나는 것이 아니라 오히려 퇴락과 퇴화(abâtardissement)로 나타난다. 계급횡단자는 복제품으로 변화하기 위해 원본이기를 그만두기 때문에 복제품과 원본의 교환 과정 속에서 스스로를 잃어버리고 만다. 그는 출신 계급의 그림자이자 도착 계급의 창백한 반영물이 되면서 자신의 색을 잃어버린다. 이 점이 바로 미슐레가 그의 저서 『민중』의 2부에서 사회적 야심의 도착적 효과에 대한 경고를 통해 강조하려고 했던 것이다.

우리가 지금까지 말해 온 농민은 무척 신중하고 현명하지만 고리타분한 생각을 가지고 있다. 자신의 아들만큼은 농부가 되어서는 안 되며 계급 사다리를 올라가 부르주아지가 되어야 한다는 것이다. 그는 무척 큰 성공을 거둔다. 교육을 마친 농민의 아들이 주임 사제가, 변호사가, 공장주가 되어 '무슈'로 불리는 것을 여러분은 어렵지 않게 찾아볼 수 있다. 혈색이 좋고 강인한 인종인 그는 모든 자리를 채울 것

---

60 Jules Michelet, *Le Peuple*, Paris: Julliard, 1846, p. 70.

이고 세속적인 활동에 전적으로 매진할 것이다. 결국 그는 연설가, 정치인 등 매우 중요한 인물이 되고 더 이상 소시민과 아무런 공통점도 지니지 않게 될 것이다. 당신은 모든 것을 뒤덮는 목소리로 말하는 그의 모습과 어디에서나 마주칠 수 있다. 그는 명품 장갑 속에 아버지의 두툼한 손을 감추고 있다. 아니, 나는 잘못 표현한 것이다. 아버지는 굵은 손을, 그 아들은 투실투실한 손을 가지고 있다. 의심의 여지없이 아버지 쪽이 더 근육질이고 더 다부졌다. 아버지가 귀족에 더 가까웠다. 그는 결코 말을 길게 하는 법이 없이 바로 본론만을 말했다. 아들은 아버지의 신분을 포기함으로써 사다리를 올랐다고 할 수 있을까? 한쪽에서 다른 한쪽으로의 진보가 일어났는가? 교양과 지식에 관해서는 틀림없이 그렇다. 하지만 독창성과 실제적인 분별력의 측면에서는 그렇지 않다.[61]

잡종은 여러 계급이 뒤섞임으로써 생겨난 결과물인데 이것은 일종의 퇴화(dégénérescence)를 수반한다. 아버지의 굵은 팔에서 아들의 투실투실한 팔로 변화한 것은 그 퇴화의 상징이다. 미슐레가 보기에 이러한 퇴화는 민중의 강건함과 생명력의 상실로 직결된다. 계급 사다리를 오르는 사람은 직업적 숙련과 연관되어 있는 이러한 귀족적 형식 속에서 점차 자기 자신을 잃어 가며 점차 퇴색되고 만다. 벼락출세한 사람은 정작 제대로 된 노동력은 상실해 버렸음에도 농부의 체질을 물려받은 탓에 큰 목소리와 붉은 안색을 지니고 있어 진짜 부르

---

61 *Ibid.*, p. 184.

주아지는 결코 되지 못한 채 속물적 부르주아지에 불과한 존재밖에는 될 수 없다는 크나큰 리스크를 지고 있다. 그러한 상실은 지식과 교양의 습득으로 메꿔질 수 없다. 지식과 교양은 그를 부르주아지의 아름다운 영혼에 비하면 언제나 열등한 존재인 반쪽짜리 지식인으로밖에는 만들어 주지 못한다. 그가 쌓는 지식과 교양은 독창성과 예외적인 차별화의 효과를 부여해 주기에는 충분하지 않은 것이다. 결국 그는 평범성에 머무르는 상이한 계급들끼리의 일종의 중간층을 구성할 뿐이다. 그렇기 때문에 미슐레의 눈에 계급들 사이의 급조된 투박한 혼합과 뒤섞임은 불모의 것에 불과하다. "모든 계급으로 만들어진 이 계급은 너무 빨리 급조되었다가 이미 쇠퇴하고 있다. 이 잡종적 뒤섞임이 과연 생산적일 수 있을까? 의심스럽다. 노새는 불임이다."[62]

미슐레가 비난하는 것이 무엇인지 더 정확하게 이해해 보도록 하자. 그가 비난하는 대상은 어중간한 잡종(moyennes bâtardes)[63]이다. 미슐레는 이 어중간한 잡종들이 자기 자신으로 남아 있지 못했다는 사실을 두고 비난하고 있다. 즉 미슐레는 사회적 신분 상승에 대한 욕망과 삶의 조건 향상에 대한 욕망을 비판하는 것이 아니다. 그가 비판하는 것은 평등이라는 명목하에 이루어지는 획일화와 혼합 과정에서 발생하는 독창성의 상실이다. 따라서 문제는 계급 사다리를 올라가느냐 마느냐가 아니라 (자기 자신을) 잃어버리지 않는 것이다. 미슐레에 따르면 우리는 올라가는 경우이든 올라가지 않는 경우이든 우리 자신의 힘을 긍정할 수 있고 또한 자기 자신으로 머물러 있을 수

---

62 *Ibid.*, p. 184.
63 *Ibid.*, p. 185.

있다. "강인한 영혼은 올라가는 일이든 내려가는 일이든 상관없이 수행할 수 있다."[64] 미슐레는 다음과 같이 기꺼이 믿는다.

나는 미래에 위대한 창의적 독창성은 모든 타고난 성품을 퇴색시키는 이 어중간한 잡종이 되기보다는 스스로를 조금이라도 잃지 않은 사람들에게 속하게 될 것이라고 기꺼이 믿는다. 창의적 독창성은 올라가기를 원하지 않는 사람들, 태어난 그대로의 위치에 남고 싶어 하는 강인한 사람들 속에 있을 것이다. 유복한 위치로 올라간다는 것은 좋은 일이다. 그러나 지위와 습관을 바꾸면서까지 부르주아지가 되는 것은 강인한 사람들에게는 그다지 매력적이지 않을 것이다. 그들은 그렇게 함으로써 자신들이 얻을 수 있는 것이 별로 없다고 느낀다.[65]

확실히 우리는 독창적이며 생산적인 하이브리드의 사례도 있다는 것을 제시하여 혼합이 반드시 조잡화(bâtardise)를 의미하는 것은 아니라고 미슐레를 반박할 수 있을 것이다. 하지만 그러한 반례를 통한 반박이 미슐레를 난처하게 만들지는 않는다. 왜냐하면 미슐레가 무엇보다도 가장 집중적으로 공격하는 대상은 강한 개성과 까다로운 특색들을 없애 버림으로써 생겨나는 평범함이기 때문이다. 이러한 관점에서 본다면 사회적 신분 상승이 만병통치약이라며 무반성적으로 치켜세우는 것에 대한 비판이 일정 부분 옳다는 것을 인정해야 할

---

64 *Ibid.*, p. 186.
65 *Ibid.*, p. 185.

필요가 있다. 오히려 무반성적 추앙은 순응주의를 낳고, 순종적인 정신을 키워 내며, 해방의 원천을 구성하는 동시에 바로 그만큼 소외의 원천을 구성하기 때문이다. 노동자가 자신의 권리를 주장하는 투사가 되는 대신에 사장의 변견이 되어 관리직에 올랐을 때 우리는 과연 그가 진정으로 승리했다고 말할 수 있을까? 이러한 경우를 고려한다면 계급의 변화가 정말로 어떤 이득을 가져다주는지는 확실하지 않아 보인다. 설령 계급횡단자가 게토를 떠나 대학교수 혹은 작가가 되는, 겉으로는 완벽한 성공을 거둔 경우조차 말이다.

실제로 큰 성공을 거두고 자신의 우월함을 확인하기 위해 피츠버그의 흑인 게토에 돌아갔던 존 에드거 와이드먼은 『형제와 보호자』에서 자신이 "흑인 게토라는 새장으로부터 완전히 탈출했다고 믿었지만 실상은 게토 바깥의 또 다른 새장 속으로 들어간 것"[66]에 불과했으며 그 새장 속에서 자신은 진정성을 잃고 연속되는 역할극과 가면극 속에 갇혀 버렸다고 고백한다. 심지어 에드거는 말년을 수감 생활로 보낸 그의 동생 로비가 어떠한 필요도 이득도 없는데도 독학하여 굳이 공학 석사 학위를 취득하였을 때 일종의 질투[67]를 경험하기까지 한다. "내가 면회를 간 목적은 동생을 잠시 동안이나마 자유롭게 풀어 주기 위해서였을까, 아니면 내 안에 생긴 의혹으로부터 내가 자유롭게 되기 위해서였을까. 어쩌면 내 동생이 내가 일생 동안 성취한 것보다 더 많은 것을 해낼 수 있었을지도 모른다. […] 동생이 감옥의 한계 내에서 성취한 것만으로도 내가 자유라고 이름 붙인 새장을 조

---

66 Wideman, *Suis-je le gardien de mon frère?*, p. 66.
67 *Ibid.*, p. 352.

롱하기에 충분하지 않은가?"[68] 정말로 의문을 가져 볼 문제다. 이 문제에 답하는 것은 무척이나 어렵다. 최고로 명예로운 작가라는 자리가 순수하게 배움 그 자체를 열망하고 학위 수여식에서 "그에게 필요했던 모든 것은 직업 하나뿐이었다고 세상 앞에서 보여 준"[69] 게토 출신 죄수의 자리보다 정말로 더 나은 것이 있을까? 확실히 각자의 행위 역량을 정확히 측정하고 모든 가치 판단과 비교 그리고 위계질서를 걷어치워야 할 필요가 있다. 진정으로 중요하게 고려해야 하는 것은 각자 자신이 서 있는 자리에서 무엇을 하는지다. 선악을 넘어선 관점에서 본다면 계급 사다리를 올라갔는지 내려갔는지는 중요하지 않다. 진실로 중요한 것은 자기와 다른 사람들을 해방하려는 노력이다.

사실 문제는 사회적 신분 상승의 노력이 헛수고인지 아닌지 가려 내는 것, 즉 사회적 출신 환경을 떠나는 것이 더 나은지 머무르는 것이 더 나은지 알아내는 것이 아니다. 계급의 변화는 삶의 대안으로 자유롭게 선택할 수 있는 것이 아니며 필연성에 따른 결과이다. 떠나려는 의지나 머무르려는 의지는 내적·외적인 규정성들이 조합되어 나타나는 표현물일 뿐이지 무차별적으로 가능한 선택지들 가운데 우발적으로 하나를 선택하는 의지의 표현이 아니다. 그러므로 어떤 선택이 좋은 것인지 규정해 주는 규범을 모색하는 일이야말로 헛수고다. 계급횡단자는 그 자신의 고유한 필연성에 따르고 있을 뿐이기 때문이다. 우리의 문제는 무엇이 더 나은지 판가름해 보는 학술 토론의 주제가 아니다. 우리의 문제는 단지 **패싱**의 모험을 감행한 이 사람들

---

68 *Ibid.,* p. 353.
69 *Ibid.,* p. 424.

이 어떻게 형해화되지 않고 동요를 극복해 낼 수 있는지 알아보는 것이다.

미슐레는 이 질문에 대해 "자기 자신으로 남아야" 한다는 답변을 내놓는다. 여기에는 분명 어떤 문제적인 것이 있는데, 그것은 무척 다루기 까다롭다. 왜냐하면 우리는 이미 존재하고 있는 실재로서 주어진 '자기 자신'(soi)을 전제해야 자기 자신으로 남는다는 것이 무엇인지 알 수 있기 때문이다. 이와 같은 조건에서 우리는 보존해야 할 이 미스터리에 싸인 '자기 자신'의 본성이 대체 무엇인지 묻게 될 수밖에 없다. 그러나 이 역사가에게 이 문제의 답은 조금의 의심할 여지도 없다. 자기 자신으로 남는다는 것은 곧 민중으로 남는 것이다. 하지만 이러한 답변이 문제를 해결해 주지는 않을 것이다. 다만 문제가 다른 영역으로 이동할 뿐이다. 미슐레는 민중에게 사회적 신분 상승의 과정 속에서 보존해야 하는 본성이 있다고 주장함으로써 일종의 영원한 본질 같은 것을 민중에게 부과하는 논란의 여지가 있을 수밖에 없는 전제를 가정하기 때문이다.

실제로 미슐레는 비록 명확하게 정의하고 있지는 않지만 민중에게 어떤 본능이 있다고 말한다.[70] 그는 우리가 특히 어린아이들에게서 관찰하는 생명력, 온기, 단순함과 특성(génie)의 형태로 드러나는 어떤 능력들(dons)을[71] 민중에게 부여한다. 이렇게 그는 민중주의의 대열에 서서, 확실하게 본능적 능력이 숨 쉬고 있는 민중의 단순함과 소박함에 대한 혹은 우리가 부패와 타락으로부터 지켜야 할 혹은 조화

---

70 Michelet, *Le Peuple*, part 2, pp. 169~226. 여기서 미슐레는 민중의 본능에 관해 연구하고 있다.
71 *Ibid.*, part 2, ch. IV, "Des simples—L'enfant, interprète du peuple".

로운 사회 속에서 역사적으로 소생시켜야 할 자연성과 순수성에 대한 온갖 종류의 신화를 강화하는 데 기여한다. 그러한 신화는 진정한 민중의 자연스러움에 대한 믿음에 근거하고 있는데 이는 종교적 상상계 속에 그 뿌리를 내리고 있다. "그대들은 누구인가? 불쌍하고 단순한 자여 ── 우리는 신의 맏아들의 어린 동생들입니다."[72] 민중의 특성은 가난과 단순성에 있다. 민중은 "어린 아이들이 내게로 오게 하라"라고 외치는 성인 혹은 예수의 형상과 가깝다.

결론적으로 미슐레의 생각은 소박한 본질주의의 영향하에 놓여 있다. 그의 생각은 부자와 빈자 사이의 사랑과 혼인을 통해 계급의 화해를 이룰 수 있다는 식의 나이브하고 도덕주의적인 허구에 기초하며 또한 역사적으로 획득된 성격들을 태생적인 물리적·자연적 성질들로 은밀히 변형시키는 것에 기초한다. 예를 들어서 과연 생존하기 위해서는 투쟁해야 하는 일상 속에서 획득된 전투성이 과연 민중의 유전자에 새겨진 것과 같은 자연적 생명력으로 해석될 수 있겠는가? 민중 계층에서 흔히 발견할 수 있는 연대와 상부상조는 그 밖의 다른 자원이 전혀 없는 결핍의 상황에서 살아남기 위해 발전된 행동 방식이다. 그렇다면 과연 이것을 자연적 선함과 온정으로 해석할 수 있는가? 연대는 빈자의 유일한 자산이다. 따라서 연대가 알아서 잘 지내는 유복한 계급에는 널리 퍼지지 않았다는 것은 그다지 놀라울 일도 아니다.

자기 자신으로 남는다는 것. 그것은 민중으로 남는 것을 말하는

---

72 *Ibid.*, p. 221.

가? 그러나 우선 실체적 자아라는 것 자체가 없기 때문에 그 내용이 민중적인지 부르주아적인지 논하는 것은 무용하다. 그러므로 우리의 문제를 더 정확히 표현하자면 가장 어려운 것은 계급 사다리를 오르는 과정에서 자기 자신으로 남는 것이 아니라 오히려 자기 자신으로 존재할 수 있게 되는 것 혹은 자기 자신이 되는 것이다. 이는 우리가 엄격히 말해 민중으로 태어나는 것이 아니라 집단적 아비투스 도야를 통해 민중이 된다는 점에서 더욱 분명하다. 또한 바로 그렇기 때문에 하나의 민중이 아니라 역사 속에서 생겨나고 변천하는 여러 민중만이 있다. 모든 본질화는 특정 조건 속에서 주어진 어느 한 민중의 독특한 형태를 민중의 보편적인 표현으로 변형시킬 위험을 안고 있다. 미슐레는 이러한 위험에서 벗어나지 못했다. 실제로 그의 민중주의에는 반유대주의와 제노포비즘의 얼룩진 국수주의적 민족주의가 덧씌워져 있다. 비록 미슐레 본인은 그 속에서 프랑스에서부터 전 유럽으로[73] 퍼져 나갈 혁명적 민중의 영원한 본질,[74] 다시 말해서 "살아 있는 형제애"를 목격했다고 믿었지만 말이다.

---

73 에드가 키네에게 보내는 1846년 1월 24일 자 편지를 보라. *Ibid.,* pp. 74~75. "하나의 민중! 하나의 조국! 하나의 프랑스! 결코 두 개의 국가가 되지 말기를 기원하노라. 단결이 없으면 우리는 파멸할 것이다. 어찌 이것을 보지 못하는가? 모든 조건의, 모든 계급의, 모든 당의 프랑스인들이여, 한 가지만 기억하라. 당신들에게 이 지상엔 단 하나의 확실한 친구만이 있을 뿐이며, 그것은 프랑스다. 여전히 존속하고 있는 귀족들의 연합 속에서 당신들은 50년 전에 세상을 구하기를 원했다는 하나의 범죄를 저질렀던 것이다. 그들은 그것을 용서하지 않았으며, 결코 용서하지 않을 것이다. 당신들은 언제나 그들에겐 위험이다. 당신들 사이에선 다른 당의 이름으로 구분될지 모르지만, 프랑스인으로서 당신들은 모두 함께 비난받고 있는 것이다. 유럽에 있어서 프랑스는 언제나 하나의 용서받지 못할 이름을 갖고 있을 것이니, 그것이 프랑스의 참되고 영원한 이름이다. 혁명!"

74 *Ibid.,* p. 266.

그렇다면 과연 미슐레를 읽어야 할 이유가 있을까? 만약 여기서 그의 행보가 역사학자나 철학자의 태도라기보다는 애국적 호교론자의 태도에 더 가깝다면 그다지 흥미롭지 않을 것이다. 하지만 여러 흠결에도 불구하고 미슐레의 행보는 새로운 기질을 직조하기 위해서는 신화를 만들어 내야 할 필요성이 있다는 사실을 보여 주는 데 성공하고 있다. 미슐레는 민중 그리고 신념과 열정으로 사회를 변혁하는 전진하는 천재에 대한 서정적 형상을 그려 내고 또 아래 세계 사람들이 자긍심을 회복하고 살아가고 싸울 수 있는 데 필요한 힘을 깨워 내도록 역량과 위대함(grandeur)을 그들에게 부여함으로써 그들이 활력을 되찾게 해 준다. 정치적 변화는 단순히 정치 현상을 합리적으로 분석하는 것으로는 생겨나지 않는다. 변화는 스스로의 힘과 가치에 대한 희망과 믿음을 주는 상상적 표상들에 의존한다. 이러한 상상력은 적어도 변화를 위한 운동의 초기에는 매우 유용한 전략적 무기를 구성한다. 사실 가장 먼저 무찔러야 할 대상 가운데 하나는 바로 우리를 움츠러들게 하고 체념 속에서 계속 작아지게 만드는 우리 자신에 대한 수치심이기 때문이다. 악덕은 수치심과 수치심을 불러일으키는 험담에서 나온다. 따라서 수치심으로부터 해방되는 것이 우선이다. 니체가 『즐거운 학문』에서 보여 준 것처럼 말이다.

273. 너는 어떤 사람을 악하다고 말하는가? —— 항상 모욕하려 하는 사람을.
274. 너에게 가장 인간적인 것은 무엇인가? —— 누군가의 부끄러움을 덜어 주는 것.
275. 자유를 획득했다는 징표는 무엇인가? —— 더 이상 자기 자신에게

부끄러움을 느끼지 않는 것.[75]

이러한 관점에서 병적인 수치심으로부터 그래도 건강한 점이 있
는 수치심에 대한 수치심으로의 이행은 변화를 위한 첫걸음이라고
할 수 있다. 하지만 물론 그것만으로는 충분하지 않을 것이다. 고개를
똑바로 들고 다니기 위해서는 자기 자신에 대한 긍지를 가질 수 있어
야 한다. 만약 어떤 감정이 오직 그와 상반되는 더 강력한 다른 감정
에 의해서만 제압될 수 있다면 크나큰 수치심은 오로지 그만큼 큰 자
긍심을 통해서만 물리칠 수 있다. 바로 이러한 이유 때문에 실제적인
변화는 우선 말과 행동을 가로막고 금지하는 빗장을 끊어 내기 위한
상상적 변화에서 시작된다. 스토아학파가 관찰한 바대로 무력한 상
황에서 우리의 힘에 달려 있는 것은 우리의 표상 외에는 달리 아무것
도 없다. 따라서 먼저 우리의 내면의 극장에 변화를 가져오고, 우리를
사로잡고 있는 부정적인 고정관념들을 자신에 대한 긍정적 이미지로
뒤바꾸고, 나약함을 힘으로 변형시켜야 한다.

이러한 도착(subversion)의 작업은 우선 가치의 전도(renverse-
ment)에 뿌리내리고 있다. 이러한 이유에서 니체는 "도덕에서의 노
예 반란은 르상티망 자체가 창조적이 되고 가치를 낳게 될 때 시작
된다"[76]라고 강조한다. 분명 지금 우리가 다루고 있는 경우는 행위의
도덕과 관련하고 있는 것이 아니라 "'바깥'(dehors), '다른 것'에 '아니

---

75 Friedrich Nietzsche, *Le Gai Savoir*, Livre Troisième, 273, 274, 285, *Œuvres Philosophiques complètes*,
   V, p. 185.

76 Nietzsche, *Généalogie de la morale*, 첫 번째 논고, § 10, *Œuvres Philosophiques complètes*, VII, p.
   234.

요'라고 말하는"[77] 반동과 관련하고 있다. 어쨌거나 반동은 가치를 산출하고 적들이 나쁘다고 판단하는 것을 좋은 것이라고 주장함으로써 표상들을 뒤집는데 이러한 반동의 도덕은 간혹 자기 자신을 좋은 것으로 정립하는 것으로 마무리된다.[78] 하지만 지금 우리가 관계하고 있는 것은 분명 부정적인 르상티망이기는 하지만 어디까지나 자기 자신을 삐딱한 자로 발명하는 것으로 시작하여 자기 자신의 가치를 올리기 위해 혹은 순전히 "자기 자신에 대해 더 감사하고 더 환호하는 긍정을"[79] 위해 타인을 깎아내리는 르상티망이다. 요컨대 여기서 중요한 것은 이러한 르상티망을 통해 자기 자신의 힘을 의식하고 스스로에 대해 더욱 영광적인 이미지를 형성할 수 있다는 것이다. 일반적으로 자기 자신과의 화해는 자신의 수치스러운 부분에 대한 명예 회복을 함축하고 있다. 이것은 어빙 고프만이 낙인의 전도(inversion du stigmate)[80]라고 부른 것, 다시 말해서 모욕의 기호 (signes d'avilissement)를 도리어 당당히 드러내고 자신의 상징으로서 주장하는 것을 통해 일어난다.

이 가치 전도 도식은 모든 형태의 낙인찍힌 사람(stigmatisé)들에게 유효한 것처럼 계급횡단자들에게도 마찬가지로 유효하다. 예컨대 인종주의에 맞선 투쟁, 특히 미국에서 흑인과 백인 사이의 평등을 위

---

77 *Ibid.*, p. 234.
78 비록 니체가 노예도덕에 비판적이기는 하지만 그는 기독교 도덕으로서 노예도덕이 어찌 됐든 가치들을 낳았으며 한편으로는 정신들을 타락시켜 버릴 정도로 귀족도덕을 이길 만한 힘을 지녔다는 것을 인정한다.
79 *Ibid.*, p. 235.
80 Erving Goffman, *Stigmate, Les Usages sociaux des handicaps*, Paris: Minuit, 1975.

한 인정 투쟁은 검은색의 아름다움에 대한 주장을 통해 이루어졌다. 1960년대 미국에서 일어난 '검은 것이 아름답다'(Black is beautiful) 운동은 검은색에 대한 낙인 효과(stigmatisation)를 끊어 내는 것을 목표로 했는데 왜냐하면 그러한 낙인으로 인해 흑인들의 검은 피부색은 백색의 순수성과 대비되는 것으로서 암흑, 얼룩, 신체적이고 도덕적인 추함을 내포하게 되었기 때문이다. 이 운동은 **검은색**의 아름다움에 대한 인정(promotion)에 기초하여 흑인들이 자신의 신체적 외관과 화해할 수 있도록 했고, 자신을 백인처럼 보이게 하기 위해 피부 표백 수술이나 머리를 직모로 만드는 시술을 하게 만드는 자기혐오를 치료하고자 했다.

이와 동일한 방식으로 퀴어 퍼레이드와 행진의 형태로 표출되는 동성애 프라이드에 대한 긍정적 주장은 동성애에 대한 낙인을 전도시키고 즐거운 자기표현을 통해 수치스러운 침묵으로부터 벗어나는 것을 목표로 한다. 먼저 퀴어 퍼레이드는 1969년 6월 스톤월 인(Stonewall Inn) 소요를 당당하게 기념하기 위해 시작되었다. 또한 이 행사는 **긍지**(pride)의 어머니라고 불리는 브렌다 하워드가 주최한 **크리스토퍼 스트리트 퍼레이드**로 이어지면서 어떠한 성적 지향성을 가졌든 인간 존재로서 동등한 가치(bonté)를 주장하고 동성애에 대한 악마화와 도덕적 비난에 맞서 싸워 왔다. 이때 GAY라는 약어는 핵심적인 시위 슬로건 중 하나였던 **"우리도 당신처럼 좋은 사람이다"**(We are Good As You)에서 따온 것이다.

계급횡단자와 관련하여 낙인을 뒤집는 일은 균열을 잘 마름질하고 과거의 조작들을 모아서 그것을 재전유하는 작업에 기초한다. 이러한 재전유는 자신의 출신을 수용함으로써 출신 환경을 더 이상 지울 수 없는 치욕의 표지가 아니라 자신을 구성하는 역사적 계기들로 재구성하는 작업을 함축한다. 계급횡단자의 균열된 기질을 통합하려는 시도는 파열을 통합으로 변형시키는 것을 통해 이루어진다. 이때의 통합이란 이중의 의미를 지니고 있다. 먼저 그것은 변화한 환경으로의 통합을 의미하며 또한 도착지에 이르기까지의 과정 속에 출신 환경을 통합시키는 것을 의미한다.

자신과의 화해의 최초의 형태들 가운데 하나는 자신의 출신을 명예로운 지위로 주장하는 것이다. 이것은 벽장 밖으로 나오는 행위이기도 하다. 즉 **커밍아웃**을 하고 자긍심을 드러내는 일이다. 다시 말해 프롤레타리아트 세계에 속한다는 자긍심과 이 세계의 사람들 역시 무엇인가 해낼 수 있다는 것을 증명하는 데 성공한 것에 대한 자긍심 또한 조롱조의 치켜세우기에 복수하고 자신의 존엄성을 회복했다는 것에 대한 자긍심이다. 계급횡단자는 더 이상 침묵하지 않는다. 그는 민중 계급의 선구자, 농부들과 노동자들의 대변자, 묻히고 잊힌 자들의 목소리, 역사 속에서 침묵당한 이들의 기억이 된다.

카뮈는 그 자신의 것의 고귀함을 세워 주는 증언으로서의 이야기 형식의 문학을 사유했다. "어떠한 흔적도 남기지 못한 채 역사 속에서 사라질 빈자의 운명으로 살 것이 정해진 빈자들의 가계로부터 빠져나가는 것. 침묵을 당한 자들. 그들은 나보다도 위대했고 여전히 위대하다."[81] 작은 자들의 위대함을 다시 세우고 억압당한 자들의 변호사가 되어 주며 그들에게 얼굴을 주어 죽음의 익명성과 삶의 무의

---

81 Albert Camus, *Le Premier Homme*, 부록, p. 338.

미성으로부터 빠져나오게 함으로써 그들의 면면을 크고 강하게 주장하겠다는 이 야심은 수많은 계급횡단자들에게서 널리 공유되고 있는 관심사다. 이 야심은 피지배자들의 복권이라는 주제와 동시에 곧잘 계급횡단자들의 글쓰기의 라이트모티프가 되고 그들이 수치심을 극복하고 자신의 존엄성을 되찾는 데 필수적인 중간 과정을 구성한다.

이러한 시각에서 미슐레는 상당히 주목할 만한 낙인의 전도의 원형을 제공한다. 그의 전도가 주목할 만한 이유는 그가 투박한 본질주의에 입각하여 민중을 더러운 대중(populace crasse)이 아닌 천재 (génie)로 내세우기 때문이 아니다. 그 이유는 미슐레가 수치스러운 계급횡단자에서 영광스러운 계급횡단자로의 이행을 가능하게 해 주는 형식들을 기술하고 있기 때문이다. 인쇄공 아버지를 둔 농민 출신이었던 그는 틈새의 동요와 이중의 소속에서 비롯되는 파열을 경험한 저명한 역사가가 되었다. 그러한 역사가로서 미슐레는 이렇게 고백하고 있다. "게다가 나는 사람들 사이에서 그리고 계급들 사이에서 일어나는 한탄스러운 이혼으로 인해 그 누구보다 더 큰 고통을 받았네. 내 속에는 그들 모두가 있기 때문이라네."[82] 비록 미슐레가 직접적으로 목표로 삼은 것은 아니지만 그는 『민중』에서 잡종(bâtard)과 야만인(barbare)이라는 계급횡단자의 두 가지 모델을 발전시키고 있다.

잡종은 자신의 출신을 모르는 체하며 오히려 자신의 하이브리드적인 성격에 대한 강조를 통해 출신을 감추려고 한다. 그 결과 그 자신의 진정한 품종(race)은 소진되고 쇠퇴한다. 미슐레는 이러한 흉측

---

82 Michelet, *Le peuple*, p. 72.

한 모습의 잡종을 야만인의 긍정적 모습과 대비시킨다. 야만인은 자신의 출신을 부정하지 않는다. 그는 자기의 앞길에 놓인 모든 것을 쓸어버리고 그 어떤 콤플렉스에도 시달리지 않으며 그 어떤 수치심에도 젖지 않고서 자기 자신의 생명력을 긍정한다. 미슐레는 이런 식으로 야만인의 부정적 이미지를 전도시켜 다음과 같이 긍정적으로 묘사한다.

오늘날 민중의 상승과 진보를 흔히 **야만인들**(Barbares)의 침입과 비교하곤 하네. 나는 이 단어가 마음에 드네. 기꺼이 받아들이겠네. 야만인! 그래, 이 말은 새롭고, 생생하며, 다시 젊음을 불어넣어 주는 활력으로 충만하지. 야만인, 그들은 틀림없이 미래의 로마를 향해 아주 천천히 세대를 거듭하며, 설령 누군가 죽는다 하더라도 다음 세대가 여전히 계속해서 조금씩 전진하는 여행자들이네.[83]

이렇게 해서 우리의 역사가는 잡종의 형상을 야만인의 형상으로 대체한다. 미슐레는 '야만인'이라는 단어를 민중을 명명하는 데 사용하기 위해 이 말에서 경멸적 의미를 떼어 낸 뒤 새로운 의미를 부여하고 있다. 이로써 그는 낙인을 뒤집는다. 왜냐하면 야만인이 더 이상 문화와 문명을 결여한 난폭한 미개인이 아니라 미래의 로마를 향해 전진하는 여행자이자 그 여행을 가로막는 모든 것을 파괴하는 반달족이 되었기 때문이다. 야만인은 뻔뻔하고 정열이 가득한 정복자이

---

83 *Ibid.*, p. 70.

자 새로운 가치를 부과하기 위해서라면 구질서를 파괴하는 것도 개의치 않는,[84] 로마를 향해 자신만만하게 전진하는 지배자의 종족으로서의 민중이다. 그러므로 이러한 의미에서의 야만인들은 그 어원대로 인간의 언어를 말하지 못하고 새가 지저귀듯 알아들을 수 없는 노래 비슷한 무엇인가를 웅얼거리고 되뇌는 자라는 뜻에서의 이방인[85]이 더 이상 아니다. 이들은 자신들의 미래를 집단적으로 구성하고 그 미래를 향해 한 발짝씩 자신 있게 전진하는 사람들이다.

여기서 우리는 미슐레가 사회적 신분 상승을 고독한 여정이 아니라 수세대에 걸친 민중 전체의 변형의 시도로서 고려하고 있다는 사실을 강조해야 한다. 미슐레가 보기에 개인적 수준의 계급의 변화는 집단적 진보의 운동과 연장선상에 있지 않으면 안 된다. 만약 그렇지 않다면 혁신의 에너지는 재생산적 관성으로 전락할 위험을 안고 있다. 그 경우에는 야만인이 아니라 잡종만이 생산될 것이다. 그렇기 때문에 미슐레는 최초의 계급횡단자들이 따라야 할 길을 제시한다. 만약 올라간 자들이 자신의 색을 잃고 싶지 않다면 그들은 야만인이 되어야 한다. 즉 계몽하는 자가 되어 되찾은 자긍심의 기호들을 널리 퍼뜨리는 기수가 되어야 한다. 이는 계급횡단자들이 단순히 사는 곳의 경계를 바꾼 이행자로 존재하는 데 그치는 것이 아니라 불평등

---

84 미슐레의 책이 출간되고 몇 년 후에 니체가 더는 민중의 상승과 관련해서가 아니라 이제는 귀족적 인간의 대두와 관련해서, 야만적인 유목민 부족을 언급한다는 사실은 흥미롭다. 『도덕의 계보』 제1논문, 11절을 보라. "고귀한 종족이란 그들이 지나간 모든 자취에 '야만인'이라는 개념을 남겨 놓은 자들이다. 그들의 최고의 문화에서도 이에 대한 의식이 드러나고 그것에 대한 자긍심마저 드러낸다."

85 Claude Lévi-Strauss, *Race et Histoire*, Paris: Gallimard, "Folio Essais", 2009, p. 20.

과 부정의한 속박의 굴레를 계급과 함께 파괴하고 승리의 역사를 향해 전진하는 개척자로 존재해야 한다는 것을 함축한다. 되찾은 자긍심을 표현하는 상징적 방식으로 행진이 선택되는 것은 우연이 아니다. 퍼레이드, 시위 혹은 가두 행진 등 어떤 형태의 행진이든 행진은 더 이상 무릎 꿇고 살지 않겠다는 것을 표명하고 속박의 굴레를 벗어던지기 위해 운동에 투신하는 각성한 사람들을 포함하고 있다.

미슐레가 제시한 하나는 긍정적이고 다른 하나는 부정적인 계급횡단자의 두 가지의 형태가 이율배반 관계에 놓여 있다고 이해해서는 안 될 것이다. 왜냐하면 계급횡단자들은 각자의 여정에서 언젠가는 야만인이고 또 언젠가는 잡종일 수 있기 때문이다. 따라서 두 가지 형상을 따라야 할 혹은 따르지 말아야 할 일종의 규범적 모델로서 받아들이기보다는 각자 자신의 길을 개척하며 고개를 활짝 들고 전진하는 과정에서 참조할 수 있는 상상적 좌표로서 사용하는 편이 더 나을 것이다. 나아가 자긍심의 획득은 긴장을 극복하고 소외 없이 살아가기 위한 필요조건이지만 그렇다고 해서 충분조건인 것은 아니다. 사실 그 자체로 놓고 보았을 때 자긍심이라는 이 감정이 수치심보다 더 좋은 것일 이유는 없다. 왜냐하면 인종, 섹슈얼리티 등 어떠한 조건이든 그 자체로는 다른 조건보다 더 명예롭거나 혹은 더 치욕스러울 어떠한 내재적 이유도 없기 때문이다.

자긍심은 수치심에 잘 드는 간단한 해독제지만 그것이 타인을 고려하지 않는 자기 자신에 대한 헤게모니적 긍정이 될 때에는 독이 될 수도 있다. 이 경우 자긍심은 오만으로 변질되고 "자신이 타인보다 우월하다는 잘못된 믿음에서 생겨난"[86] 거만함의 일종으로 전락한다. 이러한 경우에 자긍심은 뒤집어져 있는 수치심에 불과하다. 다만 이번에는 모든 것이 모멸감(abjection)이 아니라 선민의식(élection)을 자극하는 계기가 된다. 이런 식으로 오만은 뒤집어지기 이전의 수치심만큼이나 커진다. 성공에 대한 자긍심이 절제된 수준의 인정욕구에 그치지 않고 자신의 우월성과 정당성을 증명하기 위한 승리와 재산, 교양, 권력과 명예에 대한 축적의 욕망으로 변질될 때 계급횡단자는 가장 큰 정도의 소외를 겪게 되며 타인의 판단에 전적으로 종속된다. 끊임없이 축적하려는 그의 모습은 밑 빠진 독에 물을 붓는 형벌에 처한 다나오스의 딸들과 같다. 그는 헤겔이 욕망의 악무한(惡無限)이라고 부른 원환의 먹잇감이 된다. 그는 언제나 타인을 이기는 것만 생각하고 거드름을 피우는 성가신 사람이 된다. 니체가 말한 것처럼 수치심을 덜어 주는 일만큼이나 오만함에 빠지지 않도록 막아 주는 일역시 초인적인 일이다. 결국 자유로운 인간이란 수치심도 오만함도 없는 인간이다.

계급횡단자는 자신의 출신을 과도하게 숭배하고 옹호하면서 그것을 자신의 성공보다 더 자랑스러워하기도 한다. 그러한 사회적 동정심은 민중에 대한 이상화에 기초하고 있는데 이것은 어리석음 외에는 보여 주지 못하는 맹목성으로 드러나기도 한다. 그러한 맹목성이 바로 민중주의자들, 특히 프롤레타리아트의 공적을 노래하고 프롤레타리아트의 고귀한 가치와 지배계급보다 더 진실한 그들의 도덕

---

86 Spinoza, *Éthique*, IV, LVII, scolie.

성과 문화를 찬양하는 노동자주의(ouvriérisme)의 흠결일 것이다. 예를 들면 탄광 노동자들의 조건과 노동 찬양의 주창자가 된 화가이자 조각가 콘스탕탱 뫼니에의 경우처럼 말이다.

1910년, 빅토르 세르주는 잡지『무정부』에 외곬(Rétif)이라는 필명으로 기고한 글에서 노동자주의를 시각의 상실과도 같은 질병으로 취급하며 노동자에 대한 과잉된 이상화를 매우 신랄하게 비판한다.[87] 그는 식자층 사이에서 퍼진 "프롤레타리아트에 대한 찬양"과 노동의 순교자들에게 작품을 바치는 주례사 문학의 진부함을 비난한다. "그들은 현실과 매우 동떨어진 어떤 노동자의 이미지를 꾸며 내기 시작했다. 콘스탕탱 뫼니에가 사회주의 판화에서 그려 낸 황금빛 태양 너머로 힘차게 전진하는 광부, 당당한 눈빛과 상반신이 근육질로 된 잘 생긴 노동자가 바로 그것이다."[88]

'외곬', 빅토르 세르주가 보기에 올바른 혁명의 씨앗을 뿌리고 "삶의 연인이자 싸움꾼"이라고 부를 수 있는 사람들의 대열을 형성하

---

87 "노동자주의? 그것은 진보적이라고 불리는 거의 모든 지식인을 괴롭히는 기이한 질병이다. 마르크스주의와 생디칼리즘은 노동자주의의 치유 불가능한 두 가지 형식이다. 수많은 무정부주의자들이 이 병에 시달리고 있다. 이것은 지각 능력과 사유 능력의 상당히 막심한 손상을 가져오는데 이 병에 걸리면 노동자들은 그저 아름답고 건실하기만 한 존재로 보이게 되며 그들의 추하거나 사악한 면, 쓸모없고 심지어는 해롭기까지 한 면은 결코 볼 수 없게 된다. 선량한 시민의 무리 가운데 하나를 이루고 있는 후줄근하고 알코올중독에 줄담배를 피워 대는 결핵에 걸린 슬픈 얼간이는 이러한 마법을 통해 노동자가 된다. 그의 '신성한'(auguste) 노동은 인류를 먹여 살리고 진보시키며, 그의 고결한 노고는 인류에 휘황찬란한 미래를 보장한다… 노동자주의자에게 바로 그 프롤레타리아트가 병역과 투표 그리고 일상적 노동을 통해 자본과 권력의 그 가증스러운 체제를 지지하고 뒷받침하는 가장 확실한 지지자라는 점을 일깨우지 않도록 조심해야 한다. 만약 그랬다가는 그 즉시 부르주아적 편견에 빠져 사회과학이라고는 전혀 이해하지 못하는 시대에 뒤떨어진 인간으로 취급될 것이다." L'anarchie, no. 259, 1910. 3. 24.

88 Ibid.

기 위해서 우리가 해야 하는 일은 "어쩌면 특권층의 도가 지나친 탐욕 이상으로 모든 고통을 낳는 원인인 형편없을 정도로 수준 낮은 무의식을 지니고 있는 노동자를 꼭대기에 올려 두는 것"[89]보다는 "가공할 만한 심연 속에 잠겨 있는 두뇌들을 조금이나마 일깨우고자 노력하는 것"[90]이다.

어쩌면 이상화된 형태의 민중에 대한 지적 옹호야말로 배신의 극치라고 할 수 있을 것이다. 그러한 옹호는 후견주의(paternalisme)와 우민 정치(démagogie) 이상으로 일상적 현실에 대한 무지와 경멸을 드러내고 있다. 사실 민중은 자신의 해방보다는 억압 상태를 지속시키는 온갖 소외와 편견으로 가득한 일상 속에서 살고 있다. 민중 계급의 존엄성을 인정하는 것이 민중 계급의 상당수가 여성, 동성애, 이민자의 권리와 그들의 사회적 자리를 인정하는 문제와 관련하여 진보적이지 않다는 것을 확인하는 것과 상충하지는 않는다. 그러므로 수치심과 관련해서 구별한 것과 마찬가지로 건강한 자긍심과 해로운 자긍심을 구별하고 출발 계급과 도착 계급에 대한 이중의 이상화를 자제하는 편이 좋을 것이다.

그런데 여기서 잠시 출신 환경에 대한 노스탤지어적 가치 부여가 때로 단순히 그에 대한 자긍심보다는 부정의한 계급 불평등의 조건에 대해 보상받고 싶은 욕망과 관련된 복잡한 계기에 따라 일어난다는 것을 강조할 필요가 있다. 태어나면서부터 부자인 사람이 자신이 직접 마주치지 않고 별로 관심도 없는 환경의 고통을 쉽게 무시해

---

89 *Ibid*.

90 *Ibid*.

버릴 수 있다면,[91] 계급횡단자가 자신의 뒤편에 남아서 사다리를 올라갈 수 있도록 지탱해 준 사람들을 잊어버리는 것은 무엇보다 스스로에게 몹시 불편한 일이다. 다른 사람들은 여전히 그 고통 속에 있다는 생각만큼 계급횡단자가 죄책감과 무기력한 반항에 시달리도록 만드는 비참한 체험은 없다.

미슐레는 빈곤과 기아, 추위 그리고 불확실한 내일이 결코 자신을 다치게 하지 않았다고 주장한다. 그는 모든 것이 끝나 버렸다고 생각하게 만드는 그 모든 어려움, "추위로 퉁퉁 분 손 그리고 떡갈나무 책상을 내려치고 젊음과 미래의 활기찬 기쁨을 느꼈던"[92] 불도 빵도 없이 견뎌야 했던 눈 내리는 어느 추운 날을 스토아적 방식으로 참아 냈다. 한편 그는 "삶이 나를 붙잡는 이유는 단 한 가지였네. 삶은 내게 단 하나의 요구를 할 수 있었는데 그것은 1845년 2월 12일에 내가 그 목요일 아침 이후 거의 30년 만에 느꼈던 것일세. 비슷한 날이라 눈이 모든 것을 덮었고 나는 같은 책상 앞에 앉아 있었지. 한 가지가 내 가슴을 아리게 했네. 너는 따뜻하고 다른 사람들은 춥다. 그것은 옳지

---

91 이것은 미슐레가 관찰하고 있는 것이기도 하다. "부자가 세상에 대한 모든 학문을 알고 있다고 기대하는가? 그들은 그저 편한 삶을 살았기에 세상의 거칠고 심원한 실재에 대해서는 알지 못한다. 조금도 깨져 보지도 않고 조금도 기대지도 않고, 그들은 얼음 위에서처럼 내지르고 미끄러진다. 그들은 어디에도 들어가지 않고 언제나 바깥에 있다. 이 급속한 실존 안에서 외적이고 표면적이다. 내일 그는 살았음에도 끝이 날 것이고 무지 속으로 들어갈 것이다." *Le Peuple*, p. 234. 물론 미슐레가 모든 부자가 둔해 빠졌다고 말하고자 하는 것은 아니다. 미슐레는 다만 부자들이 서 있는 조건이 그들이 삶 자체와 삶의 불평등을 이해하지 못하도록 만드는 사전적 영향력을 행사하고 있다는 것을 말하려고 하는 것이다. 물론 이러한 훈계조의 분석은 더 다듬어져야 할 필요가 있다. 왜냐하면 사실 민중 계급이라고 해서 모든 사회적 고통의 독점자는 아니기 때문이다.

92 *Ibid.*, p. 68.

않다. 누가 이 극심한 불평등으로부터 나를 벗어나게 할 수 있을까"[93]
라고 고백한다.

　과거의 비참함 또는 수치심에 사람들 사이의 불평등을 목도함
으로써 생겨난 부정의의 감정이 더해지고 그것은 무기력과 죄의식의
연쇄와 함께 계급횡단자의 가슴을 후벼 판다. 자신은 타인에게 잘못
을 했다. 그러한 인식은 최악의 고통 가운데 하나에 속한다. 왜냐하면
때로는 차라리 자신이 고통받는 것이 오히려 가까운 사람이 고통받
는 것을 지켜보는 것보다 더 견디기 쉬운 일이기 때문이다. 그렇다면
과연 어떻게 자신의 양심에 따라 평화롭게 살 수 있을 것이며 또한 어
떻게 자신을 배반자 혹은 부유한 자 심지어는 자신의 몫을 차지하기
위해 타인들을 저버린 이기주의의 화신이라고 생각하지 않을 수 있
을 것인가?

　카인의 눈으로 사태를 바라보지 않기 위해서는 자신이 차지한
위치의 필연성/필요성(nécessité)을, 즉 결정론적 관점에서 필연성이
라는 뜻과 유용성의 관점에서 필요성이라는 뜻을 지닌 이 말의 이중
의미를 염두에 두면서 자기 스스로를 정당화할 수 있어야 할 것이다.
죄책감과 맞서 싸우기 위해서는 결정론과 유용성에 관해 성찰해야
하는 것이다. 한편으로, 계급횡단자가 그가 있는 자리에 있다는 사실
이 잘못된 일인 것은 아니다. 그가 처한 상황은 인과 결정의 외적·내
적 조합에 따른 결과이다. 그가 걸어온 역사를 철저하게 검토해 본다
면 그가 다른 상황에 있을 수도 있다고 믿는 것은 가상에 불과하다.

---

93 *Ibid.*, p. 68.

그가 다른 상황에 있을 수 있기 위해서는 그 자신은 물론이고 그를 둘러싼 환경이 실제 그랬던 것과 달랐어야 했을 것이다.

결과적으로 자신을 운명으로부터 기적적으로 구원받은 자, 운 좋게 살아남은 자, 소름 끼치는 배신자로 생각하는 일은 비-재생산에 항상 작동하고 있는 결정론적 질서에 대해 무지하기 때문에 생겨나는 착각이다. 그러므로 죄책감은 오히려 죄책감을 가졌다는 것에 대해 일어나야 하며 그러한 죄책감 자체가 죄책감의 해독제로 작용해야 한다. 다시 말해서 우리가 죄책감을 느끼는 것에 대해 죄책감을 느낄 때 비로소 똑바로 생각하기 시작하는 것이다. 한편 계급횡단자는 자신의 환경 안에 있을 때보다 오히려 그 바깥에 있을 때 그 환경에 더 귀중한 자원이 될 수도 있다. 이 점이 바로 미슐레가 그 유명한 2월 12일에 자신의 양심을 진정시키기 위해 강조한 것이다. "그런 뒤 나는 1813년 이후 내 손에 새겨진 동상의 흔적을 살펴보며 이렇게 스스로를 위안했네. 네가 민중과 함께 일을 하러 갔더라면 너는 그들을 위해 일하지 못했을 것이다. 그러니 더 나아가라. 조국에 그 역사를 부여한다면 지금의 행복을 용서할 수 있을지니."[94] 그리하여 죄책감으로부터의 구제는 미슐레가 민중을 영웅이자 중요한 행위자로 만듦으로써 역사 속에서 민중의 자리를 마련해 주고 있는 『프랑스사』의 집필을 통해 이루어진다. 여기서의 관건은 미슐레가 시도한 바의 학술적 가치를 판단하는 것이 아니라 그 시도가 활력을 불어넣은 전개를 이해하는 것이다. 이곳에서 우리는 역사를 갖지 못한 이들의 역사적

---

94 *Ibid.*, p. 68.

부활을 통해 자신과 자신의 것들을 구제하려는 시도를 분명히 볼 수 있다.[95]

계급횡단자가 타자를 통해서 그 자신으로 존재할 수 있기 위해서는 죄책감을 제어함으로써 이 감정을 동력원으로 바꾸어 자신을 짓누르는 것을 지렛대로 변형시키고 긴장들을 오히려 발돋움판으로 사용하는 것 외에는 다른 대안은 없다. 아니 에르노의 작업은 이런 식으로 수치심과 죄책감을 문학작품으로 전환시킨 결과이며 계급횡단자가 어떻게 상반되는 것들을 양립시킬 수 있는지 또한 어떻게 틈새의 파열상을 수용하는 데 성공할 수 있는지 보여 주는 범례라고 할 수 있다. 에르노의 장 주네 인용을 보자. "나는 감히 이렇게 설명해 보겠다. 글쓰기란 우리가 배신했을 때 쓸 수 있는 최후의 수단이다."[96] 더 나아가 『남자의 자리』의 제사(題詞)로 쓰인 이 인용구는 『칼 같은 글쓰기』에서 작가가 취하고 있는 행보가 무엇인지 더욱 확실하게 보여 준다.

이 죄책감이야말로 결정적인 것입니다. 이 감정이 제 글쓰기의 기저에 있다고 한다면 그와 동시에 글쓰기가 저를 그 죄책감으로부터 해방시켜 줄 것이라 생각합니다. 그러므로 『단순한 열정』의 말미에 등장한 '되돌려주는 선물'(don reversé)의 이미지는 제가 쓴 모든 글에 적

---

95 미슐레는 외젠 노엘(Eugène Noël)에게 보내는 1845년 7월 자 편지에서 이렇게 쓰고 있다. "또 다른 천민들인 우리, 우리는 우리 아버지들의 역사를, 귀족들처럼은 조금도 생각하지 않네. 이 모호한 미덕의 역사는 종종 큰 관심의 대상이 될 것이네." Robert Casanova, *Le Peuple*, Introduction, p. 25.

96 Ernaux, *La Place*, p. 9.

용될 수 있을 것입니다. 배신자가 되어 버린 저의 상황에서 글쓰기는 정치적 행동이자 '선물로서' 내가 그나마 할 수 있는 최선의 일이라고 생각합니다.[97]

작가는 자신을 고문하는 죄책감으로부터 글쓰기의 자원을 길어 온다. 그것은 죄책감을 극복한다는 불가능한 과업을 위해서가 아니다. 죄책감을 글쓰기의 에너지원으로 전환시키기 위해서다. 그녀는 때로는 마비를 일으키기도 하고 때로는 활력을 불어넣기도 하는 이 양가적 감정에서 스스로를 길러 낸다. 죄책감에 젖은 상태에서의 글쓰기는 적어도 부분적으로는 죄책감을 소모하고 소진한다. 요컨대 책은 해방시킨다. 글쓰기는 일종의 죄책감으로부터의 구제 혹은 되돌려주는 선물로서 그리고 빚을 청산하기 위한 방법으로서 나타난다. 물론 모든 계급횡단자가 자동적으로 죄책감의 감정을 느끼게 되며 그것이 기계적으로 숭고한 결과들을 산출한다고 믿는 것은 논점을 벗어난 것이다. 아니 에르노는 자신과 관련한 이 죄책감이 상당히 복잡한 감정이라는 것을 지적하고 있다. 이 감정은 단지 사회적 계급의 변화에만 관련하지 않는데 그녀가 매우 엄격한 가톨릭 교육을 받고 성장했다는 점에서 그녀의 죄책감은 가족적·성적·종교적 뿌리

---

97 Ernaux, *L'Écriture comme un couteau*, p. 62. [역주] 『단순한 열정』은 작가 아니 에르노가 어느 유부남과 열정적 사랑을 한 내용을 담고 있다. 작품의 마지막 단락에서 아니 에르노는 "당신, 나에 대한 책을 쓰지는 않겠지?"라는 연인의 말을 떠올리며 이 책에서 자신은 그 사람에 대해서도, 자신에 대해서도 쓴 것이 아니며 다만 그 사람의 존재로 인해 자신에게 온 것들을 쓸 뿐이라고 말한다. 이러한 되돌려주는 선물의 이미지를 통해 아니 에르노는 글쓰기를 허구의 창작이 아니라 자신의 재능(don)을 통해 자신의 출신과 계급 그리고 여성성이 자신에게 준 것을 고스란히 되돌려주는 선물이자 죄책감의 빚을 청산하는 작업으로 규정하고 있다.

역시 가지고 있다.[98] 동시에 아니 에르노는 글쓰기의 행위가 정치적 참여를 대체해 주지는 않지만 그럼에도 글쓰기가 사회의 결정론적 질서와 실제 세계로부터 단절되어 어떠한 영향도 줄 수 없는 단순한 미적 활동인 것은 아니며 그 자체로도 이미 정치적 행위라는 점을 정확히 한다. 작가는 주어진 상황 속에서 자신의 것과 세상의 것에 관해 쓰는 것이다. 옆집의 이웃들이 모두 중산층이나 상류층 사람들인데 작가 혼자서 기적처럼 계급적 규정으로부터 빠져나가 자유롭게 글을 쓴다는 것은 있을 수 없는 일이다. 그러므로 글쓰기는 작가가 특정한 계급적 규정 속에 기입되어 있다는 자각을 함축하며 글쓰기는 모종의 방식으로 세계의 상태의 보존 혹은 변형에 기여한다.[99] 이러한 맥락에서 계급의 존재와 계급횡단자로서의 자신의 상황에 대한 의식은 세계를 미학화하기보다는 세계에 대한 현실주의적 시각을 갖게 하는 쪽으로 아니 에르노를 이끌었다.[100] 그렇기 때문에 그녀의 작품에서는 계급횡단자들 고유의 현실적인 것에 대한 선호가 두드러지게 나타난다.[101] "저는 더 이상 아름다운 것을 우선하고 싶지 않았습니다. 저는 이제 현실적인 것을 우선하고 싶었습니다. 글쓰기는 현실을 드러

---

98 *Ibid.*, p. 63.

99 *Ibid.*, pp. 74~75.

100 *Ibid.*, pp. 76~77.

101 이것은 리처드 라이트가 『블랙 보이』에서 주장하고 있는 것이기도 하다. "열두 살 무렵, 단 일 년조차 학교 교육의 온전한 혜택을 받지 못했던 나는 삶에 대하여 그 어떤 사건도 훼손시킬 수 없는 개념을 가지고 있었다. 또한 나는 어떠한 논증으로도 무너뜨릴 수 없는 현실적인 것에 대한 확고한 선호를 지니고 있었으며 나에게 고유했던 현실적인 세계에 대한 느낌과 어떤 교육을 받게 되더라도 변하지 않을 의미와 삶에 대한 개념을 가지고 있었고 무의미한 고통 속에서 의미를 찾아내기 위해서는 투쟁을 통해 삶을 붙잡아야 한다는 확신을 지니고 있었다." *Ibid.*, p. 172.

내 보이는 작업입니다. 유년기에 체험한 민중 계급의 현실 및 출신 세계에서 찢겨 나가며 경험한 교양 세계의 현실 그리고 여성적 섹슈얼리티의 현실을요."[102]

그렇다면 이제 문제는 그러한 현실을 어떻게 포착할 것인지 또한 포착의 과정에서 모든 구제의 시도를 수포로 만들 수도 있는 출신 환경을 두 번 배신하게 될 위험을 어떻게 피할 수 있는지 알아보는 것이다. 이러한 문제는 우리가 그러한 포착의 시도를 할 때마다 늘 맞닥뜨리게 되는, 반드시 해결해야 할 핵심적 논점이다. 어떻게 하면 되돌려주는 선물이 오페라의 한 장면 속 독이 든 선물이 되지 않게 만들수 있을까? 아니 에르노는 이 문제를 뚜렷하게 의식하고 있었다. 그녀는 이제 지배자의 세계에 속하게 된 자신이 피지배자들의 세계에 관해 쓰기로 결심했다는 것을 잘 알고 있으며 또한 자신이 체험한 현실을 객관적으로 그리고 주관적으로 재구성하는 데 실패할지도 모르는 위험을 감수해야 한다는 것과 이미 한 차례 자신의 의사와 무관하게 학업적 이력을 밟아 가면서 배신했던 자신의 출신 계급에 대해 이번에는 지배자들의 곁에 서서 자신의 의지로 글을 쓰겠다고 의식적으로 선택했다는 것, 자신의 위치 선택으로 인해 한 번 더 배반할 수도 있는 위험을 떠안아야 한다는 것까지 알고 있다. 따라서 그녀는 민중주의의 기조를 띤 사회적 참상 묘사주의적인 이야기로 빠져 버리거나 '아래 세계'로부터 거리를 둔 채 그 세계를 단지 일종의 기이하고 이국적인 흥밋거리로만 바라보는 상류계급의 관점으로 빠지게 될

---

102 *Ibid.*, p. 77.

지도 모르는 이중의 위험을 피해야 했다.[103]

『빈 옷장』 출간과 『남자의 자리』 집필 시기 사이에 아니 에르노는 '누보 로망'(Nouveau roman) 문학 운동에 잠시 이끌리기도 했다. 에르노 본인의 말에 따르면 당시 그녀는 "현학적인(désincarné) 동시에 매우 야심만만한 종류의"[104] 실험적인 시와 소설(fiction) 창작에 도전하기도 했다. 그러나 당시 스물두 살이었던 그녀가 썼던 미출간으로 남게 된 소설들은 아니 에르노 자신의 기억에서 전혀 가져올 수 없는 내용들로 채워졌다. 말하자면 그 소설은 야만인의 논리보다는 잡종의 논리에 따르고 있었으며 지배자들의 교양의 세계 속에 편입되려는 작품이었다. 계급횡단자라는 자신의 지위에 대한 자각은 그녀가 '거리의 글쓰기'라고 명명한 것을 발명하도록 이끌었고 피지배자들의 시각을 문학 내에 침투시킴으로써 배신의 위험을 극복하는 글쓰기 형식을 완성하도록 그녀를 인도했다. 이러한 방식으로 그녀는 고전문학의 형식을 갖춘 이야기 속에 '불행을 번다'(gagner malheur) 같은 민중 계급의 어휘와 표현 그리고 때때로 독자들에게 그 의미를 부연하기도 하면서 노르망디 사투리를 집어넣음으로써 틈새의 긴장들을 가지고 작업했다.[105] 이처럼 텍스트는 적들의 언어 속에서, 그녀가 좋아하는 주네의 문구에 따르자면 지배자들의 언어적 도구를 통해 쓰였다. 그러나 바로 이러한 지배자의 세계로의 틈입(effraction)을 통해 피지배자들, 즉 자신의 아버지와 어머니 혹은 이브토와 노르망

---

103 *Ibid.*, pp. 78~79.

104 Annie Ernaux, *Retour à Yvetot*, Paris: Mauconduit, 2013, p. 28.

105 *Ibid.*, p. 33.

디 민중 계급의 관점을 텍스트 속에 도입하는 것이 가능했다. 바로 이 지점에서 기존의 문법(syntaxe)을 뒤엎고 문학의 장에 피지배자들이 침입할 수 있도록 언어를 전복시킴으로써 아니 에르노는 긍정적 의미의 야만인이 되었다.

이러한 거리의 글쓰기는 아니 에르노가 고전적 형식의 소설과 단절하고 일상적이고 친숙한 언어를 사용하는 문체를 택하는 쪽으로 이끌었다. 『남자의 자리』를 집필할 당시부터 그녀가 선택한 '평평한 글쓰기'(écriture plate)가 바로 그 증거이다.

이윽고 나는 아버지에 관한 소설이 불가능하다는 것을 깨닫게 됐다. 필요에 종속되어 있는 삶을 해명하기 위해서는 우선 예술의 편에 서지 않아야 했으며 '흥미진진한' 혹은 '감동적인' 무엇인가를 추구해서는 안 된다. 나는 아버지의 말과 제스처, 취향, 아버지의 삶에 흔적을 남긴 사건들, 나 역시 공유하고 있는 한 존재의 객관적 기호들을 모아보려 한다. 추억의 시도, 환희에 찬 조롱도 없을 것이다. 평평한 글이 자연스럽게 쓰여졌다. 내가 부모님께 중요한 소식을 말하기 위해 사용했던 방식 그대로 쓰인 글이.[106]

소박함과 간결함이 두드러지는 평평한 글쓰기는 기교를 부리지 않는 문체와 곧바로 요점을 말하는, 사실적이고 정보 전달에 충실한 글쓰기다. 다시 말해서 거리의 글쓰기는 어떠한 감상성(affect)도, 사

---

106 Ernaux, *La Place*, p. 24.

회적 참상 묘사주의적 혹은 민중주의적 색채도 없이 또한 식자층 독자들과의 모종의 동조나 공모도 없이 오직 대상을 객관적으로 바라보려고 하는 글쓰기 방식이다.[107] 이러한 글쓰기는 어쩌면 이야기 형태를 취한다기보다는 아니 에르노가 그때까지 들어 온 말들을 재구성하거나 문학 혹은 그러한 글쓰기의 실천이 없었다면 영영 침묵 속에 남겨졌을 피지배자들의 목소리를 구원하는 형태의 문학에 더 가깝다.[108]

평평한 글쓰기는 백색의 무기이자 에르노가, 더 이상은 배반하지 않기 위해, 필요로 했던 칼이다. 그녀는 이러한 글쓰기 방식이 문체와 관련해서만이 아니라 주제와 관련해서도 위험을 무릅쓰는 일이라는 사실을 직접 겪어 잘 알고 있었다. 『남자의 자리』, 『부끄러움』, 『한 여자』처럼 피지배자들의 현실을 직접적으로 다루는 작품들 외에도 그녀는 자기 자신을 대상으로 하는 주제를 어떠한 완곡어법도, 그 어떤 서정적 방어막도 없이 날것 그대로 다루는 데 몰두했는데 예를 들면 다소 낭만적으로 자신의 낙태 경험을 다룬 초기 작품인 『빈 옷장』과 달리 『사건』에서는 자신을 있는 그대로 노출하는 위험을 감수한다. 또한 『단순한 열정』, 『탐닉』 그리고 『집착』에서는 정념의 소용돌이 속에서 느끼는 자신의 소외를 다루고 있다. 이러한 위험천만한 작업 방식은 죄책감을 속죄하고 세계에 대한 지배자들의 시각을 전복시키려는 궁극적 시도로서 나타난다. 다루기 위험한 주제에 관해 쓰려는 그녀의 욕망은 자신의 출신 계급을 배신했다는 아니 에르노

---

107 Ernaux, *L'Écriture comme un couteau*, p. 34.
108 *Ibid.*, p. 34. 그리고 "구하기 위한 글쓰기"(Écrire pour sauver) . pp. 121~124.

의 느낌과 일정 부분 연관되어 있다. 그녀에게 글쓰기는 고통인 동시에 사치스러운 활동이다. 글쓰기를 통해서 그녀는 세상의 시선을 바꾸는 데 기여하고자 하지만 그것은 손으로 노동하는 대신 펜으로 작업함으로써 이루어지며 또한 역사 속에서 잊힌 사람들의 관점을 조명하는 것을 통해 자기 자신의 구원 역시 추구한다.[109]

아니 에르노는 자신의 인격을 그 비용으로 지불하는 것으로써 피지배자들의 세계에 가까이 다가가고 이론적 장에서 지배에 대항하는 투쟁에 참여한다. 현실이 시민권을 되찾는 이 뒤집어진 언어(langue renversée) 속에서 에르노는 되돌려주는 선물을 완수한다. 이런 식으로 현실적인 것에 대한 글쓰기를 통해서 벌어진 상처의 봉합이 이루어진다. 말을 통해서 찢긴 상처의 극복이 이루어지는 것이다. 아니 에르노는 이 점을 분명하게 밝히고 있다. "이러한 글쓰기 방식을 선택한 것을 통해서 그리고 그러한 글쓰기를 하면서 나는 문화적 분열(déchirement)을 받아들일 수 있었고 또 그것을 극복했다고 믿는다. 프랑스 사회 내부의 이민자로서 존재하는 분열 말이다."[110]

요컨대 아니 에르노는 이러한 글쓰기를 통해서 자신의 자리를, 다시 말해서 피지배자의 세계로부터 이동하여 지배자의 세계에 거주하게 된 계급횡단자의 자리를 찾을 수 있게 되었다. 그녀는 사회적 전기형 자서전의 독창적 형태의 문학과 언어를 발명함으로써 틈새를 있는 그대로 받아들인다. 그녀는 타자를 통해 자기 자신으로 존재하기 위해 노력하는 진정한 안내자(passeuse)로서 나타난다. 이 점에서

---

109 *Ibid.*, p. 52.
110 *Ibid.*, p. 35.

그녀는 『칼 같은 글쓰기』에서 서술한 소기의 목표를 달성한 셈이다. "근본적으로 글쓰기의 궁극적 목표로서 제가 바라는 이상은 마치 다른 사람들이 —주로 작가들이지만 꼭 작가들만 염두에 두고 있는 것은 아닙니다— 제 안에서 생각하고 느끼는 것처럼 저 역시 그들 안에서 사유하고 느끼는 것입니다."[111]

계급횡단자는 제각각 자신이 서 있는 장소와 자리로부터 저마다의 동요와 긴장을 겪어 내고 그 과정에서 자신의 기질을 형성하게 되고 또한 각자 할 수 있는 가장 나은 방식으로 스스로를 실현하고자 자신을 풀어헤치고 또한 잣기 위해 노력한다. 그러니만큼 우리의 의도 역시 아니 에르노를 우리가 따라야 할 모범적 모델로서 치켜세우려는 것이 아니다. 요컨대 문학이 계급횡단자가 걸어야 할 왕도 혹은 필수적 관문인 것은 아니다.

예를 들자면 당장 피에르 부르디외만 하더라도 그가 자신이 지닌 대립물을 양립시키기 위해 선택한 길은 문학이 아니었다. 비록 아니 에르노의 경우에는 부르디외를 읽은 것이 자신의 계획의 결정적인 계기였다고 말하고 있지만 말이다.[112] 부르디외는 『자기-분석을 위한 초고』에서 계급횡단자로서 자신의 기질에 내재한 긴장들이 어떻게 표현되고 있는지를 보여 주는데 여기서 우리는 그가 그러한 긴장을 출생 세계로의 재통합을 통해 부분적으로 해결할 수 있는 방안으로서 자신의 연구 분야를 철학에서 사회학으로 바꾸고 사회학의 세부 분과 가운데서도 가장 낮은 위계에 속하는 농촌사회학을 수행했

---

111 *Ibid.*, p. 44.
112 Ernaux, *L'Écriture comme un couteau*, p. 87.

다는 것을 볼 수 있다.[113] 그러므로 균열된 아비투스 특유의 대립물들의 강제적 병존(coïncidence)은 부르디외의 연구 스타일은 물론이고 주로 소박하고 경험적인 대상에 유례없는 사변적 깊이를 부여하고 자신의 모든 정력을 쏟아 가며 탐구하려는 야심을 보여 주는 그의 연구 관심에서도 드러나고 있다. 부르디외는 자리를 옮겨 가면서 자신의 자리를 발견하고 있는 셈이다. 그는 지상으로 내려가 경험적 연구에 천착하기 위해 개념의 꼭대기에 올라 세상을 관망하는 철학이 지닌 헤게모니적 지위를 점차 버린다. 알제리와 베아른의 농부들, 즉 세계의 비참에 관한 연구는 그러한 행보의 좋은 사례다. 개종으로 묘사되는 지적 노선의 변경은 부르디외에게 출생 세계에 대한 재전유로 체험되었는데 이것은 제도권에서는 제대로 인정받지 못하는 연구 대상을 선택함으로써 상실된 특권을 벌충해 주었다고 부르디외는 말한다. 실제로 부르디외는 "이러한 위계질서상에서의 하향 이동이 함축하는 특권의 포기(renoncement électif)는 만약 이 일에 출생 세계로의 재통합에 대한 막연한 꿈이 동반되지 않았다면 틀림없이 어려웠을 것이다"[114]라고 평가하고 있다.

철학을 포기한다는 것은 피지배들과 다시 연결될 수 있도록 해 주며 또한 한때 수치심에 거부했지만 사실은 억눌려 있던 애정의 감

---

113 이 책이 출간될 즈음 우리는 디디에 에리봉의 『심판으로서의 사회』*La société comme verdict*를 읽어 볼 수 있을 것이다. 이 책에서 에리봉은 부르디외가 『자기-분석을 위한 초고』에서 기술한 그 자신의 이력에 대한 분석을 수행하고 있는데 지금의 논의와 관련해서는 이 책의 1부 3장 「재전유의 역설들」(*Les paradoxes de la réappropriation*), pp. 75~99를 참조해 볼 수 있을 것이다.

114 Bourdieu, *Esquisse pour une auto-analyse*, p. 79.

정과 함께 자신의 것을 되찾을 수 있도록 해 주는 민족지적 탐구에 헌신하기 위해서 지배적 위치를 포기하는 것을 의미했다. 부르디외는 기나긴 우회의 과정을 거친 후에야 비로소 출신 환경으로 돌아갈 수 있었던 자신의 사회적 여정을 『자기-분석을 위한 초고』의 무척이나 미려한 문장 속에서 보여 주고 있다.

> 그러나 발견의 과정(trajet heuristique)은 입문 의식의 요소를 일부 지니고 있었다. 나는 연구를 진행하는 동안 전적으로 몰입할 수 있었으며 여기에 더해 재회의 행복을 느낄 수 있었고 이를 통해 내가 다른 삶 속으로 흘러들어 감으로써 부지불식간에 나와 멀어졌던 사람들과 사물들 사이의 화해가 이루어졌다. 또한 민족지학적 태도는 아주 당연하게도 내가 유년 시절의 친구들, 부모님, 그들의 방식과 일상, 그들의 악센트를 존중하도록 만들었다. 그 모든 것은 바로 나 자신의 일부다. 나는 나의 사람들과 나 스스로를 부끄러워했고 오직 그들을 부인하는 것을 통해서만 내 안에도 있는 그들과 같은 부분을 부인할 수 있었기 때문에 바로 이 부분을 통해 나는 그들과 엮여 있는 동시에 또한 그들과 멀어지게 되었다. 그러한 나의 한 부분을 나는 사회학적 연구를 통해 되찾게 되었다. 출신지로의 귀환은 통제된 형태이기는 하지만 억압된 것의 귀환을 수반한다.[115]

요컨대 대립물들을 합치시킨다는 것(coïncidence)은 그것들 사

---

115 *Ibid.*, p. 82.

이의 거리를 조정(conciliation)하는 일이라기보다 타자와 자기 자신 사이의 화해(réconciliation)를 이루는 일이다. 이러한 화해는 타자를 그리고 계급 장벽 뒤편에서 부정하고 억압했던 자신의 수치스러운 부분을 자신 안으로 재통합하는 것을 통해 이루어진다. 역설적이게도 그러한 재회를 주선해 준 것은 지배자들의 세계 중심에서 획득한 민족지적 문화이다. 농촌의 독신 가정과 그 조건에 대한 연구가 자기-자신(soi-même)과의 만남이자 자기(soi)의 재정립이 될 수 있었던 것은 민족지적 태도가 부과하는 호의적 중립성이 이 주제와 관련한 수치심을 걸러 내고 그 주제를 연구 대상으로서 바라보도록 강제한 덕택이다. 아니 에르노에게서 그랬던 것과 마찬가지로 부르디외의 연구 역시 "적들의 언어"로 이루어지지만 동시에 민중의 편으로 향해 있다. 왜냐하면 그의 연구가 그의 출생 세계로부터 멀어지는 것이 아니라 오히려 그 세계를 향해 점차 가까이 다가가고 있기 때문이다. 이로부터 우리는 부르디외의 민족지적 프로젝트가 과연 어떤 의미에서 "『슬픈 열대』를 반대로 뒤집은 것"[116]이었는지 이해할 수 있게 된다. 레비스트로스가 멀리 떨어져 있는 사람들에게 접근하는 것으로 시작해서 파리로 귀환하며 그 사람들과 다시 멀어지는 것으로 연구를 끝마친 반면에 부르디외는 자신과 가까웠던 사람들로부터 멀찍이 떨어지는 것으로 시작해서 그들과 다시 가까워지기 위해 고향으로 귀환한다. 레비스트로스의 연구가 이방인을 통한 타자로의 여행이라면 부르디외의 연구는 익숙한 이를 통한 자신을 향한 여행이다.

---

116 *Ibid.*, p. 83.

이국적인 열대우림에 비하면 전원생활은 무척이나 소박하고 진부하다. 한 사람은 높은 곳에서 출발하여 아마존 원주민들이 스스로도 잘 알지는 못한 채 자신들에게 적용하는 친족의 구조와 규칙들을 파헤친다. 다른 한 사람은 낮은 곳에서 출발하여 인터뷰이들과 관계자들이 제공한 정보를 통해서 그들의 행동 방식에 관해 탐구한다. 비록 레비스트로스도 철학으로부터 돌아서기는 했지만 그는 사람들에게 그들 자신조차 알지 못했던 행동 양식의 진리를 밝혀 주면서 점차 정상의 자리를 차지해 갔다. 반면에 부르디외는 피지배자들로부터 세계의 비참에 관해 배우면서 그들의 말을 경청하고 그들의 말에 자리를 내어 준다.

이렇게 본다면 부르디외의 궤적을 단순히 레비스트로스의 반대라고 보기는 어렵다. 왜냐하면 우리는 그가 반대 방향의 길을 걸어가는 데 그치지 않고 "빈민굴의 비참을 위해 철학의 고지(hauteur)를 포기"[117]하는 쪽으로 나아가는 독창적인 길을 통해 나아가고 있다는 사실을 알 수 있기 때문이다. 따라서 부르디외는 레비스트로스를 뒤집음으로써 그를 반복하는 데 머무르지 않고 구조주의와 단절하면서 새로운 사회학을 발전시키고 있다. 구조주의와의 단절은 「재생산 체계에서의 결혼 전략」Les stratégies matrimoniales dans le système de reproduction[118]에서 전면에 드러나고 있는데 여기서 그는 규칙 모델에서 전략 모델로 이행하고 있으며 또한 구조와 체계 개념을 포기하는 대신 아비투스 개념

---

117 *Ibid.*, pp. 93~94.
118 *Annales*, 4~5, 1972년 7~10월, pp. 1105~1127.

과 사회화된 행위자의 개념을 제시하고 있다.[119] 베아른 지역에 대한 탐구는 분명 부르디외에게 성찰의 기회를 주었다. 이를 통해 부르디외는 사회적 경험을 어떻게 활용해야 그것을 이해할 수 있게 되는지 또한 만약 그러한 활용이 조사자와 피조사자의 가까움 탓에 비판받고 따라서 이 가까움이 연구의 중대한 장애물이 된다면 이를 어떻게 과학적 분석을 위한 자본으로 전환시킬 수 있을지에 관해 사유할 수 있었다.[120] 부르디외의 계급횡단자로서의 이력이 그를 전대미문의 대상에 대해 전대미문의 접근 방식으로 나아갈 수 있도록 해 준 것이다. 부르디외 본인은 피지배자들 세계의 아비투스를 재생산하지도 않았으며 엄격한 의미에서 보았을 때 지배자 세계의 아비투스를 재생산하지도 않았다. 이 점에서 부르디외는 틈새의 대립물들을 통해 그 자신의 실존과 독특한 연구의 실천을 수행할 수 있다는 살아 있는 증거 자체이다. 따라서 부르디외는 그의 계급횡단자적 기질과 타자를 통해 자신의 발명을 이끌어 내는 모순들의 놀이로써 규정되는 비-재생산의 한 가지 모델이라고 할 수 있다.

그러나 부르디외의 이력도 범형적 모델로서 세워질 수는 없을 것이다. 모든 계급횡단자들이 자기 자신을 인정하는 방식이 언제나 반드시 재전유의 오디세이아 및 출신 세계로의 귀환의 방식으로 이루어진다는 것은 있을 수 없는 일이다. 거리의 에토스가 언제나 균열과 유보 혹은 출신 세계에 대한 수치심으로 인한 거부로 나타나는 것은 아니다. 어떤 계급횡단자들은 늘 자신의 유년 시절과 가까운 거리

---

119 Bourdieu, *Esquisse pour une auto-analyse*, p. 84.
120 *Ibid.*, pp. 85~86.

를 유지하고 있을 수도 있으며 그들을 떠나지 않는 이 세계와 함께 균열과 유보 그리고 수치심을 이겨 내기도 한다. 결론적으로 문제의 관건은 계급횡단자들을 이행의 시험 속에서 빠뜨려 봄으로써 타자를 통해 자기 자신으로 존재하기 위한 필수적 국면을 정의하거나 그를 위한 규칙을 부과하는 것이 아니다. 무엇보다 우리 존재의 사용 설명서 따위는 없으며 계급횡단자로 살아가기 위한 특별한 처세술 같은 것이 있는 것도 아니다. 우리는 각자 잡종보다는 야만인이 되는 방식으로 타자와 함께 우리 자신의 자유를 창조해야 하는 형벌에 처해 있을 뿐이다. 따라서 비록 피에르 부르디외와 아니 에르노가 비-재생산의 범례적인 두 가지 형태를 체현하고 있기는 하지만 그들의 이력이 반드시 따라야 할 모델로 변형되어서는 안 된다. 이 두 가지 형태는 나침반으로 기능할 수는 있겠지만 그렇다고 해서 규범을 구성하는 것은 아니다. 나침반은 길을 가리켜 줄 뿐 우리를 가르치는 것은 아니다. 각자는 틈새 속에 펼쳐져 있는 가능성들을 실험해 보면서 그 자신에게 고유한 필연성의 법칙에 따라 자신만의 길을 그려 낸다.

결론 기질 대 아비투스

계급횡단자는 가장 불리한 환경에서조차 인간 존재가 얼마나 유동적이며 상당한 정도의 가소성(plasticité)을 보유하고 있는지 잘 보여 주는 살아 있는 증거다. 계급횡단자는 인간이 태어나기 전부터 고정불변의 방식으로 이미 완전히 결정되어 있다고 믿게 만드는 인간에 대한 본질주의적 시각을 무너뜨릴 뿐만 아니라 인간에게 자유로운 주체로서의 지위를 당연하다는 듯이(naturellement) 부여하는 실존주의적 시각 역시 무너뜨린다. 비-재생산은 결정론을 부정하지도 않고 자유의지를 은밀하게 재도입하지도 않는다. 비-재생산은 자아의 자기 창조(autocréation)가 아니라 출신 환경과 변화 환경의 사회적 공동-생산물(co-production)이며 비-재생산은 이 환경들과 함께 혹은 그 환경에 대항하는 것으로써만 이루어질 수 있다. 비-재생산은 두 계급 사이에서 이동하고 있는 한 개인이 하나의 통행로(passage)를 개척했다는 것 그리고 그가 가로지르는 세계들과 그를 가로지르는 세계들을 통해 그의 존재가 형성되기도 하고 형성하기도 한다는 것을 함축한다. 그러므로 비-재생산은 상호작용을 핵심으로 하며 따라서 강한 의지력을 가진 한 인간의 고독한 여정으로 환원될 수 없다.

계급횡단자의 궤적은 한 개인이 살아가면서 겪은 자신의 내밀한 역사와 그가 속한 집단의 역사가 교차하는 만남들을 통해 주어진 서로 얽히고설킨 공통적이고 또한 개별적인 인과 규정들의 총체를 담고 있는 기질에 대해 사유하지 않는다면 이해 불가능한 것으로 남아 있을 것이다. 이러한 기질에 대한 사유는 존재를 타자와의 연관 속에서 정의해 주는 구성적 관계와 원인들의 상호 연관에 대해 파악하는 것에 기초한다. 이러한 사유는 인간을 독립적인 존재로 생각하는 실체주의적 시각과 단절하고 사회적 행동 양식을 오직 아비투스를 통해 배타적으로 설명하는 모델로부터 빠져나올 것을 권한다. 사회적 아비투스는 사람들이 자기 계급의 삶의 방식을 재생산하도록 이끌리는 이유는 설명해 줄 수 있으나 개인들 사이의 미세한 차이들의 이유에 대해서는 설명해 주지 못한다. 비-재생산은 사회적 조건 짓기와 그러한 조건 짓기가 초래하는 영속적인 배치들의 체계에 역행한다. 비-재생산의 특징은 문제의 사례가 지배적 도식들과 동떨어져 있으며 또한 반복의 장애물이 되는, 다시 말해 늘 동일한 결과를 낳는 예정된 계획을 깨뜨리는 한 개인의 소질과 관계한다는 것이다. 하지만 비-재생산이 재생산의 규칙과 그 조건을 제거하는 것은 아니다. 비-재생산은 그러한 조건들과 논리적 모순 관계에 있다기보다는 대립 관계에 있다. 비-재생산이 드물게 나타난다는 사실은 오히려 재생산이 지닌 힘을 확인시켜 준다.

따라서 기질에 대한 분석이 사회적 아비투스에 대한 논의를 회피하겠다는 것을 의미하지 않는다. 오히려 기질의 분석은 사회적 아비투스와 함께 유년기와 가족사 속 형제 관계 내에서의 자리, 성적 지향성과 감정적 삶 그리고 우정 및 애정 관계를 그것들이 한 개인의 이력 속에서 통합되는 한층 더 복잡한 조합의 논리 속에서 사유한다는 것을 의미한다. 사회적 계급의 변화는 한 계급의 아비투스에서 다른 계급으로의 아비투스로의 전환으로 요약될 수 없으며 아비투스의 교체 또는 다른 아비투스의 이식에 그치는 것도 아니다. 왜냐하면 한 개인이 최초로 습득한 성향들은 계급의 변화 이후에도 그 개인 안에 계속 잠들어 있거나 또는 여전히 작동 중일 수 있으며 변화한 환경과의 관계 속에서 계속 뒤바뀌고 또한 재조정되기 때문이다. 사회적 계급의 변화는 아비투스의 추가나 아비투스의 하이브리드(hybridation)로 환원될 수 없는 이행(transition)의 긴장으로 인한 해체와 재구성이 끝없이 반복되는 역동적 형태의 아비투스의 재배열을 유발한다. 계급횡단자는 관정체성의 경험과 개인적·사회적 자아의 해체를 겪게 되는 이행의 운동 속에서만 이해될 수 있다. 계급횡단자는 언제나 모나게 될 위험을 떠안은 채로 탈-계급을 이룬다. 계급횡단자는 제자리에서 **삐져나온**(out of place) 존재, 안과 밖의 경계에 위치한 존재이며 **마음의 동요**를 겪을 수밖에 없는 틈새 속에 있다. 기질의 개념을 통한 사유는 계급횡단자의 오락가락하는(fluctuant) 태도와 사소하게는 작은 일탈과 극단적으로는 사분오열의 지경 사이에 있을 수 있는 다양한 수준의 계급횡단자의 모습을 이해할 수 있도록 해 준다.

실제로 계급횡단자의 존재는 예외의 논리에 따른다기보다는 일탈의 논리에 따르고 있다. 출신 환경에서 우세한 사회적 모델을 비-재생산하는 것은 결코 예외적인 지위를 부여해 주지 않으며 계급횡단자를 영웅 혹은 추방당한 유다로 만들어 줄 어떠한 비정상적 상황이 아니다. 비-재생산은 그런 비정상적 상황이라기보다는 동일자의 내부에서 일어나는 차이의 노동의 급진화된 결과이자 우세한 모델과 그 모델에 대한 판에 박힌 모방으로부터 멀어짐으로써 각자 자신의 고유한 존재 안에 머무르고자 하는 이탈의 노력이 급진화된 결과이다. 사실 그 어떤 존재도 순전한 재생산의 결과일 수는 없다. 왜냐하면 복제품이라는 사실 자체가 이미 원본 모델이 아니라는 뜻이기 때문이다. 복제품은 원본을 둘로 만들어 그 수를 늘리며 이로써 원본에 대한 번역 혹은 반역을 저지른다. 그렇기 때문에 재생산에는 비록 아주 미세하더라도 약간의 여백과 간극이 필연적으로 있을 수밖에 없다.

이 점에서 모든 인간 존재는 차이를 발생시키는 이탈의 실천으로 정의될 수도 있을 것이다. 왜냐하면 모두가 항상 어느 정도는 주어진 규범들과 관련하여 순응과 독창성이라는 최대와 최소의 두 가지 형태 사이에서 동요하고 있기 때문이다. 계급횡단자는 법칙으로부터 벗어나는 것이 아니며 그의 궤적은 출신 계급과 도착 계급의 아비투스와 관련하여 그에게 생긴 거리에 따라 법칙적으로 파악될 수 있다. 계급횡단자는 야만인보다는 잡종에 더 가깝게 살아갈 수도 있고, 자신의 이탈을 찢긴 상처로서 받아들일 수도 있으며, 대립하는 환경들 사이에서 봉합의 지점을 찾고자 할 수도 있다. 계급횡단자라는 고유한 존재 역시 자기의 타자화 운동이 확장된 형태일 뿐이다. 우리 모두는 우리를 변용시키는 변화들 속에서 이 운동을 마주하지 않을 수 없으며 그 운동 속에서 소외되지 않기 위해 그러나 동시에 다르게 존재하려는 역량을 보존하기 위해 노력한다.

하지만 만약 정말로 모든 존재가 변화한다는 특징을 지니고 있다면 부동성이라는 것도 사실은, 몽테뉴의 말을 빌려 본다면 "무척이나 따분한 흔들림", 변화를 가로막는 힘들의 존재로 인해 멈춰진 운동의 상태에 불과할 것이다. 이러한 관점에서 본다면 사회적 재생산이 사회적 유동성보다 더 엄밀한 부동의 철칙이라고 할 수는 없다. 사회적 재생산은 사회의 불가침한 구조가 아니라 계급들 사이의 역관계의 표현이자 그 계급들 사이의 서로 대립하는 이해관계의 결과물이다.

마찬가지로 비-재생산의 원인들에 대한 분석은 자기의 구성에서 감정의 역할을 참조해야 할 필요성을 밝혀 준다. 계급횡단자는 감정적 기질의 결실이다. 그는 단순히 기계적인 모방을 수행하거나 오직 합리적으로 계산된 전략만을 펼치는 행위자가 아니다. 수치심, 정의에 대한 욕망, 자긍심 그리고 온갖 것이 뒤섞여 있는 분노와 분개를 이해하지 않은 채 어떻게 계급횡단자의 이력을 이해할 수 있겠는가? 어떻게 그의 고통 혹은 사랑의 만남과 우정의 형태에서 흘러나온 즐거움의 힘을 다루지 않고 넘어갈 수 있겠는가? 감정은 결정적 역할을 수행한다. 분명 심리학에 대한 반감을 명목으로 몇몇 사회학자들이 감정을 사회적인 것의 일부를 이루지도 않고 그저 개인의 고정된 성격적 특성으로 환원될 수 있는 것 정도로만 여기고 있으며 감정은 여전히 번번이 무시당하고 있다.[1] 반면 스피노자주의적 계보에서 감정은 전적으로 사회적인 것이다. 감정은 우리의 행위 역량과 관련하여 역량을 강화하거나 감소시키는 신체적·정신적 변화의 총체를 포괄

---

[1] 이러한 관점에서 정념에 대한 스피노자주의적 인간학에 근거하면서 사회과학 내에 감정에 대한 논의를 도입한 프레데리크 로르동의 혁신적 행보에 경의를 표해야 한다. 이 점에 관해서는 다음을 참조하라. *Capitalisme, Désir et Servitude, Marx et Spinoza*, Paris: La Fabrique, 2010. 그리고 *La Société des affects*, Paris: Seuil, 2013.

한다. 감정은 인간의 인과적 역량과 외부 원인의 인과적 역량의 충돌의 산물로서 상호 인간적 관계와 주변 환경과의 교류를 표현하고 있다. 감정은 외부 세계와 우리의 만남의 역사를 말해 주며 상호작용의 관계 속에 존재한다. 감정에 대한 이러한 강조는 사회적 행위자들의 행동 양식을 감정적 성격 유형에서 비롯된 것으로 환원하거나 혹은 어떤 특정한 느낌은 자동적으로 어떤 특정한 결과를 산출한다고 가정하는 것이 아니라 감정을 수반한 사회적 역관계의 독특한 결합의 형태와 인과 규정들의 매듭을 사유하는 것이다.

사실 어떠한 규정성도 단독으로는 제대로 작동하지 않으며 충분한 효력을 발휘하지도 않는다. 어떤 규정성이든 오직 다른 규정성과의 교차와 협력을 통해서만 결과를 산출할 수 있다. 하나의 규정성을 다른 규정성들로부터 떼어 놓고 단독으로 고려한다면 그것은 여전히 비-재생산의 씨실을 이룰 수 있는 선들 가운데 하나이긴 하겠지만 그 선이 실제로 하나의 직물이 되기 위해서는 다른 규정성들과 함께 엮여야 한다. 예를 들어 대안적 모델의 존재와 정치적 제도 확립, 경제적 지원은 비-재생산의 필요조건이 될 수 있겠지만 충분조건은 될 수 없다. 비-재생산의 충분조건을 파악하기 위해서는 비-재생산이 일어나는 각각의 경우마다 현행적으로 작동하는 힘들의 놀이와 주어진 배경 내에서의 각자의 위치, 계급횡단자를 움직이게 만들고 그가 주변 모델과 동떨어져 주변과 전혀 다른 사회적 궤적을 개척하도록 하는 데 결정적으로 작용하는 독특한 감정들의 결합 형태를 재포착해야 할 것이다. 결국 이러한 이유에서 계급의 이행은 수평적인 기계적 인과성의 형태가 아니라 **기질**이 매듭지어지는 입체적 형태하에서 고려해야 한다.

마지막 분석을 하면서 과연 사회적 비-재생산을 더 유리하게 만들어 주는 규정성 혹은 그러한 비-재생산에 심각한 장애물이 되는 규정성이 따로 있는지 탐구해 볼 수 있을 것이다. 오늘날의 사회를 고려한다면 우리가 남성보다는 여성에게 그리고 이성애자보다는 동성애자에게, 백인보다는 흑인에게 불리한 요인이 더 많다고 생각하는 것은 자연스럽다. 그리고 이러한 생각에 근거해서 그러한 정체성이 중첩되어 있을수록 넘어야 할 사회적 장벽이 계단처럼 쌓여 더욱 극복하기 어려워진다고 상상하기 쉬울 것이다. 예를 들자면 이 상상의 계단 가장 꼭대기에는 백인 이성애자 남성이 있고 맨 밑에는 흑인 동성애자 여성이 있을 것이다.

　　그러나 어떤 규정성들, 예를 들어 젠더, 성적 지향성 또는 인종 같은 규정성들이 가지고 있는 이데올로기적 효과와 그 실제적 영향력을 부정하지 않는다 하더라도 그러한 규정성들이 사회적 계급의 변화에 **선험적으로** 절대적인 결정적 역할을 수행한다고 결론짓는 것은 성급할 것이다. 남성 지배와 남성적 직업에 대한 고평가에 기초하고 있는 사회에서 여성들이 일반적으로 남성들보다 더 많은 장애물을 마주친다는 것은 분명한 사실이다. 그러나 성차별적 편견들의 존재에도 불구하고, 여성들이 비-재생산의 영역에서 체계적으로 불리한 것은 아니다. 분명 민중 계급 출신의 남자아이들이 같은 출신의 여자아이들에 비해 더 좋은 환경에 있을 기회를 더 많이 갖지만 남자아이들은 학교 시스템의 규범에 잘 적응하지 못하는 경우가 상당히 많으며 학교에서 여자아이들보다 더 낮은 성취도를 보여 준다. 왜냐하면 남자아이들이 주입받은 남성다움의 모델이 학교에서 착실하게 수업을 듣는 것보다는 오히려 소란을 피우고 규범을 위반하고 또한 지적 직업을 경멸함으로써 자기 자신을 드러내도록 만들기 때문이다.

따라서 개개의 상황들을 고려해야 할 필요가 있다. 가령 무남독녀 가족의 경우에는 오직 여성의 성별을 가진 아이들만이 부모의 소망을 짊어질 수 있게 된다. 그렇기 때문에 이러한 배경에서는 여성에 대한 평가절하가 점차 줄어들 여지가 있다. 또한 가족적 그리고 사회적 배경에 따라 감정적 혹은 경제적 이유 때문에 부모들이 딸을 도시로 보내는 것보다 아들을 보내는 것을 더 어려워하는 경우는 드물지 않다. 실제로 캉탈 지방 농부의 딸로 태어나 고전문학 교수이자 작가가 된 마리-엘렌 라퐁은 여자아이들의 운명이 남자아이들에 비해 고향을 떠나가는 쪽으로 더 기울어져 있다는 사실을 강조한다. 왜냐하면 경제적 변동과 농촌 세계에서 남성 상속자에게 주어지는 우선권이 여자아이들이 농촌에 있을 자리를 아예 없애 버리기 때문이다.

나는 언젠가 내가 떠나게 되리라는 것을 안다. 주변 어른들이 세상의 종말을 노래하는 단어들과 문장들로 내가 그렇게 될 것이라고 말하기 때문이다. 여자아이들은 특히 더 떠나도록 운명 지어져 있다. 그녀들은 학교와 학업, 일자리를 찾아 도시로 떠난다. 나 역시 그 모든 여자아이들과 같은 운명이 될 것이며 그렇게 나는 타인들이 될 것이다.[2]

성적 지향성 역시 이와 마찬가지로 언제나 반드시 상당한 의미를 지니게 되는 것은 아니며 마찬가지로 오직 맥락과 특수한 상황에

---

2 Marie-Hélène Lafon, *Traversée*, Paris: Créaphis, 2013, p. 15.

따라서만 영향력을 가질 수 있다. 만약 이성애적 성향이 규범에 더 순응적이며 차별에 덜 노출되어 있다면 이러한 성적 지향성은 분명 계급횡단의 과정에서 결정적 이점이 되지는 않는다. 반대로 우리가 앞에서 살펴보았던 것처럼 동성애 성향은 모욕을 떨쳐 내고 불명예를 씻어 줄 수 있는 성공을 추구하도록 추동한다는 점에서 비-재생산의 사회적 동력원이 될 수도 있다. 그러므로 장애 혹은 특권의 누적이라는 단순화된 논리에서 벗어나야 한다. 왜냐하면 개별 경우들에 대한 분석을 전개해 본다면 어떤 조건에서는 장애물인 것이 다른 맥락에서는 이점으로 변형된다는 사실이 밝혀지기 때문이다.

예컨대 사다리의 맨 밑에 반드시(systématiquement) 여성 레즈비언이 자리한다고 믿는 것은 거짓일 것이다. 왜냐하면 동성애 성향이 반드시 모든 상황에서 불리하게 작용하지는 않기 때문이다. 레즈비언 여성들은 다른 요소들을 고려했을 경우에 때로 게이 남성이나 이성애 여성보다 직장 내에서 차별을 덜 받는다.[3] 여성 동성애는 남성 동성애에 비해 더 가시화되지 않으며 그로 인해 모욕의 대상이 되는 경우가 덜한데 보통 별로 심각하지 않은 도착 혹은 일시적 탈선으로 여겨진다. 물론 여성 동성애를 언제나 진지하지 않은 것으로 여기는

---

3 경제학자 티에리 로랑(Thierry Laurent)과 파르하 미우비(Farhat Mihoubi)가 최근 실시한 통계 연구에 따르면 다른 모든 조건이 동일할 경우 프랑스의 사적 부문에서 일하는 남성 동성애자들은 그들의 직장 환경에서 다른 이성애자 남성 동료보다 6.5% 더 낮은 임금을 받으며 공공 부문에서 일하는 경우 5.5% 더 낮은 임금을 받는다. 한편 동성애자 여성들은 이중의 고통을 겪지는 않는다. 여성으로서 임금 부분에서 차별받는 동시에 성적 지향성을 이유로 두 번째 차별을 받지는 않는 것이다. 반대로 동성애자 여성들은 이성애자 여성과 비교하여 약 2% 정도의 가벼운 보조금(prime) 혜택을 받는다. 다음을 참조하라. "Sexual Orientation and Wage Discrimination in France: The Hidden Side of the Rainbow", *Journal of Labour Research*, vol. 33, no. 4, 2012.

이러한 태도는 레즈비언적 욕망을 근원적으로 부정하는 현실을 말해 주고 있는 것이며 어쩌면 가장 폭력적인 검열의 형태를 구성하는 것인지 모른다. 그러나 역설적이게도 이러한 태도가 긍정적 효과를 갖기도 한다. 사회로부터 조금 더 용인되기 때문에 레즈비언 여성들은 직장에서 이성애 여성보다 오히려 더 큰 이득을 취할 수도 있다. 일반적인 경우 레즈비언 여성들은 이성애자 여성들에 비해 자녀가 적은 편이고 남성 파트너를 둔 경우보다 파트너로부터 더 많은 양육 지원을 받는다. 때문에 레즈비언 여성들은 출산휴가 또는 소아과 내원 등의 사유로 결근하는 일이 더 적은 편이며 통계적으로 보았을 때 평균 이상의 높은 출근율을 보여 준다. 이 점에서 레즈비언 여성들은 회사에 헌신하는 엘리트 직원으로 보이게 될 수 있다. 특히 자신의 내력과 성적 지향성 때문에 그 운명에 거의 복수라도 하듯이 직장에 충성하는 경우라면 더욱 그렇다.

마지막으로 만약 피부색과 관련된 적대가 사회의 다수에 부인할 수 없는 것이라면 이 경우 그 적대감은 쿼터 제도 혹은 인종 분리의 대상이 되는 이들에게 자리를 마련해 주는 것을 목표로 하는 '정치적 올바름'을 지향하는 제도 등을 통해 긍정적 차별(discrimination positive, affirmative action)로 전환되는 예외적 효과를 지니게 될 수도 있다. 물론 흑인 우상 혹은 마그레브 청년들의 모습을 전시하는 것에 기초하는 저열하기 짝이 없는 이러한 정치적 계산은 주변부에서 일어날 수 있는 사회적 불만의 조짐을 사전에 꺾어 두어 그 불만이 변혁의 칼날로 체계적으로 변형되는 것을 방해할 수도 있지만 말이다.

그러므로 상이한 규정성들이 반드시 사회적 비-재생산을 유리하게 하거나 방해하는 쪽으로 연결되어 있지는 않으며 각각의 규정성들은 다른 규정성들과의 결합을 통해서만 영향력을 가질 수 있다. 물론 비-재생산의 다양한 형태들이 사회적·인종적·성적 또는 젠더 규범에 대한 일탈을 보여 준다는 점에서 그 각각의 형태들 사이에 일종의 평행 관계를 확립하는 것이 가능할 것이다. 하지만 그 각각의 형태가 일으킨 투쟁들이 언제나 짝을 이루며 나란히 전개된다고 생각하는 것은 순진한 허상에 불과하다. 사회적 계급 투쟁, 페미니스트의 투쟁, 동성애 투쟁, 인종 투쟁은 수렴될 수도 있지만 하나가 다른 하나와 완전히 뒤섞이거나 완전히 종속될 정도로 체계적으로 교차하지는 않는다.

그러한 상이한 형태의 투쟁들을 통합하려는 시도는 틀림없이 힘을 분산시키지 않고 모든 형태의 압제에 저항하려는 정당한 욕망에서 나온 것이다. 그러나 이러한 시도는 언제나 계급 투쟁의 핵심적이고 일차적인 성격을 주장하거나 여성, 동성애, 흑인 문제 등등에 고유한 주장들을 자본주의적 체계의 철폐와 경제적 평등, 계급 없는 사회의 도래와 함께 최후의 심급에서 해결될 문제들로 환원하고자 하는 헤게모니적 시도로 흘러갈 위험을 안고 있다.

그러나 페미니즘, 동성애, 인종주의와 관련한 모든 투쟁을 계급 투쟁으로 완전히 흡수하려는 사고방식은 특수한 차별을 은폐하는 효과를 가진 허상에 불과하다. 그러한 생각과 시도는 특정 범주가 부차적이고 종속적인 성격에 불과하다고 주장함으로써 그 범주에 속하는 희생자들의 주장의 정당성을 깎아내리고 그들의 숨통을 조르며 그들이 폭력에 노출되도록 끝없는 대기 상태에 방치한다. 실제로 어떤 노조들은 전체적 관점에서 보았을 때 노동자계급의 핵심적 투쟁을 해칠 수 있는 위험이 있으며 쁘띠 부르주아적 소망을 반영하고 있다는 이유로 여성들의 투쟁에 제동을 걸기도 했다. 1968년 다겐함에서는 남성과 동일한 임금을 요구하기 위해 파업에 들어간 포드사의 (여성) 노동자들이 그 타깃이 되었는데 중앙 노조와 노조 지도자들은 여성 노동자들의 요구 사항을 지지하기를 망설였을 뿐만 아니라 심지어 경영진과 합세하여 운동을 중단시키려고까지 했다.[4]

그러니 투쟁의 다수성의 존재를 인정해야만 한다. 흑인들, 이민 자들, 여성들, 동성애자들, 프롤레타리아트들이 모든 점에서 동일한 목표를 가질 수는 없다. 그들은 분명 서로 연대할 수 있고 특히 착취 받는 노동자로서 각각의 투쟁들이 교차하는 지점을 찾아낼 수도 있을 것이다. 하지만 그들이 모두 동일한 지배의 형태와 관계하고 있는 것은 아니다. 이 점을 이해하지 못한다면 한 영역에서는 압제에 시달리는 사람이 다른 영역에서는 압제자가 될 것이다. 투쟁의 위계화와 각각의 투쟁에 고유한 본질에 대한 부정은 예속화 형식의 다양성 앞에 침묵하는 무분별한 상태를 초래한다. 무엇보다 여러 투쟁 가운데 딱 하나를 선택해야 할 필요는 없는데 한 동일한 개인이 다수의 차별을 겪을 수 있다는 점에서 더욱 그렇다.[5]

제임스 볼드윈은 『토박이의 노트』에서 '유일한 투쟁'이란 환상에

---

4 이 점과 관련해서는 나이젤 콜 감독이 2010년(프랑스에서는 2011년)에 개봉한 기념비적 인 영화 「우리는 성평등을 원한다」(We Want Sex Equality), 즉 「메이드 인 다겐함」(Made in Dagenham)을 참조하라.

5 이 점은 디디에 에리봉 역시 주장하고 있는 것이다. 그는 지배의 다양한 형태들에 맞선 상이 한 투쟁들 가운데 한 가지를 선택하기를 거부하는데, 왜냐하면 우리들 각각은 다수의 집단 적 규정성들 사이에 놓여 있으며 그로 인해 다양한 예속화의 형태를 겪기 때문이다. 그러므 로 한 투쟁을 다른 투쟁보다 더 절대적인 것으로 특권화할 수 있는 심급(lieu)은 없다. 다음을 참조하라. Didier Éribon, *Retour à Reims*, Paris: Fayard, 2010.

지나지 않는다고 주장하면서 그러한 생각이 초래할 수 있는 잠재적인 탄압에 맞서는 반대 입장을 견지했다. 물론 그는 "1930년 이래로, 우리는 마르크스를 한입에 꿀꺽 삼키며, 프롤레타리아 계급의 존재를 발견했고 — 내가 생각하기로는 아주 다행히도 — 우리는 프롤레타리아트의 목표와 흑인들의 목표가 하나라고 보았다"[6]라고 말하기도 한다. 그러나 볼드윈이 보기에 리처드 라이트가 주장한 바 있는 투쟁들 사이의 수렴이라는 이 공식은 많은 것들을 그늘 속에 가려 두고 있었다. 예컨대 그러한 공식은 인종 차별의 종별성(spécificté)을 은폐하고 인종 문제를 경제적 착취의 문제로 너무 성급하게 환원했다.

> 결국 우리는 흑인들과 프롤레타리아트들이 동일한 목적을 추구한다고 말하는 것으로는 양자 사이의 관계를 충분하게 기술할 수도 해명할 수도 없었다. 만약 그 둘이 동일한 목적을 추구한다면 그것은 둘 모두가 더 나은 노동 조건을 얻기를 바라는 한에서만 참이다. 이는 그들이 모두 노동자로서 자신들의 힘을 더 나은 노동 조건이라는 목적을 달성하기 위해 연합하는 한에서만 유용하다. 솔직하게 말하자면 우리는 이 이상으로 더 멀리 나아갈 수 없다.[7]

비-재생산의 다양한 형태들과 그것이 일으키는 다양한 투쟁들은 그러므로 서로의 환원 불가능성을 인정하는 한에서만 서로 경합하지 않고 서로 연결될 수 있으며 또한 그 경우에만 서로 대립하지 않

---

6 James Baldwin, *Chronique d'un pays natal*, Paris: Gallimard, 1973, p. 42.

7 *Ibid.*, p. 43.

고 함께 전진할 수 있다. 비록 계급횡단자는 낙인찍힌 조건과 관련하여 어떤 해방의 형태를 체화할 수 있지만 그렇다고 해서 계급횡단자가 모든 여성과 동성애자 혹은 흑인이 추구해야 할 미래의 모습인 것은 아니다. 인간의 미래는 더욱 아닐 것이다. 왜냐하면 우리의 목표는 계급의 장벽을 홀로 뛰어넘는 것이 아니라 모두를 위해 그 장벽을 허물어 버리는 것이기 때문이다.

참고 문헌

이론적 저작

Althusser, Louis, *Sur la reproduction*, Paris: PUF, 2011(루이 알튀세르, 『재생산에 대하여』, 김 웅권 옮김, 동문선, 2007).

Baldwin, James, *Chronique d'un pays natal*, Paris: Gallimard, 1973.

Bourdieu, Pierre and Passeron, Jean-Claude, *Les Héritiers*, Paris: Minuit, 1964.

Bourdieu, Pierre, *La Reproduction*, Paris: Minuit, 1970(피에르 부르디외·장 클로드 파세롱, 『재생산』, 이상호 옮김, 동문선, 2000).

_____, *La Distinction*, Paris: Minuit, 1979(피에르 부르디외, 『구별 짓기』 상·하, 최종철 옮김, 새물결, 2005).

_____, *Le Sens pratique*, Paris: Minuit, 1980.

_____, *La Misère du minde*, Paris: Seuil, 1993.

_____, *Esquisse pour une auto-analyse*, Paris: Raison d'agir, 2004(피에르 부르디외, 『자기 분석에 대한 초고』, 유민희 옮김, 동문선, 2008).

Gaulejac, Vincent de, *Les Sources de la honte*, Bruges: Desclée de Brouwer, 1966(개정판: 2008) 혹은 *Points. Essai*, 2011.

_____, *L'Histoire en héritage, Roman familial et Trajectoire sociale*, Paris: Payot, 2012.

Elias, Norbert, *Mozart, sociologie d'un génie*, Paris: Seuil, 1991(노르베르트 엘리아스, 『모차르트, 사회적 초상』, 박미애 옮김, 포노, 2018).

_____, *La Société des individus*, Paris: Fayard, 1991.

Éribon, Didier, *Retours sur retour à Reims*, Paris: Cartouche, 2011.

_____, *La Société comme verdict*, Paris: Fayard, 2013.

Ernaux, Annie, *L'Écriture comme un couteau*, Paris: Stock, 2003.

_____, *Retour à Yveto*, Paris: Mauconduit, 2013.

Fanon, Frantz, *Peau noire, Masques Blancs*, Paris: Seuil, 1952(프란츠 파농, 『검은 피부, 하얀 가면』, 노서경 옮김, 문학동네, 2022).

Goffman, Erving, *Stigmate. Les usages sociaux des handicaps*, Paris: Minuit, 1975(어빙 고프만, 『스티그마』, 윤선길·정기현 옮김, 한신대학교출판부, 2018).

Hoggart, Richard, *La Culutre du pauvre*, Paris: Minuit, 1957(리처드 호가트, 『교양의 효용』, 이규탁 옮김, 오월의봄, 2016).

Lahire, Bernard, *Tableux de famille. Heurs et malheurs scolaires en milieux populaires*, Paris: Points, 1995.

_____, *L'Homme pluriel*, Paris: Nathan, 1998.

_____, *Portraits sociologique, dispositions et variations individuelles*, Paris: Nathan, 2002.

Michelet, Jules, *Le Peuple*, Paris: Julliard, 1965(쥘 미슐레, 『미슐레의 민중』, 조한욱 옮김, 교유서가, 2021).

Montaigne, Michel de, *Essais*, Paris: Imprimerie Nationale, 1998(미셸 드 몽테뉴, 『에세』 1~3, 심민화·최권행 옮김, 민음사, 2022).

Nietzsche, Friedrich, *Généalogie de la morale, Œuvres philosophiques complètes*, VII, Paris: Gallimard, 1971(프리드리히 니체, 『선악의 저편·도덕의 계보』, 김정현 옮김, 책세상, 2002).

_____, *Le Gai Savoir, Œuvres philosophiques complètes*, V, Paris: Gallimard, 1982(프리드리히 니체, 『즐거운 학문·메시나에서의 전원시·유고(1881년 봄~1882년 여름)』, 안성찬·홍사현 옮김, 책세상, 2005).

Pascal, Blaise, *Pensée, Œuvres complètes*, Louis Lafuma ed., Paris: Seuil, 1963(블레즈 파스칼, 『팡세』, 김형길 옮김, 서울대학교출판문화원, 2010).

_____, *Trois discours sur la condition des Grands, Œuvres complètes*, L. Lafuma ed., Paris: Seuil, 1963.

Paysan-Passeron, André, *Quelle École et quels ensignants? Métamorphoses françaises sur trois générations à partir des 34 Normaliens d'Avignon*, Paris: L'Harmattan, 2006.

Spinoza, Baruch, *Éthique*, trans. Bernard Pautrat, Paris: Seuil, 1988(베네딕투스 데 스피노자, 『에티카』, 강영계 옮김, 서광사, 2007).

Vincent, Alain, *Des hussards de la République aux professeurs des écoles. L'École Normale*, Joué-lès-Tours: Alan Sutton, 2001.

소설과 자서전

Balzac, Honoré de, *Le Père Goriot. La Comédie humaine*, V, Paris: Gallimard, "Bibliothèque de La Pléiade", 1976(오노레 드 발자크, 『고리오 영감』, 박영근 옮김, 민음사, 1999).

_____ , *Les Illusions perdues, La Comédie humaine*, III, Paris: Gallimard, "Bibliothèque de La Pléiade", 1977(오노레 드 발자크, 『잃어버린 환상』, 이철 옮김, 서울대학교출판부, 2012).

Camus, Albert, *Le Premier Homme*, Paris: Gallimard, 1944(알베르 카뮈, 『최초의 인간』, 김화영 옮김, 열린책들, 2009).

Éribon, Didier, *Retour à Reims*, Paris: Fayard, 2010(디디에 에리봉, 『랭스로 되돌아가다』, 이상길 옮김, 문학과지성사, 2021).

Ernaux, Annie, *La Place*, Paris: Gallimard, 1983(아니 에르노, 『남자의 자리』, 신유진 옮김, 1984BOOKS, 2021).

_____ , *La Honte*, Paris: Gallimard, 1997(아니 에르노, 『부끄러움』, 이재룡 옮김, 김영사, 2019).

_____ , *Une femme*, Paris: Gallimard, 1988(아니 에르노, 『한 여자』, 정혜용 옮김, 열린책들, 2012).

Étiévent, Michel, *Fils d'usine*, Éditions Gap, 2005.

_____ , *Aux silences de l'aube*, Éditions Gap, 2006.

Griffin, John Howard, *Dans la peau d'un Noir*, Paris: Gallimard, "Folio", 1961(존 하워드 그리핀, 『블랙 라이크 미』, 하윤숙 옮김, 살림, 2009).

Hoggart, Richard, *33 Newport Street. Autobiographie d'un intellectuel issu des couches populaires anglaises*, Paris: Seuil, 1991.

Lampedusa, Giusppe Tomasi di, *Le Guépard*, Paris: Seuil, 2007(주세페 토마시 디 람페두사, 『표범』, 최명희 옮김, 동안, 2015).

Larsen, Nella, *Clair-obscur*, Paris: Climats, 2010(넬라 라슨, 『패싱』, 박경희 옮김, 문학동네, 2021).

London, Jack, *Martin Eden*, Paris: Phébus, "Libretto", 2001(잭 런던, 『마틴 에덴』, 오수연 옮김, 녹색광선, 2022).

Nizan, Paul, *Antoine Bloyé*, Paris: Grasset, 1933.

Roth, Philip, *La Tache*, Paris: Gallimard, 2002(필립 로스, 『휴먼 스테인』 1·2, 박범수 옮김, 문학동네, 2014).

Rousseau, Jean-Jacques, *Les Confessions*, II, *Œuvres complètes*, I, Paris: Gallimard, "Bibliothèque de La Pléiade", 1959(장 자크 루소, 『고백록』 1·2, 이용철 옮김, 나남, 2012).

Stendhal, *Le Rouge et le Noir, Romans et nouvelles*, I, Paris: Gallimard, "Bibliothèque de La Pléiade", 1952(스탕달, 『적과 흑』, 임미경 옮김, 열린책들, 2009).

Naït-Balk, Brahim, *Un homo dans la cité*, Paris: Calmann-Lévy, 2009.

Desanti, Jean-Toussaint, *Un destin philosophique*, Paris: Hachette, 2008.

Wideman, John Edgar, *Suis-je le gardien de mon frère?*, Paris: Gallimard, "Folio", 1984.

Wright, Richard, *Black Boy*, Paris: Gallimard, "Folio", 1947.

더 읽을거리

한 권의 책을 이해하는 가장 효과적인 방법은 책의 배경을 이루는 다른 책을 함께 읽는 것이다. 이 점에서 책의 운명과 계급횡단자의 운명은 서로 같다고 할 수 있다. 계급횡단자를 이해하기 위해서는 그를 둘러싼 환경과 그의 기질을 형성하는, 서로 교차하며 길항하는 동시에 또한 협동하는 인과 규정의 계열을 고려해야 한다. 따라서 계급횡단자의 이력은 고독한 여정으로 여겨질 수 없다. 마찬가지로 책의 내용도 다른 텍스트와의 상호 관계 속에서 직조된다. 따라서 한 권의 책을 다른 책들과 떼어 놓아 고립시켜 둔다면 아무리 명료하게 쓰인 책이라고 할지라도 그 진의를 충만하게 읽어 내기는 어려울지 모른다. 특히 자케의 이 책은 계급횡단자들 개개의 사례에 대한 탐구에 기초하고 있으므로 이 책에서 인용된 인물들의 이력을 상세하게 알수록 독서의 재미가 배가되는 것은 물론이고 논의의 의미 역시 더욱 뚜렷하고 선명하게 드러날 것이다. 적어도 독자로서 번역자의 경험은 그랬다. 다행히도 이 책에서 인용되고 있는 많은 이론적 저작과 문학작품들 가운데 상당수가 국내에 이미 번역되어 소개되었다. 책에 대한 이해를 더욱 풍부하게 하고 싶은 독자라면 찾아서 읽어 보는 것도 무척 유익할 것이다. 따라서 이 책과 함께 책의 배경까지 함께 독서하기를 희망하는 독자들을 위해 본서의 참고문헌 가운데 국역본이 존재하는 작품의 경우 독자들이 찾기 쉽도록 그 서지 사항을 적어 두었다. 국역본이 여러 종 나와 있는 책의 경우에는 번역자가 이용했던 책의 정보만을 실었으며 이 선택에 특별한 선호나 이유가 있었던 것은 아니었다는 점을 밝혀 둔다.[1]

나아가 비록 자케는 이 책에서 등장하는 철학적 주제에 관해 심도 깊은 논의를 전개하는 데까지 들어가고 있지는 않지만 그 주제들에 관한 치밀한 학술적 연구가 저자의 지적 이력을 구성하고 있는 만큼 이 책에서 전개되는 분석들을 뒷받침하고 있는 이론적 배경에 대해서도 알아 둔다면 상당히 유용할 것이다. 또한 2014년에 이 책이 출간된 이후로도 계급횡단자 및 스피노자 철학과 관련한 연구물들이 지속적으로 발표되었다. 그 외에도 우리는 저자와는 다른 스피노자 해석을 바탕으로 스피노자를 사용하려는 시도에 관해서 살펴봄으로써 또 하나의 스피노자의 얼굴을 알 수 있을 뿐만 아니라 저자의 시도가 갖는 독창성을 비교를 통해 더욱 잘 파악할 수 있을 것이다. 이러

---

1 [이하 역자] 다만, 파스칼의 『팡세』의 판본에 관해서 부연한다면 번역자가 참조한 국역본은 셀리에판의 편집 방식을 따른 반면에 자케는 라퓌마판을 참조하고 있다. 따라서 저자가 이 책의 본문에서 언급하는 단편의 번호와 역자가 참조한 국역본의 단편 번호는 호환되지 않는다. 국역본에 부록으로 실린 대조표를 참조하거나 민음사에서 출간된 『팡세』가 라퓌마판을 따르고 있으므로 해당 번역본을 참조하기를 바란다. 그 외에도, 이 책에서는 아니 에르노의 『칼 같은 글쓰기』가 자주 인용되지만 참고문헌에는 빠져 있다. 『칼 같은 글쓰기』를 포함하여 본문에서 잠시 언급되는 『빈 옷장』, 『사건』, 『단순한 열정』 등 아니 에르노의 거의 대부분의 작품은 한국어로 번역되어 있으니 관심이 있는 독자들은 쉽게 찾아볼 수 있을 것이다.

한 이유에서 조금 더 학술적인 논의에 관심이 있는 사람들 혹은 관심을 가져 보려는 사람들을 위해 더 읽을거리를 소개하고자 한다.

계급횡단자 개념과 관련하여 더 읽으면 좋을 자료들

눈썰미 좋은 독자라면 저자가 어째서 자신의 이모에게 이 책을 헌정했는지 그리고 꽤 자주 거론되는 T 마을의 사례가 누구의 것인지 이미 알아차렸을 것이다. 분명 이 책의 분석을 특정한 개인의 이야기로 국한시켜 읽는 것은 독특한 것을 개념을 통해 사유하려는 시도의 취지를 흐릴 위험이 있다. 하지만 그러한 환원주의적 독해에서 벗어나 비-재생산을 낳은 원인의 계열들의 얽힘을 더 확실하고 구체적으로 이해하기 위해 한 계급횡단자의 이력에 대해 더 자세히 알고 싶다면 아래의 인터뷰집을 참조해 볼 수 있을 것이다.

- Chantal Jaquet avec Jean-Marie Durand, *Juste en passant*, Paris: PUF, 2021.

계급횡단자 개념의 발전에 관해서 더 알고 싶은 독자에게는 역자 서문에서 언급한 『계급횡단자들의 직조』를 추천한다. 자케는 이 책의 서론을 썼는데 그곳에서 개진된 논의 가운데, 개념횡단자 개념과 별개로, 본서의 이해에 가장 도움이 될 만한 내용은 바로 자격(mérite) 개념에 관한 비판이다. 자케는 홉스가 『리바이어던』에서 이 개념을 정의하고 있는 대목을 주해하면서 홉스를 따라 '승인에 의한 자격'(meritum congrui)과 '가치에 의한 자격'(meritum condigni) 사이의 구별을 강조한다. 아주 간단히 말해서 전자는 주체에 자격을 부여해 주는 자의 결정에 달려 있는 자격이며 후자는 주체가 지닌 권리에 따라 받아야 하는 자격이다.

본래 이 개념적 구별은 신학자들이 과연 인간이 천국에 갈 자격을 신의 자비로운 승인에 따라 수여받는 것인지 아니면 인간이 노력하여 얻은 권리에 의해 가지게 되는 것인지 논쟁할 때 사용되었다. 그러나 홉스는 이것을 사법적-정치적 영역으로 가져와 재전유하는데 이제 자격은 계약 관계에 따른 채무의 일종으로 고려되기 시작한다. 예컨대 내가 돈을 주고 어떤 물건을 샀다면 나는 계약이 정한 바의 권리에 따라 그 물건에 대한 '가치에 의한 자격'을 갖는다. 따라서 승인에 의한 자격이든 가치에 의한 자격이든 인간이 가진 내적 능력과의 관련성은 사라지게 된다.

만약 누군가 어떤 유무형의 재화 —— 물건에 대한 소유권부터 대학 입학 혹은 전문직 자격 등 —— 에 대한 자격을 갖는다면 그것은 그가 지닌 개인적 능력 때문에 자연스럽게 그러한 자격을 획득할 수 있다기보다는 특정한 요건을 갖췄을 경우 그에 마땅한 자격을 부여해 주는 제도적 절차가 존재하기 때문이다.

본서에서 자케가 파스칼에 입각하여 자아의 해체를 논의하는 부분은 자격 개념에 대한 이러한 비판적 담론을 고려할 때 더 잘 이해될 수 있을 것이다. 우리가 지니고 있는 어떠한 내적 성질도 진정한 의미에서 소유하고 있다고 할 수 없으며 단지 우연히 주어진 것으로, 심지어는 잠깐 빌려 온 것으로 생각해야 한다는 주장에는 이러한 자격 개념에 대한 논의가 바탕하고 있다.[2] 우리가 가진 이런저런 능력 혹은 특성이 실제적 자본과 연결될 수 있도록 해 주는 것은 우리 자신의 내적 성질 그 자체가 아니라 사회적 역관계와 그 관계를 의미 관계로 바꾸는 상징 폭력의 작용이기 때문이다. 비근한 예를 들자면 오늘날 '축구를 잘하는 재능'은 조건이 잘 갖춰진다면 상당한 명예와 부에 접근할 수 있는 자격으로 이어질 수 있지만 축구가 오늘날 같은 인기를 끌지 않는 혹은 그럴 수 없는 환경에서는 아무런 '메리트'가 없는 재능인 것이다. 더 자세한 내용은 아래의 책을 참조하라.

- Chantal Jaquet et Gérard Bras (dir.), *La fabrique des transclasses*, Paris: PUF, 2018.

스피노자 철학 일반에 대한 입문서

한국어로 접근할 수 있는 문헌 가운데 스피노자 철학 입문서로 가장 추천할 만한 책은 피에르-프랑수아 모로의 『스피노자 매뉴얼』(김은주·김문수 옮김, 에디토리얼, 2019)과 스티븐 내들러의 『에티카를 읽는다』(이혁주 옮김, 그린비, 2013)이다. 모로의 책은 크세주(Que sais-je) 문고 가운데 한 권으로 저자가 이룩한 스피노자 연구의 결실이 간

---

2 물론 파스칼의 논의는 여전히 신학적 틀을 따라 전개된다고 할 수 있다. 인간의 원죄를 강조하는 얀센파(janséniste)였던 그에게 구원은 가치에 의한 자격이 아니라 승인에 의한 자격으로만 주어질 수 있다. 이러한 이유에서 파스칼은 자아 개념을 해체하고 자기애를 비판하면서 신에 대한 사랑을 강조한다.

명한 언어로 집약되어 있다. 쉽고 정확하기 때문에 입문자에게나 연구자에게나 모두 유용하며 국역본의 제목 ── 원제는 '스피노자와 스피노자주의'(Spinoza et Le Spinozisme)이다 ── 그대로 매뉴얼처럼 곁에 두고 계속 참조하기에 좋은 책이다. 하지만 고도의 압축성 때문에 아예 기초가 없는 독자에게는 오히려 더 어렵게 느껴질 수도 있는데 그런 독자에게는 내들러의 책을 추천한다. 단숨에 읽기에는 조금 분량이 많지만 스피노자의 『윤리학』 전반의 내용을 개괄하고 있어 천천히 따라가다 보면 스피노자 철학에 대한 기초적 이해를 쌓는 데 이만큼 도움이 되는 책은 없을 것이다. 또한 내들러가 자신의 아들 밴 내들러와 함께 낸 학습 만화 『철학의 이단자들』(이혁주 옮김, 창비, 2019)은 초기 근대 철학 일반에 대해 기초적 지식을 쌓기에 가장 쉬운 통로이다. 만일 어느 정도 기초를 닦은 독자들이 스피노자에 관한 전문적인 담론으로 진입하기를 원한다면 특히 사회·정치철학에 관심이 있다면 알렉상드르 마트롱의 『스피노자 철학에서 개인과 공동체』(김은주·김문수 옮김, 그린비, 2008)를 읽어 볼 것을 권한다.

자케의 저작 가운데 스피노자 철학의 전반적 내용을 살펴볼 수 있는 읽을거리를 추천한다면 아래 두 권의 논문집을 추천한다.

- Chantal Jaquet, *Spinoza à l'œuvre*, Paris: Éditions de la Sorbonne, 2017.
- Chantal Jaquet, *Les expressions de la puissance d'agir chez Spinoza*, Paris: Éditions de la Sorbonne, 2022.

첫 번째 논문집의 서문에서는 자케가 사용하는 철학사적 방법론의 작업 원칙인 '방법론적 점묘법'에 관해 더 상세히 알 수 있다. 방법론적 점묘법이란 이미 확립된 거시적 해석의 틀에 입각하여 텍스트에 접근하기보다 그러한 해석들이 놓치고 있는 텍스트 속 단어의 용례에 집중함으로써 거시적 해석의 타당성을 판가름하는 독해 방식이다. 더 나아가 이 논문에서는 아직 네 가지의 철학사 논리가 명확하게 규정되고 있지는 않지만 독자는 이 책에서 각각의 논리에 따른 철학사 연구의 결과물을 살펴볼 수 있을 것이다. 예컨대 10장에는 수용의 논리에 따라 프랑스 가톨릭 진영에서 스피노자를 어떻게 받아들였는지에 대한 연구가, 11장에는 사용의 논리에 따라, 다마지오가 정신과 신체의 평행 관계를 설명하기 위한 모델로 스피노자를 어떻게 사용하고 있는지에 대한 연구가 전개된다. 또한 이 책 13장에는 스피노자를 통해 사회적 유동성을 사유하는 논문이 실려 있으므로 독자들은 여기서 계급횡단자와 관련한 보충 설명을 얻을 수 있을 것이다. 두 번째 논문집은 정신의 영원성, 거짓의 실정성, 시간성, 신체와 감정이라는 네 가지의 핵심적 주제를 중심으로 하여 기존의 논문을 모은 책으로 훨씬 더 논증적인 글이 수록되어 있다. 역자 서문에서 짧게 소개한 '대중의 이해력에 맞춰(Ad captum vulgi) 말하기'의 원칙에 대해 더 알고 싶은 독자는 이 책의 첫 번째 논문을 읽어 보면 좋을 것이다.

기질 개념에 관하여

비록 스피노자가 기질 개념을 명시적으로 정의한 바 없음에도 이 개념이 자기원인, 코나투스 등 철학사의 굵직한 개념들과 어깨를 나란히 하며 오늘날 스피노자 연구의 핵심적 주제로 부상한 데에는 피에르-프랑수아 모로의 혁혁한 공로가 있다. 고전 시대에 철학자들은 인게니움이라는 용어를 저마다 상당히 상이한 의미로 사용했는데 모로는 스피노자에게서 이 용어가 기질 개념이 독특한 개체를 다루기 위한 도구로 정식화될 수 있다는 것을 밝히고 있다. 이러한 기질 개념에 관해서는 특히 아래 소개하는 책의 379~465쪽 내용을 참조하라. 영역본의 정보도 함께 수록한다.

- Pierre-François Moreau, *Spinoza. l'expérience et l'éternité*, Paris: PUF, 1994.
- Pierre-François Moreau, *Experience and Eternity in Spinoza*, trans. Robert Boncardo, Edinburgh: Edinburgh University Press, 2021.

심신 연합에 관하여

심신 연합의 문제는 본서의 2부 도입부에서 데카르트의 기질 개념의 용례에 관해 다루는 과정에서 아주 잠시 환기된다. 자케의 목적이 이 철학적 문제에 대해 고찰하는 것이 아니라 기질 개념의 의의를 강조하는 것이기 때문에 이 주제에 관해서는 상당히 함축적으로만 쓰여 있고 따라서 관련된 배경지식이 없다면 이해하기 어려울 수 있다. 특히 데카르트를 심신이원론자라고 알고 있었던 독자에게는 본문의 내용이 기존의 상식과 대치되는 것으로 여겨질 것이다.

　하지만 데카르트는 적어도 인간 존재가 사유 실체와 연장 실체로 구성되어 있다는 형태의 심신이원론을 지지한 적은 없다. 실제로 데카르트는 우리의 몸은 실체로서 우리의 영혼과 결합되어 있는 것이 아니라 양태로서 결합되어 있다고 주장한다. 그는 옷의 비유를 제시한다. 우리가 옷을 입을 때 옷 자체는 하나의 실체일지 몰라도 우리가 옷을 입고 있다는 상태 자체는 우리의 존재가 취하는 하나의 양상이다. 이와 마찬가지로 현세에서 우리는 신체가 우리의 본질인 정신에 우연하게 결합되어 있는 상태로 살아간다. 요컨대 데카르트는 실체 관계에 대해서는 이원론을 주장했지만 심신 관계에 대해서는 연합 이론을 지지했다.[3]

하지만 후대 철학자들이 보기에 데카르트는 한 실체(신체)가 어떻게 다른 실체(정신)에 양태로서 결합될 수 있는지에 관해서 성공적인 논변을 제시하지 못했다. 실체 이원론을 지지하는 한 양자 사이의 결합은 불가능한 것으로 보이고 이 문제를 해결하지 못한다면 심신 관계에 대해서도 만족스러운 설명을 제공할 수 없다. 따라서 데카르트 이후의 철학자들은 데카르트적 배경에서 제기된 심신 문제를 해결하기 위해 씨름했는데 스피노자 역시 예외는 아니었다. 특히 라이프니츠가 정식화한 '평행론'이라는 명칭으로 널리 알려진 심신 관계에 대한 스피노자의 모델은 신경생물학자 안토니오 다마지오, 형태

---

3 본문에 언급된 것처럼 이러한 심신 연합체가 제3의 실체를 구성하지는 않는다. 실체의 가장 주요한 특성 가운데 하나는 인식론적 독립성이다. 실체는 다른 존재에 의존하지 않고 오직 그 자체만으로 인식되어야 한다. 만약 이 연합체 정신과 신체의 합성에서 생겨나는 또 다른 종류의 실체라면 오직 그 실체만 갖는 본질을 통해 이해되어야 하는데 이 연합체에서 신체는 단지 양태에 불과하므로 우리는 여전히 신체에 대한 인식 없이도 혹은 양자의 결합에서 생기는 이 연합체만이 지니는 모종의 성질에 대한 인식 없이도 오직 정신의 본질에 대한 성찰만으로 심신 연합체로서의 우리 존재의 본성을 파악할 수 있기 때문이다. 다만 데카르트는 제3의 실체를 인정하는 대신 심신 연합에 관한 '원초적 개념'이 우리에게 본유적으로 주어져 있어 우리가 우리의 정신에 긴밀하게 연결되어 있는 신체의 변용을 느낄 수 있다고 주장하는 데 그친다.

심리학자 장-피에르 샹죄 등 오늘날 몸과 마음을 탐구하는 과학자들에게 데카르트적 모델의 대안으로서 조명받고 있다. 자케는 철학사가로서 스피노자적 모델의 현재성에 주목하면서 과연 그러한 참조의 범위와 가치가 어디까지 정당한지 검토하고 다른 사람을 통해 해석된 스피노자보다는 스피노자 본인의 텍스트 속에서 심신 문제가 어떻게 다뤄지고 있는지 주목한다. 그 결과로 자케는 스피노자는 심신 사이의 평행성에 대해 주장한 것이 아니라 둘 사이의 통일성에 관해 주장했다는 해석을 내놓는다. 이에 관해서는 아래의 책과 그 영역본을 참조하라.

- Chantal Jaquet, *L'unité du corps et de l'esprit*, Paris: PUF, 2004.
- Chantal Jaquet, *Affects, Actions and Passions in Spinoza: The Unity of Body and Mind*, trans. Tatiana Reznichenko, Edinburgh: Edinburgh University Press, 2018.

정신과 신체의 가소성에 관하여

스피노자는 인간의 본질이 무엇인지 분명하게 정의하지 않는다. 우리가 그의 텍스트에서 발견할 수 있는 인간에 대한 정의는 인간의 본질에서 실체적 형상을 찾아볼 수 없다는 부정적 언명 또는 인간은 이성적 동물 혹은 정치적 동물이라는 다른 철학자의 말을 인용하는 구절뿐이다. 인간의 본성에 관해 논의해야 할 때, 예컨대 인간이 왜 동물과 다른지 논의할 때 스피노자는 인간의 어떤 본질적 특성 때문에 동물과 구별된다는 식의 주장을 펼치기보다는 인간과 동물의 차이가 드러나는 현상을 두고 그러한 결과가 인간과 동물의 본성의 차이를 원인으로 갖기 때문에 발생했다는 식의 추론을 전개한다. 그런데 이처럼 결과에서 원인으로 거슬러 올라가는 후험적 증명은 스피노자가 『지성교정론』에서 분명히 말하길 원인을 결과 안에서 고찰할 뿐 그 원인이 무엇인지 전혀 알려 주지 못한다. 따라서 이러한 증명 방식의 사용은 그가 인간의 본질에 대해 정확히 알지 못했다는 사실을 방증한다.

그러나 이러한 무지는 스피노자의 지적 태만 때문에 발생한 것이 아니라 그가 인간의 본질을 고정불변의 정적인 것으로서 고려하는 사유의 노선으로부터 벗어나 있기 때문이라고 해야 할 것이다. 스피노자에게 인간은 실체가 아니라 양태이다. 양태의 본질은 그 존재 안에 주어져 있지 않으며 그것이 생겨나기 위해 작용하는 인과 결정의 필연적 사슬 속에 있는 무수히 많은 다른 사물의 존재까지 포함해야 한다. 따라서 한 인간이 생겨나기 위한 인과 결정의 전체 질서를 파악하고 있지 못하다면 우리는 그 인간의 본질이 무엇이라고 섣불리 단언할 수 없다. 인간의 본질은 끊임없이 전개되는 환경의 변화에 맞물려 변화할 수 있으므로 우리의 정신과 신체의 본성은 그것을 둘러싸고 있는 인연생기(因緣生起) 속에서 사유되어야 한다. 이러한 맥락에서 들뢰즈가 "우리는 신체가 무엇을 할 수 있는지 알지 못한다"라는 구절을 강조한 것은 상당한 일리가 있다. 인간 본질의 내용은 역사적 과정 속에서 형성되기에 선험적으로 규정될 수 없으며 오직 경험의 시험 속에서만 알려질 수 있기 때문이다.

그런데 경험이 우리에게 확실하게 알려 주는 것은 우리가 상당한 수준의 변이를 겪을 수 있다는 것, 다시 말해서 우리에게 그러한 변화를 겪을 수 있는 소질(aptitudes)이 있다는 사실이다. 완전한 불활성의 상태인 죽음과 아직 알려진 바 없지만 인간의 역량이 도달할 수 있는 최상의 상태, 역량의 최솟값과 최댓값 사이에서 인간은 어떠한 사물과 결합하고 그것에 어떤 식으로 적응하는지에 따라 무수히 많은 모습을 취할 수 있다. 이러한 인간 본질이 갖는 특성을 일컫는 용어가 바로 '가소성'(plasticité)이다. 뱅상 르제*Vincent Legeay*는 자케의 지도 하에서 이러한 가소성을 주제로 가장 정치한 작업을 내놓았다. 그가 편집한 논문집 역시 참조하라.

- Vincent Legeay, *"Être apte" chez Spinoza*, Paris: Classiques Garnier, 2020.
- Vincent Legeay (dir.), *L'essence plastique*, Paris: Éditions de la Sorbonne, 2018.

'타자를 통해 자기 자신으로 존재하기'에 관하여

자케는 본서에서 계급횡단자의 기질이 틈새의 태도에서 유래하는 긴장을 특징으로 갖는다고 분석한다. 계급횡단자가 자신 안에서 길항하는 힘들로 인해 발생하는 마음의 동요를 완화시키기 위해서는 타자를 통해 자기 자신으로 존재할 필요가 있다. 다시 말해서 계급횡단자는, 자신의 실존적 조건의 필연성과 필요성을 인식함으로써, 자신이 지금과 같은 존재로서 실존하기 위해서는 단지 자기 자신만의 노력만이 아니라 때로는 자신과 충돌하고 때로는 자신과 합치하는 타인들과의 관계가 필수적이었다는 사실을 이해해야 한다. 요컨대 자기 자신으로 존재하기 위해서 우리는 늘 타인과 연결되어 있어야 한다. 이에 대한 인식은 정체성의 표식의 부재로 인한 혼란과 자기 자신을 구성하는 요인들에 관한 자신의 능력 혹은 책임에 대한 과장된 평가에서 오는 죄책감 혹은 오만함을 덜어 줄 수 있다. 이러한 인식의 효용은 계급횡단자에게만 적용될 수 있는 것은 아니며 이 인식이 갖는 효과는 스피노자 철학에서 인간의 존재론적 지위와 긴밀하게 관련되어 있다. 그의 존재론에 따르면 인간은 혼자서는 실존할 수 없는 비자립적 존재이며 외부적 요인들과의 지속적 교류 없이는 유지될 수 없는 것은 물론이고 그러한 요인들에 대한 인식 없이는 자기 자신이 어떤 존재인지 결코 적합하게 이해할 수 없다. 이것은 자기 자신의 마음을 외부 대상의 존재에 대한 극단적 의심 속에서도 결코 의심할 수 없는 것으로 혹은 그 자신의 표현을 빌리자면 "신체보다 더 쉽게 인식되는 것"으로 고려한 데카르트적 입장과는 상당히 대비되는 점이다.

자케는 이러한 존재론적 조건에 대한 인식이 각자에게 앞으로 나아갈 방향을 제시할 나침반이 될 수는 있다고 말하지만 그러한 인식으로부터 반드시 따라야 할 규범적 강제성이 있는 윤리적 모델을 구성하거나 이 사회를 더 나은 방향으로 개혁하는 데 요구되는 정치적 태도를 도출하는 데까지는 나아가지 않는다. 하지만 관계의 존재론이라고 할 수 있을 스피노자의 철학이 인간을 바라보는 입장은 분명히 사회적·정치적 함축을 지니고 있다. 에티엔 발리바르는 스피노자에게서 인간의 이러한 존재론적 지위가 갖는 특성을 잘 포착하여 '관개체성'이라는 용어로 개념화하는 데 성공했다. 이에 관련한 자세한 담론은 국내에도 소개된 『스피노자와 정치』(진태원 옮김, 그린비,

2014)에서 확인할 수 있다. 특히 이 책의 2부 2장, 「스피노자에서 개체성과 관개체성」과 이 책에 실린 진태원 선생님의 '옮긴이 해제'를 참조하면 스피노자 사유의 정치철학적 함축에 흥미가 있는 독자들에게 큰 도움이 될 것이다.

이 주제에 관해 더욱 전문적으로 깊이 있게 연구하고 싶은 독자에게 비교적 최근에 나온 작업을 소개한다면 자케의 지도하에서 학위를 취득한 소피 라브랑Sophie Laveran의 저작을 추천하고 싶다. 라브랑은 아래의 책에서 스피노자 철학에서 독특한 존재가 '자연의 부분들' 사이의 협력의 결과로 고려된다는 점에 주목하면서 그의 철학을 원자론 비판의 일환으로 읽어 내려고 시도하고 있다.

- Sophie Laveran, *Le concours des parties*, Paris: Classiques Garnier, 2015.

한편 영미권에서 스피노자 철학의 이러한 성격은 주로 '관계적 자율성'(relational autonomy)이라는 표제하에 연구되고 있다. 이 관계적 자율성 개념은 페미니스트 진영을 중심으로 형성된 것으로 타인과의 관계가 형성되는 방식에 대한 고려 없이는 자율성 개념이 적합하게 이해될 수 없다는 것을 골자로 한다. 페미니즘 및 영미권의 현대 정치 철학적 논의와 스피노자 사이의 관계에 대해 더 알고 싶은 독자는 아래의 저작을, 특히 페미니즘에 관심이 있다면 이 저작에 편집자로 참여한 아우렐리아 암스트롱의 연구물을 따로 더 읽어 보면 좋을 것이다.

- Aurelia Armstrong, Keith Green and Andrea Sangiacomo ed., *Spinoza and*

Relational Autonomy, Edinburgh: Edinburgh University Press, 2019.

스피노자와 사회 이론 사이의 관계에 관하여

프랑스는 물론 한국에서도 지난 반세기 동안 이루어진 스피노자 연구의 상당수는 마르크스주의적 영향하에서 전개되었다고 해도 과언이 아닐 정도로 스피노자 철학이 가진 사회 이론으로서의 가능성은 마르크스주의의 틀 속에서 시험되고 전개되었다. 또한 이러한 밀접한 연관 속에서 수행된 연구들은 이제는 말을 더 보탤 필요가 없을 정도로 이미 한국에도 많이 소개되었다. 하지만 여기서 굳이 스피노자와 마르크스를 잇는 연구를 한 가지 더 소개해 본다면 프랑크 피쉬바흐의 저작을 꼽아야 마땅할 것이다. 그의 작업은 다소 이색적인 방식으로 이뤄진다. 스피노자주의자라기보다 독일철학 전공자로서의 정체성이 훨씬 더 강한 피쉬바흐의 연구는 마르크스주의자들이 읽은 스피노자보다 마르크스가 읽은 스피노자를 중심으로 진행되기 때문이다. 인간을 '자연의 일부'(partes naturae, Teil der Natur)로 고려하는 스피노자와 마르크스를 교차하여 읽으려는 시도에 관심이 있는 독자를 위해 피쉬바흐의 저작과 그 영역본에 관한 정보를 남긴다.

- Franck Fischbach, *La production des hommes*, Paris: PUF, 2005.
- Franck Fischbach, *Marx with Spinoza*, trans. Jason Read, Edinburgh : Edinburgh University Press, 2023.

한편 프랑스에서 철학 전공자가 아니라 사회과학자로서 스피노자 철학의 관점을 통한 이론적 분석을 가장 활발하게 전개하고 있는 학자는 바로 프레데리크 로르동이다. 본서의 각주에서도 잠깐 언급된 그의 저서 『감정들의 사회』 *La société des affects* 의 부제 '정념의 구조주의를 위하여'(Pour un structualisme des passions)가 시사하는 것처럼 로르동은 기하학적 순서에 따라 감정을 발생적으로 정의하는 스피노자의 논의에 근거하여, 감정을 주체의 내밀한 심리 현상으로 간주하는 입장과 단절하고, 각각의 감정이 발생하는 조건과 그것이 사회에 미치는 영향력을 탐색함으로써 감정이 사회적 구조의 생산 및 재생산에 기여하는 역할을 분석한다. 이 책은 국내에 소개되어 있지 않지만 조금 더 입문서 성격에 가까운 책이 한국어로 번역되었으니 로르동의 분석에 관해 알고 싶은 독자에게는 아래의 책을 추천한다.

- 프레데리크 로르동, 『정치적 정서』, 전경훈 옮김, 꿈꾼문고, 2020.

　　더 나아가 스피노자의 철학이 오직 구조주의 혹은 기능주의 등 거시적 관점을 전제하는 사회 이론과만 배타적으로 접점을 가지는 것은 아니다. 자케가 본서에서 노르베르트 엘리아스와 어빙 고프만의 논의를 인용하면서 논의를 전개하고 있는 것처럼 기질 개념을 통해 역사적 개체성을 포착하려는 스피노자의 시도는 사회적 행위자들에게 분석의 초점을 맞추는 미시사회학과도 연결될 가능성을 지니고 있다. 스피노자 철학과 사회 이론 사이의 관계를 마르크스주의나 구조주의를 넘어 조금 더 다양한 관점에서 조망하고 싶은 독자들은 역시 프레데리크 로르동이 다른 저자들과 협력하여 기획하고 편집한

다음 두 권의 책을 참조할 수 있을 것이다.

- Yves Citton and Frédéric Lordon (dir.), *Spinoza et les sciences sociales*, Paris: Éditions Amsterdam, 2010.
- Eva Debray, Frédéric Lordon and Kim Sang Ong-Van-Cung (dir.), *Spinoza et les passions du social*, Paris: Éditions Amsterdam, 2019.

첫 번째 책에서 우리는 스피노자의 감정 모방 메커니즘과 장 가브리엘 타르드의 모방의 법칙을 비교하는 챕터를 찾아볼 수 있다. 그외에도 푸코, 부르디외 등 여타 사회 사상가들과 스피노자를 비교하는 연구와 스피노자에게서 감정의 사회학을 발견하려는 안토니오 네그리 본인의 글이 실려 있다. 두 번째 책에는 프랑스어권의 연구물과 다소 다른 결을 지니고 있으나 스피노자의 코나투스 개념에 관한 독창적인 해석을 담고 있는 주디스 버틀러의 논문이 권두에 실려 있다.

스피노자와 사회 이론 사이의 관계에 관한 연구를 소개하면서 피에르 부르디외의 이름을 빠뜨리고 끝마친다면 언어도단일 것이다. 무엇보다 구조화하는 구조-구조화되는 구조(structure structurante-structure structurée) 같은 개념 쌍[4]이나 사회적 결정론에 대해 강조하

---

4 이 개념 쌍을 제시하면서 부르디외는 스피노자의 능산적 자연(Natura naturans, Nature naturante)과 소산적 자연(Natura naturata, Nature naturée)의 구별을 염두에 두었을 것으로 추정된다. 물론 능산적 자연과 소산적 자연이라는 용어는 스피노자 이전부터 사용된 바 있으며 스피노자 본인도 이 용어가 스콜라철학의 개념들이라고 말하고 있다. 하지만 부르디외가 이 개념 쌍을 통해 하나의 동일한 구조에서 특정한 아비투스를 습득한 행위자들이 실천을 통해 구조 자체를 (재)생산하는 측면과 그를 통해 생산되어 구조로서 기능하는 결과적 측면을 구별하고 있다는 점을 고려한다면 이 개념 쌍은 구조가 그것의 구성 요소 외부에서 작용하는 것이 아니라 오직 그 요소들 사이의 결합을 통해서만 결과를 산출한다는 구조적 인과성을 주장하는 스피노자-알튀세르적 영감하에서 고안된 것으로 볼 수 있을지도 모른다.

면서 스피노자의 '이해하라'(intelligere)의 원칙[5]을 언급하는 데서 엿볼 수 있는 것처럼 부르디외 본인이 스피노자 철학에서 영감을 길어오거나 스피노자에 대해 긍정적으로 평가하고 있다. 더욱이 스피노자 철학의 사회 이론으로서 가능성을 시험하고자 원하는 거의 모든 연구자들이 부르디외를 한 번씩 경유하고 있다. 이 점에서 스피노자와 부르디외에 관한 자크-루이 랑토안의 연구는 주목할 만하다. 특히 랑토안의 책 43~49쪽에서 부르디외의 아비투스 개념과 스피노자의 기질 개념을 비교하는 논의가 전개되고 있으므로 아비투스에 대한 분석을 넘어 기질에 대한 분석으로 나아가려는 자케의 기획에 대한 이해를 더 심화시키고 싶은 독자들에게 한층 도움이 될 것이다.

- Jacques-Louis Lantoine, *Spinoza après Bourdieu*, Paris: Éditions de la Sorbonne, 2018.

또 다른 스피노자: 스피노자와 인정 이론에 관하여

역자 서문에서 해설한 것처럼 이 책 전체를 이끌어 가는 이념은 인정의 원리보다는 인식의 원리이다. 하지만 스피노자 철학을 인정 이론과의 관련 속에서 해석하고 사용하려는 경향 역시 존재한다. 크리스티안 라쩨리는 이러한 방향으로 스피노자 철학을 연구하는 가장 대

---

5 Pierre Bourdieu (dir.), *La misère du monde*, Paris: Seuil, 1993, pp. 7~8. 이 책의 「이해하기」 (Comprendre) pp. 903~939 역시 참조하라.

표적인 학자이다. '야심'(ambitio)과 감정 모방의 원리에 따른 정념적 삶의 전개에 대한 스피노자의 논의에서 인정 개념의 초안을 발견하고 현대의 인정 이론과 연관시키려는 그의 작업에 관해 더 알고 싶다면 다음의 논문이 도움이 되어 줄 것이다.

- Christian Lazzeri et Alain Caillé, "La reconnaissance aujourd'hui: Enjeux théoriques, éthiques et politiques du concept", *Revue du MAUSS*, n° 23, 2004, pp. 88~115.

참고로 이 논문의 영역본이 브릴(Brill) 출판사에서 2007년 출판한 *Recognition, Works, Politics. New directions in French critical Theory*, Brill, 2007에 실려 있다.

더 나아가, 악셀 호네트가 인정 개념의 단초를 초기 헤겔의 사랑 개념에서 찾아낸 것처럼 스피노자를 비롯하여 초기 근대의 사상가들에게서 인정 개념의 다양한 원천을 탐색하려는 시도 역시 존재한다. 이에 관해서는 다음의 책을 참조하라.

- Francesco Toto, Théophile Pénigaud de Mourgues et Emmanuel Renault (dir.), *La reconnaissance avant la reconnaissance*, Lyon: ENS éditions, 2017.

지은이 **샹탈 자케**

샹탈 자케는 파리 1대학 명예교수이자 근대철학사 전문가이다. 스피노자와 베이컨, 심신 연합과 신체 그리고 후각을 주제로 여러 권의 책을 냈으며 계급횡단자 개념을 통해 비-재생산 현상을 분석하는 사회철학적 작업을 수행했다. 주요 저서로는 『영원의 상 아래서』(*Sub specie aeternitatis*), 『신체와 정신의 통일성』(*L'unité du corps et de l'esprit*), 『후각의 철학』(*Philosophie de l'odorat*) 등이 있다. 개인적 연구 성과 외에도 후진 양성과 학술 대회 조직에 힘쓰며 활발하게 활동하고 있다. 파리 1대학에서 주관하는 국제 스피노자 월례 세미나 조직과 운영에 참여하고 있으며 2005년에는 『소르본 철학 논집』(*Philosorbonne*)을 창간하여 2015년까지 기획 총괄을 맡았다. 2018~2021년에는 파리 1대학 산하의 연구 기관 서양근대철학사연구소(Centre d'histoire des philosophies modernes de la Sorbonne, HIPHIMO)의 소장을 역임했다. 클래시크 가르니에(Classiques Garnier) 출판사에서 발간 중인 "고대인들과 근대인들: 철학 연구"(Les Anciens et les Modernes: études de philosophie) 총서의 기획을 담당하고 있기도 하다. 2023년 영향력 있는 100명의 여성 문화인(100 Femmes de culture)에 선정되었다.

옮긴이 **류희철**

스피노자 철학을 중심으로 17세기 고전 시대 사상의 역사를 전공하고 있다. 규범성과 주체성의 문제를 중심으로 연구를 진행하면서 고전 철학의 논제들을 해석하고 그 개념들을 현재를 사유하는 분석 도구로서 활용하는 것을 지향한다. 비판이론과 마르크스주의 등 현대 사회철학의 흐름에도 관심을 가지고 있다.

프리즘 총서 41
계급횡단자들 혹은 비-재생산

초판1쇄 펴냄 2024년 2월 27일
초판2쇄 펴냄 2024년 5월 27일

지은이 샹탈 자케
옮긴이 류희철
프리즘총서 기획위원 진태원
펴낸이 유재건
펴낸곳 (주)그린비출판사
주소 서울시 마포구 와우산로 180, 4층
대표전화 02-702-2717 | **팩스** 02-703-0272
홈페이지 www.greenbee.co.kr
원고투고 및 문의 editor@greenbee.co.kr

편집 이진희, 구세주, 정미리, 박선미 | **디자인** 이은솔, 박예은
마케팅 육소연 | **물류유통** 류경희 | **경영관리** 이선희

ISBN 978-89-7682-846-0 03120

독자의 학문사변행學問思辨行을 돕는 든든한 가이드 _(주)그린비출판사